U0448395

国家社科基金项目:《当代中国文化的发展价值及其实现路径研究》
(12BKS049)

当代中国文化的发展价值研究

林春逸　著

商务印书馆
创于1897
The Commercial Press

图书在版编目（CIP）数据

当代中国文化的发展价值研究 / 林春逸著. — 北京：商务印书馆，2023
ISBN 978-7-100-22495-6

Ⅰ.①当… Ⅱ.①林… Ⅲ.①文化发展－研究－中国－现代 Ⅳ.①G12

中国国家版本馆CIP数据核字（2023）第093808号

权利保留，侵权必究。

当代中国文化的发展价值研究
林春逸 著

商　务　印　书　馆　出　版
（北京王府井大街36号　邮政编码 100710）
商　务　印　书　馆　发　行
三河市尚艺印装有限公司印刷
ISBN 978－7－100－22495－6

2023年12月第1版　开本 880×1230　1/32
2023年12月第1次印刷　印张 9

定价：68.00元

序

任何一种文化都是潜隐的或显在的力量，经略政治，不能无文化；运筹经济，不能无文化；俯仰人生，也不能无文化。在历史的记忆和现实的活动中，那些激励人们变革社会的观念，那些给人们以行为导向的思想，那些引起社会波澜的意识，都是引人注目的力量，但它们的大小和方向却不完全一样。从本质上看，人类文化发展包含着共同的轨辙和特殊的演绎，它在形式上迤逦不绝和在内容上蝉联蜕变的重要原因，乃在于文化的价值寄托。文化由弱小而至强大、由单一而至多样，都是能量的聚集或流衍过程。在不同的视野里，文化变化使我们感受的不止是新旧嬗递，更是对宇宙的叩问和对人生的期待。从经典走向现代、从理论走向实践、从过去走向未来的过程中，社会领域的深刻变动总是与文化有着不可割舍的关系，对于这一点，流连故事，或可聊寄所思；搜检旧章，或可串接珠玑，但更重要的是认识文化的内在价值，这是研究当代中国文化发展价值的基本定位。全书兼赅当代中国文化的重大理论和现实问题，体现了作者对文化发展价值、对马克思主义文化思想与现实关系、对文化实践主题与话语叙事、对文化研究路径的整体判识和定位。观其框架，颇具匠心；察其叙述，结构工稳；读其内容，深有思量；考其结构，简而不偏。说到紧处，如"金戈铁马"；讲到缓处，则"银笙玉笛"。考究文化概念，阐释文化理论，于繁乱中求澄清、于生活中求真义、于变化中求规律。

在作者看来,新时代是坚定当代中国文化的发展价值自信的时代。文化是意义世界,是精神生活,也是价值体系。文化与发展深度融合,本质上是让文化"回家",让兴国运的文化"回家",让强国魂的文化"回家"。当代中国文化是成全"好发展"的文化,这种"好发展"是对"异化"发展的否定、对"非生存性"发展的批判、对"伪自由"发展的超越,以及对"无尊严"发展的拒绝。这种"好发展"是人的自由全面发展、促进利益融合的发展、实现公平正义的发展和基于生态智慧的整体发展。

掩卷思量,亮点不容忽视,有启人思路者,有开人茅塞者。其一,21世纪中国化时代化的马克思主义发展伦理的价值追求,是"有灵魂的发展"。在一般形态上,人类文明犹如一个不歇的永动机,不断打磨出新的式样,社会主义文明的出现尽管充满磨难和曲折,它在理论上的浮现和在实践中的创生,都遵循了人类历史的基本规律。其二,中华传统文化"双创"与精神生活共同富裕。体现在中国特色社会主义文化实践中,就是把"双创""两个结合"与彰显文化的发展价值有机结合起来,让传统文化"动起来""活起来""新起来",使枯枝绽放新芽,使古意增添新意,使传统文化成为现代文化发展的深厚资源。这里我想顺着作者的话语"接着"再讲几句:马克思主义文化理论也有一个如何"活"在当下、"活"在我们心中的问题,这一被积聚百年的文化资源也是我们的根和魂,是寄托理论"乡愁"的初心和共产党人心志的思想故园。共产党人的理论"乡愁"不仅是对马克思主义的一种坚守、对光荣传统的追思、对历史的依恋以及对过去事项的审视,还是确立新的精神坐标的基础。其三,辨证态度和学者担当。作者既有"文化上的每一个进步,都是迈向自由的一步"的期待，也有"文明每前进一步，不平等也同时前进一步"的忧思。经纬于时空之中，回荡于思想之巅，以静态持本端，以动态蕴多彩，领略过往以成学术景观，查察现实以追人事奥秘，以关爱之心激活历史，以实际行动投身当下，是学人心思中的价值关怀。

文化研究是一桩复杂的幸事。说它复杂，是因为社会主客体的各个方面都有文化印记且理解方式不一；说它是幸事，是因为它给人们提供了精神愉悦和心理慰藉。从远古到今天，由于实践的多样、生活的多彩、交往的多元等，文化边界、文化内涵和文化叙事在不断地变化着，人们对文化含义的认识也在社会实践中延宕。盖文化一途，不能唯文字说解，文意多在深处，其迁流有"橘枳"变体，方法有"体用"之说，思想内容有"边界"之分。萧一山先生曾有一段话描述文化价值的畸变："文化原为指导人生之南针，吾国自宋明以来受佛道影响，专究性命之学，走入静寂琐碎、无为、无用之境域，文化丧失活力，社会何殊死水，学而不能利济苍生，使匹夫匹妇受其泽，徒以为士大夫吟风弄月之娱乐品，升官发财之敲门砖，百姓细民，日处苦难之中，谋生救死不暇，'奚暇治礼义哉'？……于是国人顿失自尊之信心，一变排抵而为诌媚，竞事摹仿，盲目崇拜，固有文化之价值，泯然殆尽。"这是当时的文化之弊。今天，研究当代中国文化的发展价值，主要不在于记述过去，而在于思想未来，不在于模仿过去，而在于创新未来，关于文化问题的"说法""想法""做法"要统一起来，关于文化建设的"经验""教训""思路"要统一起来，关于文化历程的"过去""现在""将来"也要统一起来。这一思路在本书中有充分的表达。

学问一道，漫无际涯，述其事不易，穷其理更不易。沧海拾贝，会有遗珠之憾；沙里淘金，会有选汰之失。但是，源头既开，必成江河，虽有细流，无碍主旨。孟子曰："学问之道无他，求其放心而已矣。"留一点缺憾，以为将来研究之目标，亦不失为快事。吾作此序，有汲深绠短之拙，言语有失，不揣冒昧，请读者谅之察之。

孟宪平

2022 年 12 月 22 日

目 录

导 论 1

第一章 文化的发展价值：文化与发展研究领域的新范畴 7
一、发展伦理：审视文化的发展价值之新视角 7
二、文化的发展价值：相关研究述评 12

第二章 文化的发展价值之重新确认 30
一、文化与发展相断裂：文化的发展价值之迷失 30
二、文化与发展相融合：文化的发展价值之重新审视 43
三、坚定当代中国文化的发展价值自信的新时代 49

第三章 成全"好发展"的当代中国文化 59
一、指向"人的发展"的文化 59
二、成全"好发展"的中国特色社会主义文化 69

第四章 当代中国文化成全何种意义上的"好发展" 83
一、"反发展"：马克思恩格斯对资本主义发展的价值批判 83

二、"好发展"：马克思恩格斯关于未来社会发展的价值诉求 94
三、"有灵魂的发展"：21世纪中国化马克思主义发展伦理的价值追求 102

第五章　当代中国文化的发展价值：理论自觉过程 112
一、为了"自由发展"的文化："文化上的每一个进步，都是迈向自由的一步" 112
二、为了"站起来"的新文化：建设新中国需要"新文化" 121
三、为了"富起来"的文化：追求物质力量与精神力量均衡的发展 128
四、为了"强起来"的文化：文化自信是最基本最深沉最持久的力量 140

第六章　当代中国文化的发展价值：聚焦人类发展的探析 149
一、为人类整体发展提供"中国智慧" 149
二、为人类创新发展提供"中国价值" 161
三、为人类绿色发展提供"中国力量" 175
四、为构建人类命运共同体提供"中国方案" 184

第七章　当代中国文化的发展价值之实现 196
一、增强文化的发展价值自信：实现当代中国文化发展价值的主体性前提 196
二、中华优秀传统文化创造性转化和创新性发展：实现当代中国文化发展价值的根基性前提 214

三、走文化与发展深度融合的发展道路：实现当代中国文化
发展价值的必由之路 225

四、全面改善文化民生：动员实现当代中国文化发展价值的
人民力量 231

五、讲好中华文化故事：壮大实现当代中国文化发展价值的
国际力量 247

结　语 261

参考文献 264

后　记 273

导　论

我们所处的时代，是一个重新审视和确认文化的发展价值的时代。在这个时代，伴随人类对现代性发展危机的反思，从"文化只是发展的手段"到"文化是发展的灵魂"，文化的发展价值不断得到确认，人们越来越珍视"有文化的发展""有灵魂的发展"。中国共产党领导人民开创中国式现代化的过程，就是确证当代中国文化的发展价值的过程。当代中国发展难题的不断破解过程，乃至21世纪人类发展难题的不断破解过程，既是当代中国文化的发展价值不断彰显的过程，更是当代中国文化的发展价值不断实现的过程。

文化的发展价值问题，既是一个现代性发展问题，也是一个文化自信问题。

从人类发展视角看，文化的发展价值问题首先是一个现代性发展问题。现代化是人类无法逃脱的命运。现代化的过程实质上是社会和人的现代性发生发展的过程，是一个具有价值指向性的文化变迁过程，是一个持续不断、永无止境的变革过程，是受人们价值观念指导的一种有目的、有计划，涉及政治、经济、文化、社会、生态等各个层面的进步运动。在现代化实践中，我们发现，人类获得了许许多多美好的东西，特别是科技越来越发达，物质越来越充裕，生活越来越便利。但是，人们对"发展为了谁""发展为了什么""什么样的发展才是'好发展'"等这样的发展价值问题，无论是在理论上还是在实践上，都曾出现偏离现代化"初心"的现象。这种偏离，就文化与发展之间的关系而言，就是把文化仅仅当成"发展的手段"，甚至出现了文化与发展的断裂现象，导致了"没有文化的发展""没有灵魂的发展"。

传统发展观就是一种文化与发展断裂的"经济增长"发展观。在传统发展观那里，文化仅被当成经济增长的"手段"和"工具"，甚至被视为与经济增长无关的领域、次要的领域、纯支出的领域。从这个意义讲，传统发展观是一种"文化手段论""文化工具论"的发展观，是一种"文化无关紧要论""文化次要领域论""文化纯支出领域论"的发展观。

人类的现代化实践已经证明，在传统发展观指导下的人类发展已经成为物质繁荣"却带来精神幻灭"的发展，成为"没有灵魂的经济增长"，[1]出现了人类发展困境，导致了人类发展危机。传统发展观主导下谋求经济增长的时代，可以说是一个文化与发展断裂的时代。

人类已经走到了历史上一个关键的转折点。要克服人类发展困境，消除人类发展危机，我们必须迎接一个新时代的到来。这个新时代，是告别文化与发展断裂的时代，是文化与发展深度融合的时代。而文化与发展深度融合的过程，就是重新审视和确认文化的发展价值的过程。

从当代中国发展视角看，文化的发展价值问题更是一个文化自信问题。中国共产党领导中国人民开创中国式现代化的过程，就是确

---

[1] 联合国教科文组织、世界文化与发展委员会：《文化多样性与人类全面发展——世界文化与发展委员会报告》，张玉国译，广东人民出版社2006年版，前言第2页、内容提要第1页。

证当代中国文化的发展价值的过程，就是不断增强中国特色社会主义文化自信的过程，就是不断增强中国特色社会主义文化的发展价值自信的过程。

什么是文化自信？一般说来，文化自信是一个民族、一个国家、一个政党对自身所拥有的文化的高度认同和自觉践行，并对其文化的生命力保持坚定的信心和发展的希望，特别是对其文化的发展价值的充分肯定和积极践行。

党的十九大把文化自信与道路自信、理论自信、制度自信一起并列为中国特色社会主义"四个自信"，标志着中国共产党对当代中国文化的发展价值的认识达到了一个新高度。我们这里讲的"文化自信"，包括中华优秀传统文化自信、中国革命文化自信、社会主义先进文化自信，是对中华优秀传统文化、革命文化、先进文化的生命力、吸引力、影响力的充分肯定和高度自信，是对当代中国文化的发展价值的高度认同和忠实践履，坚信当代中国文化能够引领中国实现"好发展"，坚信当代中国文化能够为解决人类面临的发展问题提供"中国智慧""中国价值""中国方案"。

文化自信是文化价值认同与文化价值实践的统一。在发展已经成为时代主题和时代问题的今天，"文化的发展价值"是文化价值不可或缺的重要维度。"文化的发展价值自信"是文化自信的题中之义。当代中国文化自信，归根到底是对当代中国文化的发展价值的自信。当代中国文化的发展价值自信就是对当代中国文化的发展价值的高度认同、充分肯定和积极践行。百年来，中国共产党始终肩负着重振中华民族精神、复兴中华文化的历史使命；肩负着传播先进文化，以先进文化引领新民主主义革命、引领社会主义建设、引领改革开放、引领民族复兴、引领人类命运共同体构建的责任；肩负着不断增强中国人民的文化自信尤其文化的发展价值自信的责任和使命。

文化自信乃至文化的发展价值自信，是"国之大者"。在"强起来"的时代，我们面对的更大挑战之一是文化自信问题，或者说是当代中国文化的发展价值自信问题。也因此，习近平总书记强调指出："我们说要坚定中国特色社会主义道路自信、理论自信、制度自信，说到底是要坚定文化自信。"[①]"文化自信，是更基础、更广泛、更深厚的自信，是更基本、更深沉、更持久的力量。坚定文化自信，是事关国运兴衰、事关文化安全、事关民族精神独立性的大问题。"[②]"文化是一个国家、一个民族的灵魂。文化兴国运兴，文化强民族强。没有高度的文化自信，没有文化的繁荣兴盛，就没有中华民族伟大复兴。"[③]

为了更好地彰显和发挥当代中国文化在破解人类发展难题中的独特价值，为了更好地坚定当代中国文化的发展价值自信，我们需要深入研究当代中国文化为何具有发展价值，具有何种意义上的发展价值，如何实现这些发展价值等重要的理论和实践课题。因此，本书在如下几个方面进行研究与阐述：

第一，阐明重新审视和确证当代中国文化的发展价值之时代逻辑。资本主义主导的时代，是文化与发展相断裂的时代。在反思文化与发展断裂的价值观根源的过程中，主张文化与发展融合的发展伦理观、新发展观、新发展理念纷纷登场。党的十八大以来，中国特色社会主义进入新时代。新时代是超越文化自卑走向文化自信的时代，是经济力量与文化力量均衡发展的时代，是物质文明与精神文明协调共进的时代。这是一个需要进一步增强当代中国文化的发展价值自信，

---

① 《习近平谈治国理政》第二卷，外文出版社 2017 年版，第 339 页。
② 《习近平谈治国理政》第二卷，外文出版社 2017 年版，第 349 页。
③ 《习近平谈治国理政》第三卷，外文出版社 2020 年版，第 32 页。

又能够进一步增强当代中国文化的发展价值自信的时代。新时代是实现"强起来"的时代,而实现"强起来"的发展必然是"有文化的发展""有灵魂的发展"。

第二,阐述当代中国文化的发展价值的理论逻辑。基于马克思主义发展伦理视角,阐述了当代中国文化所要成全的"好发展",论述了马克思恩格斯对资本主义发展的价值批判,以及关于未来社会"好发展"的价值诉求,阐述了21世纪中国化时代化马克思主义发展伦理的价值使命。以马克思主义发展伦理特别是21世纪中国化时代化马克思主义发展伦理为指引,我们才能正确理解和科学把握当代中国文化的发展价值。

第三,围绕成全"好发展"的文化是何种意义上的文化,是何种意义上的当代中国文化进行分析和阐述。当代中国文化是以马克思主义为指导的思想文化,是以当代中国价值观念为内核的观念文化,是以中华优秀传统文化为根基的精神文化,是吸收借鉴人类文明创造的一切优秀文化成果的现代文化。当代中国文化的人民性、先进性、内生性、渗透性、整体性、民族性、现代性、实践性、开放性、创造性等特质,使之具有了独特的发展价值。

第四,全面梳理了中国共产党确认当代中国文化的发展价值的理论自觉历程,阐述了中国共产党人是如何在"马克思记忆"的基础上,不断深化对当代中国文化的发展价值的理解和把握的。中国共产党领导中国人民从"站起来""富起来"到"强起来"的发展历程,是中国共产党人对当代中国文化的发展价值的理论自觉过程,是中国共产党人不断实现当代中国文化的发展价值的生动实践过程。

第五,从人类发展的视角,全面阐述了当代中国文化的发展价值。特别是从为人类整体发展提供"中国智慧",为人类创新发展提供"中国价值",为人类绿色发展贡献"中国力量",为构建人类命运共同体贡献"中国方案"等方面分析和论证了当代中国文化的发展价值。当代中国文化为人类整体发展创造了"新文明",指引基于生态智慧的整体发展;以先进文化、"生生"文化指引人类创新发展;以"天人合一""人与自然和谐共生"指引人类绿色发展;以"和而不同""美美与共""天下为公"乃至全人类共同价值指引构建人类命运共同体。

  第六,提出了进一步实现当代中国文化发展价值的实践路径。从主体性前提、根基性前提、必由之路、人民力量、国际力量等方面,从当代中国和世界发展的实际出发,从理论与实践结合上,指出新时代要进一步实现当代中国文化的发展价值,必须走文化与发展深度融合的发展道路,这是一条不断增强当代中国文化的发展价值自信之路,是中华优秀传统文化得到创造性转化和创新性发展之路,是物质力量和精神力量均衡发展之路,是全面改善文化民生以满足人民美好生活需求之路,是对外讲好中华文化故事以全面提升中华文化软实力之路。

第一章 文化的发展价值：文化与发展研究领域的新范畴

一直以来，在文化与发展研究领域，学界更多的是从经济学、政治学、生态学等视角，探究文化的经济价值、政治价值、生态价值等问题，较少从发展伦理的视角研究文化的发展价值问题，特别是鲜有从马克思主义发展伦理的视角研究当代中国文化的发展价值问题。

一、发展伦理：审视文化的发展价值之新视角

本书尝试以马克思主义发展伦理视角探究当代中国文化的发展价值及其实现路径问题，对当代中国文化的发展价值进行审视和确证，对当代中国文化的发展价值的实现路径进行探讨；梳理和阐述中国共产党对当代中国文化的发展价值之确证的理论自觉过程，探究当代中国文化何以能成全"有文化的发展"，何以能成全"有灵魂的发展"，何以能为推动人类整体发展提供"中国智慧"，为人类创新发展提供"中国价值"，为人类绿色发展提供"中国力量"，为构建人类命运共同体提供"中国方案"。

我们知道，传统伦理无法回答诸如"什么样的发展才是'好发

展'"等发展的规范问题①。在传统伦理无法回应现代性发展难题的形势下,发展伦理作为一种新的伦理理论和伦理实践应运而生。发展伦理是一个新的跨学科的研究领域和行动领域,发展伦理"需要运用比'常规道德伦理'更多的东西来应付一整套复杂的多层面价值问题"②。借助发展伦理这个新视角,可以让我们更好地理解和把握文化的发展价值,更好地透视发展的价值观问题,更好地回答人类为何需要一场发展的价值观革命等问题。

发展伦理以当代人类整体发展价值问题作为研究对象,围绕"发展为了谁""发展为了什么""什么样的发展才是'好发展'"等发展价值问题进行了新的探究和新的回答。发展伦理专注人类发展价值问题,认为发展不只是经济增长问题,更是文化问题、文明问题。发展伦理注重用伦理精神批判和反思人类发展问题,强调用人文精神重塑人类发展理想。

需要指出的是,研究当代中国文化的发展价值问题,我们所借助的发展伦理视角,是马克思主义发展伦理视角,而非西方发展伦理学视角。由于西方发展伦理学具有其阶级局限性和历史局限性,我们必须用马克思主义发展伦理对当代中国文化的发展价值进行科学的审视。

马克思主义发展伦理克服了西方发展伦理学的诸多局限性,从人类整体发展出发,对人类发展难题进行伦理反思,在深刻批判资本主义发展的基础上,强调以自由看待发展,以生存看待发展,以公平

---

① 〔美〕德尼·古莱:《残酷的选择:发展理念与伦理价值》,高铦、高戈译,社会科学文献出版社 2008 年版,第 6 页。
② 〔美〕德尼·古莱:《发展伦理学》,高铦、温平、李继红译,社会科学文献出版社 2003 年版,前言第 1 页。

正义看待发展,以绿色看待发展,以共享看待发展。从马克思主义发展伦理视角探究当代中国文化的发展价值,可以让我们更好地透视当代中国文化在破解人类发展难题、引领人类未来发展中的独特价值,更好地理解和把握当代中国文化的发展价值,更好地推动当代中国文化实现其发展价值。

马克思主义是真理与价值的统一。正如习近平总书记在哲学社会科学工作座谈会上讲话时所指出:"无论时代如何变迁、科学如何进步,马克思主义依然显示出科学思想的伟力,依然占据着真理和道义的制高点。"[①] 马克思主义经典作家既研究发展规律问题,也研究发展价值问题。马克思主义既揭示了人类社会发展规律,也彰显了对人类未来发展的价值追求。在对资本主义发展进行深刻揭露和全面批判的过程中,在对未来社会发展的理想设计和价值追求的过程中,马克思恩格斯从来没有停止过对"发展为了谁""发展为了什么""什么样的发展才是'好发展'"等发展价值问题的深刻思考和科学回答。马克思主义为我们科学理解和把握当代中国文化的发展价值提供了理论依据。

进入21世纪,中国共产党人先后提出了科学发展观和新发展理念,实现了马克思主义发展伦理思想的中国化时代化,马克思主义发展伦理思想在中国实现了新的发展。新发展理念是马克思主义发展伦理思想中国化时代化的最新成果。21世纪中国化时代化的马克思主义发展伦理关切"有文化的发展",追求"有灵魂的发展",是我们更好地把握和实现当代中国文化的发展价值的根本指引。

以马克思主义发展伦理视角探究当代中国文化的发展价值及其

---

① 习近平:《在哲学社会科学工作座谈会上的讲话》,人民出版社2016年版,第10页。

实现路径问题，就是要追问：在现代化发展进程中，发展为了谁？发展为了什么？什么样的发展才是"好发展"？进一步追问：在建设社会主义现代化国家进程中，成全"好发展"的文化，是何种意义上的文化？是何种意义上的当代中国文化？当代中国文化具有何种意义上的发展价值？为何具有这些发展价值？如何实现这些发展价值？

可以说，基于马克思主义发展伦理视角探究当代中国文化的发展价值及其实现路径，是本书的一个特色。也因此，本书中所指的"文化的发展价值"，特指在马克思主义发展伦理视角下，在文化与发展深度融合过程中，文化所具有的成全"好发展"的价值。在进一步界定"文化的发展价值"这个文化与发展研究领域的新范畴之前，我们需要首先明确本书所指的"价值"这个概念。

关于"价值"的界说，一般有"观念说""实体说""属性说""关系说""实践说"等几种类型。国内研究价值哲学的著名专家王玉樑归纳了后果价值说、功能价值说、完形性质论、解决问题说、德性理论、交往合理性理论、系统价值论、自然价值论、行为功利主义、理想规则功利主义等不同言说。[①] 如文德尔班认为，价值是哲学的中心，"每种价值首先意味着满足某种需要或引起某种快感的东西"[②]。李凯尔特认为，价值是哲学的根本范畴，"价值是文化对象所固有的，因此我们把文化对象称为财富"[③]。

本书所指"价值"是基于"关系说"基础上的"实践说"，亦即马克思主义的"实践说"。作为一种"关系说"，价值"就是指客体

---

① 王玉樑：《21世纪价值哲学：从自发到自觉》，人民出版社2006年版，第104—130页。
② 王玉樑：《21世纪价值哲学：从自发到自觉》，人民出版社2006年版，第65页。
③ 〔德〕李凯尔特：《文化科学和自然科学》，涂纪亮译，商务印书馆1996年版，第21页。

的存在、属性及其变化同主体的尺度是否一致或相接近"[1]。价值关系包括人与物的关系、人与人的关系,以及其他一切可能的对象性关系。价值是"主体与客体"的关系,是"客体适合于主体的尺度",而不仅仅是"满足主体需要";[2] 作为一种"实践说",价值是指"价值产生于人按照自己的尺度去认识世界改造世界的现实活动;价值的本质是客体属性同人的主体尺度之间的一种统一,是'世界对人的意义'"[3]。可以说,价值是人类发展实践的特有内涵,价值是人类发展实践的内在尺度,价值是人类发展实践的基本指向。

我们知道,价值关系是人类发展实践的一个基本关系。本书中的"文化的发展价值"指涉文化与发展的关系。由于发展是属人的发展,也因此,文化的发展价值主要指涉文化与人的发展的关系。也就是说,文化的发展价值主要是指文化满足人的自由全面发展的价值,文化满足人类自由解放的价值,文化满足人类实现美好生活的价值。

文化的发展价值只能在人类发展实践中才能实现。正如王玉樑所主张:"把实践引入价值哲学,从价值的存在、功能、发展、结果出发去理解价值。"[4] 也就是从每个个体发展完善、人类社会更加美好的视角把握价值的本质。从这一理解出发,文化的发展价值就是文化能够使每个个体自由全面发展,使社会发展更加完善,使人类发展更加美好,使人类文明持续进步的价值。当代中国文化的发展价值就是指当代中国文化所具有的使每个人自由全面发展,使当代中国发展乃

---

[1] 李德顺:《价值论》第2版,中国人民大学出版社2007年版,第27页。
[2] 李德顺:《价值论》第2版,中国人民大学出版社2007年版,第27页。
[3] 李德顺:《价值论》第2版,中国人民大学出版社2007年版,第39页。
[4] 王玉樑:《21世纪价值哲学:从自发到自觉》,人民出版社2006年版,第308页。

至人类发展更加美好，使人类文明更加进步的价值。当代中国文化之所以具有这样的发展价值，是由当代中国文化本质属性决定的，是由中国特色社会主义文化本质规定性决定的。关于这个方面，将在后面章节展开论述。

二、文化的发展价值：相关研究述评

（一）文化与发展的关系研究

伴随现代性发展问题的反思，发展中的文化因素受到学者们越来越多的关注，他们开始用文化解释经济发展和政治发展状况。国外的著名学者有劳伦斯·哈里森（著有《不发达是一种心态：拉丁美洲事例》《发展文化》等）、塞缪尔·亨廷顿（著有《文明的冲突与世界秩序的重建》，合著有《文化的重要作用：价值观如何影响人类进步》等）、弗朗西斯·福山（著有《信任：社会美德与创造经济繁荣》《大断裂：人类本性与社会秩序的重建》等）、哈拉尔德·米勒（著有《文明的共存：对塞缪尔·亨廷顿"文明冲突论"的批判》），还有罗伯特·普特南、詹姆斯·科尔曼，等等。他们分别从"发展文化""价值观""社会资本""信任"等角度，对文化与发展的关系进行了富有成效的研究。

研究文化与发展之间的关系，其中一个重要领域是用文化来解释现代化问题。这方面，西方比较著名的学者有：阿历克西·德·托克维尔（著有《论美国的民主》《旧制度与大革命》等）、马克斯·韦伯（著有《新教伦理与资本主义精神》）、爱德华·班菲尔德（著有《落后社会的道德根据》等）、奥斯瓦尔德·施本格勒（著有《西方的没落》等），他们都做出了在西方得到公认的学术贡献。如托克维尔认为美国的文化适宜于发展，特别是适宜于政治发展；韦伯认为，正是新教伦理和资本主义精神给资本主义带来了新价值观，这种新价值观促进了资本主义的发展。也就是说，资本主义的兴起，基本上是一种根植于宗教信仰的文化现象。

著名未来学家、全球系统研究的先驱者、《增长的极限》作者之一的乔根·兰德斯在其新著《2052：未来四十年的中国与世界》中指出，收入水平越高，人们越愿意牺牲贸易利润，以保护文化传统和民族身份。"在富裕国家中，人们越来越关注文化的价值。"[1] 欧文·拉兹洛在其《人类的内在限度：对当今价值、文化和政治的异端的反思》著作中，也肯定了文化、价值观对人类发展的巨大影响，同时对西方价值观、西方文化进行了反思和批判。

以上这些西方学者的观点有其阶级局限性，特别是托克维尔的观点是必须受到批判的西方中心论观点。不过，他们的研究成果为后人研究提供了诸多参考和启示，后来的研究者特别是西方的学者，是沿着他们的研究足迹走下去的。

在文化与发展关系研究方面，世界文化与发展委员会的贡献是不可忽视的。1992年联合国和联合国教科文组织共同成立了世界文化与发展委员会，该委员会主要聚焦文化与发展的关系问题进行研究。通过在世界范围内的广泛调查研究，撰写了《文化多样性与人类全面发展——世界文化与发展委员会报告》，该报告以更加开阔的视角对文化与发展的关系进行研究，有许多值得在批判的基础上加以借鉴的研究成果。

---

[1] 〔挪威〕乔根·兰德斯：《2052：未来四十年的中国与世界》，秦雪征、谭静、叶硕译，译林出版社2013年版，第182页。

值得一提的是，1997年以来，联合国教科文组织下属的预测、哲学与人文科学部门组织了一系列"21世纪座谈会"，就人类发展面临的重大挑战问题进行全球辩论，每次座谈会世界各地知名的科学家、艺术家或决策者中的领军人物都进行跨学科的富有真知灼见的前瞻性、预测性探讨。热罗姆·班德主编的《价值的未来》一书就集中了从第10次座谈会以后的探讨，特别是"9·11"事件之后，预测、哲学与人文科学部门举办的第二次"21世纪对话"就"价值的未来"主题进行辩论的思想成果。该书就"价值的衰败、冲突或杂交""价值与非人性的挑战""严肃的价值还是无关紧要的价值""走向对价值的重新诠释""走向精神的世纪""新技术和文化""文化的全球化与保护多样性""新的社会契约、新的自然契约、新的伦理契约、新的文化契约"等问题进行了富有启迪性的深刻探讨。这些探讨，实际上是对现代性发展的反思，是对文化与发展从断裂走向融合大趋势的把握和预测。[①]

1999年，美国一个研讨会以"文化价值观与人类进步"为主题，分别围绕"价值观与进步之间的关系""价值观的普遍性和西方'文化帝国主义'""地理与文化""文化与体制之间的关系""文化变革"五个问题进行讨论和发言。在分组讨论中，在文化与政治发展关系问题上，"世界价值观调查"项目的协调人指出，文化价值观与政治发展乃至经济发展之间都存在着强有力的联系；福山论述了社会资本在政治发展方面的关键作用；利普塞阐述了文化与腐败的关系；在文化与经济发展关系问题上，兰德得出了文化使经济发展局面完全不一样的观点和结论；波特也认为文化影响经济发展，文化影响竞争

[①] 〔德〕热罗姆·班德主编：《价值的未来》，周云帆译，社会科学文献出版社2006年版。

力；但也有学者不认为文化对经济发展有多重要，认为文化因素的重要性，比不上地理因素和气候因素；格龙多纳依据文化是否有利于发展、是否阻碍发展，对各种文化进行了分类；埃通加-曼格尔对非洲发展所遇到的文化障碍进行了论述；埃杰顿认为，不同文化类型与发展关系是不一样的，一些文化更有利于人民，一些文化则不然；施韦德则相反，认为文化没有先进或落后之分，主张尊重所有文化；杜维明对比了西方文化、儒家文化与发展的关系，以及对待发展的不同态度；帕特森阐述了文化与美国少数民族问题的关系。在是否应促进文化变革问题上，讨论会异常激烈，没有达成一致意见。但研讨会比较一致的共识是：文化与发展的关系越来越密切，文化价值观和态度是人类进步中的一个重要因素，而这个重要因素，过去被忽视了。①

围绕"价值观与进步之间的关系"问题，观点往往是相对立的。在此次研讨会上也是如此，不同学科、不同学者有不同的观点。在文化与发展关系上，经济学家和人类学家大多持这样的立场：文化的作用是值得怀疑的。经济学家大都倾向于经济政策才是重要的，只要经济政策得到有效实施，不管文化如何，都会产生同样的效果。人类学有一个文化相对主义传统，文化相对主义拒绝对另外一个社会的文化进行评估。在文化与发展关系上，强调文化重要作用的学者，对经济学家的观点提出反驳：同样的经济政策，为什么有的国家和地区得到有效实施，有的却相反？有的做得更好，有的却差强人意？特别是谈到俄罗斯经济发展时，苏联解体之后，原以为俄罗斯在资本主义条件

---

① 〔美〕塞缪尔·亨廷顿、劳伦斯·哈里森主编：《文化的重要作用：价值观如何影响人类进步》，程克雄译，新华出版社2010年版，第30—32页。

下会获得更好发展，但俄罗斯却出现了"经济灾难"。针对俄罗斯的发展，美国联邦储备委员会主席艾伦·格林斯潘出现了前后矛盾的说法。他先断定"资本主义是'人的本性'"，认为只要俄罗斯搞资本主义，就能发展起来。面对俄罗斯的经济灾难，又说"这根本不是本性，而是文化"[①]。为什么经济学家对文化的重要作用持犹豫不决的态度呢？哈里森认为，重要原因是文化"难以定量"，也很难定义，而且文化对发展的作用，是在"非常复杂的心理、体制、政治、地理等等因素的背景之下"[②]产生的。在文化与发展关系上，马里亚诺·格龙多纳对文化进行了分类，其中一些类型文化对发展起促进作用，一些类型文化对发展起阻碍作用；蒙塔内尔则对其中阻碍发展的文化是如何影响精英群体的行为进行了分析；帕特森在文化与发展关系问题上，在谈到如何解释非洲裔美国人的问题时，他认为核心因素是文化。也有学者认为，文化按其定义来说"就是和谐的和有适应性的"，"冲突和苦难则是外力侵犯的结果"。[③]也有学者认为，非洲和拉丁美洲的贫穷和不发展，根源在于传统的文化价值观。

马里亚诺·格龙多纳在《经济发展的文化分类》中，在哈里森研究的基础上，对价值观体系进行了分类：一类是完全有利于经济发展的，一类是完全阻碍经济发展的。并指出，这是一种理想的价值观体系分类，只存在于我们的思维之中，现实的价值观体系是复杂的，是处于动态之中而且优劣兼备的。如果现实的价值观体系朝着完全有

---

① 〔美〕塞缪尔·亨廷顿、劳伦斯·哈里森主编：《文化的重要作用：价值观如何影响人类进步》，程克雄译，新华出版社2010年版，第33页。
② 〔美〕塞缪尔·亨廷顿、劳伦斯·哈里森主编：《文化的重要作用：价值观如何影响人类进步》，程克雄译，新华出版社2010年版，第33页。
③ 〔美〕塞缪尔·亨廷顿、劳伦斯·哈里森主编：《文化的重要作用：价值观如何影响人类进步》，程克雄译，新华出版社2010年版，第34页。

利于经济发展的价值观体系运动，就能改善发展机会；如果朝着完全阻碍经济发展的价值观体系运动，就是缩小发展机会。[①] 他还列举了20种被认为有利于发展或阻碍发展的文化因素：宗教、对个人的信任、道德规范、两种财富观、两种竞争观、两种公平观、工作价值观、离经叛道的作用、教育不是洗脑、实用性的重要、较轻的美德、时间上的重点、理性、权力、世界观、生命观、救己与救世、乌托邦、不同的乐观主义、两种民主观等，比较全面地分析了"有利于发展的文化"或"阻碍发展的文化"。[②]

国内学者专门研究文化与发展关系的成果相对集中在文化哲学、发展哲学等研究领域。邹广文提出了"社会发展中的文化含量""市场经济的文化生长"等引人深思的命题，并指出："文化价值与时代视野的融合，努力将文化的价值思考与现实文化实践有机结合起来，是文化哲学研究力求贯彻的理解原则。"[③] 他认为："文化发展如果没有一种自觉的人文精神支撑，则很可能成为市场的附庸，而文化一旦失去个性和价值理想，则后果是不堪设想的。"[④] 欧阳谦指出，"当今世界的变革，尤其是当代西方社会的变革似乎已证明，文化并不是经济活动的派生物和附属物，而是社会发展过程中一种构成性力量"[⑤]，"文化既是一种整体的生活方式，同时也是一种社会斗争方式，更重要的还在于文化是一种可以连接各种社会力量的总体化进程"[⑥]。在探

---

① 〔美〕塞缪尔·亨廷顿、劳伦斯·哈里森主编：《文化的重要作用：价值观如何影响人类进步》，程克雄译，新华出版社2010年版，第90—91页。
② 〔美〕塞缪尔·亨廷顿、劳伦斯·哈里森主编：《文化的重要作用：价值观如何影响人类进步》，程克雄译，新华出版社2010年版，第91—97页。
③ 邹广文：《社会发展的文化诉求》，河北大学出版社2004年版，序论第5页。
④ 邹广文：《社会发展的文化诉求》，河北大学出版社2004年版，序论第6页。
⑤ 欧阳谦：《文化与政治》，中国人民大学出版社2012年版，第1页。
⑥ 欧阳谦：《文化与政治》，中国人民大学出版社2012年版，第1页。

讨文化观时，张小平等学者批判了狭隘的文化观，指出："狭隘的文化观，只是将文化作为达到某种目的的一种手段，无论强调文化对经济发展的促进作用还是阻碍作用，都是把文化降为从属地位，视为促进经济增长的一种工具。"[1]

综上，学界在探究文化与经济发展的关系、文化与政治发展的关系、文化与社会发展关系等方面，取得了比较丰硕的成果，这些成为本书的重要资源借鉴。特别需要指出的是，国外学者的研究成果中，不少还停留在"文化手段论""文化工具论"层面，一些成果还片面夸大文化的作用，均需要我们用马克思主义的立场观点方法进行批判审视，在此基础上加以吸收借鉴。

（二）文化的发展价值研究

国外学者至少在下面几个重要研究领域涉及文化的发展价值研究：

第一个重要领域是发展伦理学研究。发展伦理学注重文化的发展价值。近四十年来兴起的发展伦理学强调以人文精神重塑发展理想，强调人文发展，倡导"有文化的发展"，文化的发展价值越来越受到重视。美国著名的发展伦理学研究的先驱者德尼·古莱认为发展"既是经济问题又是政治问题，既是社会问题又是文化问题，既是资源与环境问题又是文明问题"[2]。阿玛蒂亚·森是1998年诺贝尔经济学奖获得者，被誉为"经济学界的良心"、21世纪最有影响的经济学家之一。他强调发展要以人为本，强调经济伦理和发展伦理，著有《以自由看待发展》《生活质量》等著作。贝纳多·科利克斯伯被誉为世

---

[1] 张小平主编：《和谐文化的理论与实践》，人民出版社2007年版，前言第1—2页。
[2] 〔美〕德尼·古莱：《发展伦理学》，高铦、温平、李继红译，社会科学文献出版社2003年版，导论第3页。

界上最为重要的反贫困专家之一，是发展伦理学的先驱者之一，他呼吁在一个注重数字和平衡预算的时代更多要考虑伦理学，著有《具有人性的经济学》《多一点伦理，多一点发展》等著作。阿玛蒂亚·森与贝纳多·科利克斯伯格合作撰写的《以人为本：全球化世界的发展伦理学》一书，从发展伦理学的新视角，讨论21世纪发展中的伦理问题。其中第十章以"为什么文化是发展的关键"为题，阐述文化对发展的重要性，并强调，现在该是动员文化的潜力的时候了，指出，"文化是发展的关键"，"文化已经成为促进经济增长的国际努力的最后一个未被探索的前沿"。[1]

第二个重要领域是新发展观研究。新发展观重视文化的发展价值。1983年法国经济学家佩鲁在其著作《新发展观》中指出："发展是'整体的''综合的'和'内生的'"[2]，并指出，"各种文化价值'在经济增长中起着根本性的作用'，经济增长不过是手段而已。各种文化价值是抑制和加速增长的动机的基础，并且决定着增长作为一种目标的合理性"[3]。联合国教科文组织一直主张"以文化价值为尺度"的新发展观，强调"有灵魂的发展"，甚至强调用文化定义发展，指出"文化的繁荣"才是"发展的最高目标"。这些"新发展观"对文化的发展价值的思考，在世界上产生了比较深远的影响，特别是佩鲁的新发展观影响了人类后来陆续提出的新发展观。

第三个重要领域是文化发展观研究。西方学者以加拿大著名的文化学者保罗·谢弗等为代表。在其《文化引导未来》《经济革命还是文

---

[1] 〔印度〕阿玛蒂亚·森、〔阿根廷〕贝纳多·科利克斯伯格：《以人为本：全球化世界的发展伦理学》，马春文、李俊江等译，长春出版社2012年版，第178页。
[2] 〔法〕弗朗索瓦·佩鲁：《新发展观》，张宁、丰子义译，华夏出版社1987年版，前言第2页。
[3] 〔法〕弗朗索瓦·佩鲁：《新发展观》，张宁、丰子义译，华夏出版社1987年版，第15页。

化复兴》等著作中,保罗·谢弗指出,面对发展这个世界性难题,文化是必不可少的真正的"未来的灯塔",在所有的社会理论和实践中,"只有文化提供了这个灯塔"[①]。人类发展已经处于一个历史转折点、一个新旧时代的转折点,人类必须迎来一个新时代:"文化时代"[②]。在这个时代,文化将在发展中起关键作用,文化将成为未来的灯塔。

第四个重要领域是文化价值观研究。在塞缪尔·亨廷顿等学者主编的《文化的重要作用:价值观如何影响人类进步》一书中,来自哲学、经济学、历史学、政治学、人类学等领域的24位世界级专家,从价值观如何影响人类进步的视角,对文化的发展价值进行研究,提出了诸如"文化是体制之母"[③]等著名观点。他们还这样追问:"既然文化如此重要,人们研究文化又已百年有余,为什么我们还没有周全的理论和切实的指导方针,而且没有在研究文化的人及制定、管理发展政策的人之间建立密切的专业的联系?"[④]

第五个重要领域是西方马克思主义。西方马克思主义开创了"文化主义的马克思主义","文化"成为西方马克思主义的关键词,"文化批判"成为西方马克思主义的理论主题。他们认为,"社会变革"关键在于"文化变革","文化变革"关键在于"意识形态","意识形态斗争胜利"决定"社会变革成功"。他们的研究有许多局限性。但是,他们对文化的重新界定和认识,强调文化不再是一种可有可无

[①] 〔加〕D.保罗·谢弗:《文化引导未来》,许春山、朱邦俊译,社会科学文献出版社2008年版,前言第1页。
[②] 〔加〕D.保罗·谢弗:《经济革命还是文化复兴》,高广卿、陈炜译,社会科学文献出版社2006年版,序言第1—10页。
[③] 〔美〕塞缪尔·亨廷顿、劳伦斯·哈里森主编:《文化的重要作用:价值观如何影响人类进步》,程克雄译,新华出版社2010年版,第120页。
[④] 〔美〕塞缪尔·亨廷顿、劳伦斯·哈里森主编:《文化的重要作用:价值观如何影响人类进步》,程克雄译,新华出版社2010年版,前言第10页。

的附属物或派生物，不再是可有可无的修饰物，不再是消极反映的活动，强调文化既是"理想的精神力量"，更是"现实的物质力量"，强调文化是一种"生产活动""物质实践"，认为文化体现了"社会存在的总体性"，能够"实现人的实践的主体性"，等等。这些观点，对我们全面理解和把握文化与发展的关系，具有一定的借鉴参考价值。西方马克思主义在理论上有一个"文化的转向"问题。欧阳谦认为这种"文化的转向"并不是要彻底否定历史唯物主义的基本原理，而是要"深化和扩展历史唯物主义的理论视域及其方法论基础"，"拓展历史唯物主义的文化维度"。[1] 在批判的基础上，我们要善于吸收借鉴西方马克思主义的研究新成果。

国内学者至少在下面两个研究领域涉及文化的发展价值研究：

一是价值与文化研究。21世纪以来，国内学界围绕"价值与文化"问题展开了深入的研究，形成了丰硕的理论成果。北京师范大学价值与文化研究中心一直致力于"价值与文化"的基础理论和重大现实问题研究，先后出版《价值与文化》《新世纪中国共产党的价值观》《社会主义核心价值体系研究》《重构现代性——当代社会主义价值观研究》《全球化时代的文化认同与国家认同》《价值观的理论与实践》等数十部学术专著，这些研究成果既涉及价值基础理论研究，又关注全球化发展中的文化冲突与价值观建设问题。江畅等人围绕当代中国价值文化问题，先后出版《论当代中国价值观》《当代中国主流价值文化及其构建》《论中国价值文化发展》等论著，进一步深化了新时代中国价值哲学及价值文化的研究。关于价值文化与社会发展关系问题，袁贵仁指出，文化与价值是社会进步的强大动力，而文化与

---

[1] 欧阳谦：《文化与政治》，中国人民大学出版社2012年版，第1页。

价值的问题归根结底是文化软实力问题。他进一步指出了未来在更为广泛的人类境遇转变中讨论文化软实力问题需要努力的三个方向：一是向文化与价值研究的深度努力，加强儒释道融合研究；二是向价值与文化研究的宽度努力，加强文史哲统一研究；三是向价值与文化研究的高度努力，加强中西马哲学结合研究。

二是文化价值和文化力研究，以司马云杰、高占祥等学者为代表。司马云杰有《文化价值论》《文化社会学》《文化悖论》《文化价值哲学》等著作[①]，高占祥有《文化力》等著作。在《文化力》中，作者对"文化竞争力""文化创造力""文化生产力""文化先导力""文化和谐力""文化和合力"[②]等进行了研究。单世联有《论文化观念与文化生产》《我们需要怎样的文化》《文化不是任性：价值观、多样性与中国经验》等著作。单世联强调"文化是自由也是对自由的约束"，"文化不是任性，应有其规范、价值和标准"[③]，强调"文化是价值不是工具"[④]。

综上，无论是发展伦理学研究、新发展观研究还是文化发展观研究，在文化的发展价值研究方面，都提出了富有启迪的思想和观点，成为本书的重要思想资源。但是西方学者的研究成果都有其阶级和历史局限性，有其西方中心论谬误、唯心主义的错误，需要我们明

[①] 司马云杰的主要著作有：《文化社会学》，华夏出版社 2011 年版；《文化悖论：关于文化价值悖谬及其超越的理论研究》，安徽教育出版社 2011 年版；《文化价值论：关于文化建构价值意识的学说》，安徽教育出版社 2011 年版；《价值实现论：关于人的文化主体性及其价值实现的研究》，安徽教育出版社 2011 年版。
[②] 高占祥：《文化力》，北京大学出版社 2007 年版，第 8—257 页。
[③] 单世联：《文化不是任性：价值观、多样性与中国经验》，新星出版社 2015 年版，自序第 2 页。
[④] 单世联：《文化不是任性：价值观、多样性与中国经验》，新星出版社 2015 年版，自序第 2 页。

察和鉴别，在批判的基础上加以吸收借鉴。

（三）当代中国文化的发展价值研究

在国内，20世纪曾经出现过几次文化研究的热潮，一次是20世纪二三十年代，一次是20世纪80年代，一次是20世纪末。到了21世纪，党的十八大以来，出现了文化自信研究的热潮。限于篇幅，下面仅就与当代中国文化的发展价值相关的研究进行综述。

可以说，中国学者对当代中国文化的发展价值研究深度和广度与文化建设在国家战略中的地位越来越高、文化建设越来越受到党和国家高度重视成正比。特别是党的十八大以来，适应新时代对文化发展的新要求，学界越来越重视当代中国文化的发展价值研究。

就目前的研究成果看，学界更多的是围绕中华优秀传统文化、党和人民在伟大斗争中孕育的革命文化（以下简称"革命文化"）、社会主义先进文化的价值分别进行研究。

一是关于中华优秀传统文化的价值研究。当代中国文化是以中华优秀传统文化为根基的文化。关于中华优秀传统文化的价值研究，学界取得了比较丰硕的成果。陈先达从"对西方资本主义国家的文化交流作用""对儒家文化圈国家和地区的道德教化作用""马克思主义的中国化""社会主义文化建设""社会主义道德建设"[①]等方面，对中华文化的当代价值进行了深入独到的研究。张立文分别以"中华传统文化与人类命运共同体""打造人类命运共同体的新世界""人类命运共同体的构建""以中华和合文化护航'一带一路'建

---

① 陈先达：《马克思主义和中国传统文化》，人民出版社2015年版，第102—124页。

设实施""解决现代问题需要传统生命智慧"[1]，以及"和合学与21世纪人类文化""和合人文精神的达道""走向21世纪的和合之路"[2]等为题，对中华文化的发展价值进行了深入独创的研究，并从"以治平为本""以仁为核""以和为贵"[3]等方面分析了中华文化的基本精神价值。陈来将中华文化与西方文化相对照，将儒学价值观概括为八大特点：道德比法律更重要，今生比来世更重要，社群比个人更重要，精神比物质更重要，责任比权利更重要，民生比民主更重要，秩序比自由更重要，和谐比斗争有价值。[4]后来，他又将儒学价值观概括为十大特点：道德比法律更重要，社群比个人更重要，精神比物质更重要，责任比权利更重要，民生比民主更重要，秩序比自由更重要，今生比来世更重要，和谐比斗争有价值，文明比贫穷有价值，家庭比阶级有价值。[5]增加了"文明比贫穷有价值"，"家庭比阶级有价值"，同时对原来概括的八大特点进行了次序调整。后来，他又将这十点调整简化为：责任先于自由，义务先于权利，社群高于个人，和谐高于冲突，并认为这样的概括是为了把中华文明价值观的特色表达得更集中简练。[6]在这个基础上，陈来从中国精神、中国立场、中国智慧等角

---

[1] 张立文：《中国传统文化与人类命运共同体》，中国人民大学出版社2018年版，第3—48、125—127、240—244页。
[2] 张立文：《和合学：21世纪文化战略的构想》，中国人民大学出版社2016年版，第358—400、767—783页。
[3] 张立文：《中华文化的基本精神价值》，《光明日报》2004年10月13日。
[4] 陈来：《中华文明的核心价值：国学流变与传统价值观》，生活·读书·新知三联书店2015年版，序言第1页。
[5] 陈来：《中华文明的核心价值：国学流变与传统价值观》，生活·读书·新知三联书店2015年版，序言第2页。
[6] 陈来：《中华文明的核心价值：国学流变与传统价值观》，生活·读书·新知三联书店2015年版，序言第3页。

度[①]探究中华文化的当代价值。涂可国从民族自信心、文化软实力、精神资源等角度[②],于洪波从价值观自信、治国理政智慧、精神财富等角度[③],赵云耕从精神价值等角度[④],董雅华从具有破解现代性发展困境的精神元素角度[⑤],刘震从生态价值等角度[⑥],张西平从中国智慧[⑦]、世界文化等角度[⑧],来审视和探究中华文化的当代价值。张造群从市场经济建设、民主政治建设、先进文化建设、和谐社会建设以及生态文明建设等五个层面阐述中华优秀传统文化的现代价值。[⑨]郑永年指出,随着中国崛起为大国,"我们有条件对亚洲价值观重新评估,重估中国和亚洲国家发展的相关性和中国对亚洲价值观的贡献"[⑩]。

二是关于革命文化的发展价值研究。钟秀利、杨艳春、罗春洪、黄跃红从红色文化的政治价值等角度[⑪],秦洁从中华民族精神标识等角度[⑫],张文、王艳飞从红色文化的当代价值等角度[⑬],沈成飞、连文妹从抵御历史虚无主义、增强文化自信、标识中国特色、提升国家认

---

① 陈来:《中华文化的当代价值与意义》,《人民日报》2017年3月17日。
② 涂可国:《中华传统文化的当代价值》,《理论学习》2015年第4、5期。
③ 于洪波:《中华优秀传统文化的价值认同与创新转化》,《光明日报》2017年7月7日。
④ 赵云耕:《中国传统文化的精神价值》,《人民论坛》2017年第13期。
⑤ 董雅华:《论儒家文化的价值重估与传承》,《天津师范大学学报》(社会科学版)2016年第2期。
⑥ 刘震:《重思天人合一思想及其生态价值》,《哲学研究》2018年第6期。
⑦ 张西平:《向世界说明中华文化的现代价值》,《北京日报》2017年11月6日。
⑧ 张西平:《从世界文化的角度重新审视中国文化的价值》,《文化软实力研究》2018年第3期。
⑨ 张造群:《优秀传统文化的当代价值——中国特色社会主义视角的省察》,中国社会科学出版社2015年版。
⑩ 郑永年:《中国崛起:重估亚洲价值观》,东方出版社2016年版,第10页。
⑪ 钟秀利、杨艳春、罗春洪:《试析红色文化的政治价值——执政文化的视角》,《求实》2007年第11期;黄跃红:《红色文化的政治价值》,《人民论坛》2017年第16期。
⑫ 秦洁:《革命文化:中华民族最为独特的精神标识》,《红旗文稿》2016年第17期。
⑬ 张文、王艳飞:《红色文化的当代价值及其实现路径》,《人民论坛》2016年第23期。

同等角度[1]，阐述革命文化的当代价值。

三是关于社会主义先进文化的价值研究。自从社会主义先进文化提出以来，这方面的研究成果也层出不穷。夏建国探究了当代中国社会主义先进文化的人类价值[2]，刘洋探究了人类命运共同体在解决世界现代性发展问题中的中国智慧[3]，田鹏颖探讨了"人类命运共同体"是如何为解决人类问题贡献了"中国智慧"和"中国方案"的[4]，胡守勇探究了共享发展理念的世界历史意义，指出共享发展理念为人类发展提供了新范式[5]。此外，黄楠森、龚书铎、陈先达等学者从人的发展和社会发展角度[6]，肖贵清等学者从社会主义现代化的角度[7]，邹徐文从文化生产力、文化创新力和文化推动力等角度[8]，于铭松从意识形态属性、产业属性等角度[9]，阐述和论证了中国特色社会主义文化的当代价值。

总之，学界关于中华优秀传统文化、革命文化和社会主义先进文化价值的研究成果，特别是关于中华优秀传统文化价值的研究成果比较丰硕。但是，聚焦当代中国文化的发展价值问题，把"文化的发展价值"作为一个整体研究对象，相关研究成果还比较鲜见，亟待深入研究。

---

[1] 沈成飞、连文妹：《论红色文化的内涵、特征及其当代价值》，《教学与研究》2018年第1期。
[2] 夏建国：《试论当代中国先进文化的人类价值》，《社会主义研究》2002年第5期。
[3] 刘洋：《人类命运共同体：世界现代性问题的中国智慧与方案》，《马克思主义研究》2017年第11期。
[4] 田鹏颖：《历史唯物主义与"人类命运共同体"》，《马克思主义研究》2018年第1期。
[5] 胡守勇：《共享发展理念的世界历史意义》，《马克思主义研究》2018年第4期。
[6] 黄楠森、龚书铎、陈先达：《有中国特色社会主义文化研究》，山东人民出版社1999年版。
[7] 肖贵清、赵学琳、闫晓菜：《中国特色社会主义文化论》，中共党史出版社2006年版。
[8] 邹徐文：《论中国特色社会主义文化建设》，江苏人民出版社2010年版。
[9] 于铭松：《中国特色社会主义文化功能问题研究》，中共中央党校出版社2014年版。

（四）文化自信研究

20世纪90年代以来，较早对文化自信进行研究的是刘士林等学者。什么是文化自信？刘士林认为，文化自信是"人类特有的文化生命结构"[1]。王泽应认为，"伦理精神自信是文化自信的核心和根本"[2]。韩震认为，文化自信"就是一个国家、一个民族、一个政党对自身文化传统和内在价值的充分肯定，也是对自身文化发展进程和生命力的坚定信念"[3]。为什么要坚定文化自信？靳凤林认为，文化自信是"民族复兴的精神支柱"[4]。杜振吉认为，在经济全球化以及文化普遍交往和碰撞的时代，"我们必须克服文化自卑和文化自负心态，确立坚定的文化自信"[5]。如何坚定文化自信？王南湜等学者认为，要实现文化自觉、文化自信、文化自强，必须具备文化使命意识、文化生命意识和文化承命意识。[6]

党的十七届六中全会提出"培养高度的文化自觉和文化自信，努力建设社会主义文化强国"的战略目标后，学界研究文化自信的成果呈现"井喷"状态，产出了丰硕的研究成果。什么是文化自信？张雷声探讨了文化自觉、文化自信与社会主义核心价值体系的关系。[7]李宗桂指出，文化自信是对自己民族文化的核心价值的坚定信仰，是对自己民族文化的历史传统、当代价值、未来走向的价值认同。[8]李

---

[1] 刘士林：《中华文化自信的主体考量与阐释》，《江海学刊》2009年第1期。
[2] 王泽应：《伦理精神自信是文化自信的核心和根本》，《道德与文明》2011年第5期。
[3] 韩震：《中国文化建设的历史方位——兼论文化自信》，《理论参考》2011年第11期。
[4] 靳凤林：《文化自信：民族复兴的精神支柱》，《道德与文明》2011年第5期。
[5] 杜振吉：《文化自卑、文化自负与文化自信》，《道德与文明》2011年第4期。
[6] 王南湜、侯振武：《文化自觉、文化自信、文化自强何以可能》，《毛泽东邓小平理论研究》2011年第8期。
[7] 张雷声：《文化自觉、文化自信与社会主义核心价值体系》，《思想理论教育导刊》2012年第1期。
[8] 李宗桂：《在弘扬优秀传统文化中坚定文化自信》，《学习月刊》2015年第23期。

月明认为,文化自信是对自身文化价值的充分肯定,对自身文化生命力的坚定信念。[1] 沈壮海指出,"文化自信之核是价值观自信"[2]。赵义良指出,要从实践维度、理论维度、民族维度、时代维度和价值维度等五个维度探究文化自信的内涵。[3] 黄建军认为,文化的核心是价值观,"文化自信的核心是价值自信和价值观自信"[4],并从价值基因、价值本源、价值依托探讨文化自信的来源。马俊峰、马乔恩指出,文化自信是在深入反思自身文化的历史、现状和未来的基础上,对自身文化的肯定、认同以及面对外来文化时所持有的理性态度。[5] 周银珍指出,文化自信是"对一个民族创造文化的能力、结果以及创造活动本身的自信"[6]。为什么要坚定文化自信?邹广文从全球化时代文化软实力角度进行了探究。[7] 项久雨认为,新发展理念与文化自信之间存在内在互动与深层共鸣,两者构成了中国整体实力生成的核心线索。[8] 郭建宁指出,文化自信是民族复兴的重要支撑,民族复兴是文化自信的集中体现。[9] 如何坚定文化自信?邱柏生认为,确立文化自信需要一定的文化基础,这种文化基础主要指文化的包容力、文化的抗压力、文化的反思性等。[10] 肖贵清、张安指出,坚定中国特色社

---

[1] 李月明:《文化自信的意义、来源及表征》,《实事求是》2015 年第 5 期。
[2] 沈壮海:《文化自信之核是价值观自信》,《求是》2014 年第 18 期。
[3] 赵义良:《文化自信的中国表达》,《哲学研究》2018 年第 6 期。
[4] 黄建军:《试论文化自信的价值维度》,《马克思主义理论学科研究》2018 年第 2 期。
[5] 马俊峰、马乔恩:《新时代文化自信的内涵、源泉及实现路径》,《学术交流》2018 年第 4 期。
[6] 周银珍:《社会主义核心价值观:文化自信的灵魂》,《红旗文稿》2018 年第 5 期。
[7] 邹广文:《文化自觉与文化自信 全球化时代文化软实力建构路径》,《人民论坛》2014 年第 24 期。
[8] 项久雨:《新发展理念与文化自信》,《中国社会科学》2018 年第 6 期。
[9] 郭建宁:《文化自信与当代中国》,《北京大学学报》(哲学社会科学版)2018 年第 2 期。
[10] 邱柏生:《论文化自觉、文化自信需要对待的若干问题》,《思想理论教育》2012 年第 1 期。

主义文化自信，正确处理中华优秀传统文化与马克思主义的关系，正确处理中华文化与外来文化的关系等。[①] 沈壮海在其新著《论文化自信》中，比较全面深入地探讨了什么是文化自信、为何要提振文化自信、文化自信中的今与古、文化自信中的内与外、文化自信的价值支撑、文化自信与民族精神、文化自信与学术话语、文化自信与文化强国、创造中华文化新的辉煌等重要的理论和实践问题。[②]

总之，学界围绕什么是文化自信，为什么要坚定文化自信，如何坚定文化自信等研究领域，进行了卓有成效的研究，取得比较丰硕的研究成果。在文化自信的内涵研究上，概括起来，主要有"文化生命结构说""文化创造力自信说""文化生命力自信说""伦理精神自信说""文化内在价值自信说""核心价值信仰说""文化的当代价值自信说""价值观自信说""价值自信说"，等等。在发展成为时代主题的今天，文化的发展价值自信是文化自信不可或缺的重要维度，文化的发展价值问题是事关"强起来"的重大理论与实践课题。什么是当代中国文化的发展价值自信？为什么要坚定当代中国文化的发展价值自信？如何坚定当代中国文化的发展价值自信？这方面的研究亟待加强并取得新的突破。

本书涉及发展伦理学、发展哲学、文化哲学、价值哲学等多学科的理论与知识，需要对这些学科知识进行马克思主义理论学科的转换，并在研究过程避免两种倾向："文化决定论"倾向和"经济决定论"倾向，进而正确认识文化与发展的关系，探究当代中国文化的发展价值，探讨当代中国文化的发展价值之实现路径。

---

① 肖贵清、张安：《关于坚定中国特色社会主义文化自信的几个问题》，《当代世界与社会主义》2018 年第 1 期。
② 沈壮海：《论文化自信》，湖北人民出版社 2019 年版。

第二章　文化的发展价值之重新确认

在反思片面追求经济增长，片面追求速度、规模、数量的传统发展观的过程中，在反思传统发展观带来的"文化与发展相断裂"现象的过程中，人们越来越珍视"有文化的发展""有灵魂的发展""追求美好生活的发展"。中国共产党领导中国人民开创中国式现代化的过程，是促进文化与发展不断走向融合的过程。也正是在文化与发展走向融合的过程中，当代中国文化的发展价值不断得以彰显。党的十八大以来，中国特色社会主义进入新时代。中国特色社会主义新时代是文化与发展融合的时代，是坚定当代中国文化的发展价值自信的时代，是当代中国文化的发展价值得到不断确证和更好实现的时代。

一、文化与发展相断裂：文化的发展价值之迷失

人类现代化实践证明，现代化带来了物质文明的巨大进步，但是精神文明没有获得同步发展，甚至出现了"文化与发展相断裂"的现象，这种断裂导致了文化的发展价值之迷失，妨碍了人们对幸福生活的追求，阻碍了人类实现更多更美好的发展价值目标。

（一）人类发展的价值危机

在现代化发展进程中，人类发展难题的表征可以从多个维度审

视。从人与自然的关系维度，就是生态危机问题，表现为环境污染不断恶化，自然资源日显匮乏，水、空气、土壤的临界值不断逼近等问题。这些问题最终演变为人类生存危机问题：地球生态系统是否会崩溃的问题、生态足迹和生态承载力问题、人类生存的生命安全问题等。从人与人、人与社会的关系维度，就是社会危机等问题，表现为人类不平等的加剧，人类贫富差距的不断扩大，包括富国与穷国之间、发达地区与落后地区之间、富人与穷人之间贫富差距的迅速扩大等问题。其中，越来越严重的是贫困问题、饥饿问题以及因为饥饿导致的疾病和死亡问题，还有失业问题、暴力与恐怖主义升级问题、失衡性的世界两极分化问题、核战争威胁问题、军备竞赛问题、人性化发展不断遭遇失败等。此外，还有宗教之间相互敌对，地区之间相互对立，国家之间相互对抗等问题。在贫困、贫富分化等问题上，阿玛蒂亚·森等人认为，当今世界，仍有13亿人缺乏基本生活必需品，13亿人没有可饮用水，20亿人用不上电，30亿人生活在贫困线上，30亿人没有基本的公共卫生设施。最富裕的10%人口占有全球资本的85%，而地球总人口的半数却仅仅拥有全球财富的1%。[1]

在探寻破解人类发展难题的方案过程中，人们越来越意识到，必须进行一场发展价值观的深刻变革。这种发展价值观的深刻变革，就文化与发展的关系而言，就是要深刻地认识到，文化不只是经济增长的手段，文化更是发展的灵魂。"没有人文背景的发展，只是一种没有灵魂的经济增长而已"[2]。而要破解人类发展难题，文化必须在

---

[1] 〔印度〕阿玛蒂亚·森、〔阿根廷〕贝纳多·科利克斯伯格：《以人为本：全球化世界的发展伦理学》，马春文、李俊江等译，长春出版社2012年版，序言第2页。
[2] 联合国教科文组织、世界文化与发展委员会：《文化多样性与人类全面发展——世界文化与发展委员会报告》，张玉国译，广东人民出版社2007年版，前言第2页、内容提要第1页。

场。"文化"应该成为发展必不可少的"未来的灯塔"[①]。这个"灯塔"能够提醒世界上每个角落的每个人都关注人类面临的发展难题——威胁人类生存和健康的发展难题;这个"灯塔"发出耀眼的光芒,对人类未来的发展给予必要引导,指明发展路线和发展方向。而没有这个"灯塔",这个世界就会变得"危机四伏""暗礁遍布"。有了这个"灯塔",世界才能变得更加安宁、更加幸福,才能成为人类幸福栖居的乐土。[②]

人们普遍认为,在现代化发展过程中,人类开始经历发展价值危机。为什么会出现发展价值危机?有人把它归咎于全球化,归咎于只适合技术进步的全球化,归咎于没有灵魂的物质主义,这种物质主义漠视价值。也有人认为,这是一场发展危机,但不是价值危机,认为"价值永远在场"(松浦晃一郎,联合国教科文组织总干事),认为所谓价值危机是"有关价值意义本身的危机"[③]。确实,人类在追求现代化发展以来,"价值"一直在场,因为传统发展观也是一种发展价值观。但在传统发展观影响下,人类发展确实出现了危机,这是传统发展价值观危机,从这个意义上讲,也是"发展价值危机"。也就是说,人类发展危机确实是一种发展价值危机,是由于文化与发展相断裂造成的发展价值观危机。

[①] 〔加〕D. 保罗·谢弗:《文化引导未来》,许春山、朱邦俊译,社会科学文献出版社 2008 年版,前言第 1 页。
[②] 〔加〕D. 保罗·谢弗:《文化引导未来》,许春山、朱邦俊译,社会科学文献出版社 2008 年版,前言第 1 页。
[③] 〔德〕热罗姆·班德主编:《价值的未来》,周云帆译,社会科学文献出版社 2006 年版,序言第 1—2 页。

（二）传统发展观：文化与发展断裂的价值观

原本，在道德哲学家（包括亚里士多德、阿奎那、约翰·洛克、亚当·斯密等）那里，文化与发展并不是断裂的，而是相融合的。创造财富被当成实现德行、引导文明生活的一种手段。创造财富本身不是发展的目的，经济发展从属于道德目标。而文化与发展相断裂，是经济从一系列道德目标中拆分出来开始的。从此，创造财富本身成为发展的目的。在这方面，边沁的思想影响尤甚。18 世纪的哲学家边沁有《道德与立法原理导论》等著作，他的思想对西方主流经济学的影响是巨大的，可以说是现代西方经济思想的转折点。受此影响，传统发展观把发展等同于经济增长，文化成为经济发展的"次要领域"，甚至是次要"纯支出领域"，文化成为经济增长的"手段"和"工具"。传统发展观是文化与发展断裂的发展观，在传统发展观指导下，出现了"有增长无发展"的发展困境和发展危机。

传统发展观把发展等同于经济增长，认为发展可以用数量来衡量，比如国民生产总值、人均国民生产总值、经济增长率等。这种发展观至今在发展计划制定过程中，在不少国家仍起着主导作用。不少国家虽然口头上声称发展还有许多非经济因素，但在实际工作中，其他非经济因素包括文化被放在次要地位或者不受重视的地位。

在现代化发展过程中，在"经济增长"发展观的基础上，又出现了"发展＝经济增长＋社会变革"的发展观，这种发展观承认社会变革是发展的重要组成部分。但是，正如德尼·古莱所指出的那样，这一公式的弊病是，"它要么表达太多，要么表达太少"[①]。确实，这种发

[①] 〔美〕德尼·古莱：《残酷的选择：发展理念与伦理价值》，高铦、高戈译，社会科学文献出版社 2008 年版，前言第 2 页。

展观是不全面不科学的发展观,"因为并非任何增长都合适,也并非任何变革都合适"[①]。

传统发展观把发展的价值基础当作外衣来剥掉,特别是"经济增长"发展观把财富、财富的增长甚至财富的增长速度看作是衡量发展的基本尺度。"发展"被看作一种经济现象,"发展"就是经济增长,"发展"就是国民生产总值和人均国民生产总值的增长,"发展"就是为人们提供更多的物质消费和劳务消费的过程。在发展过程中,人们意识不到发展的"价值选择"的重要性,意识不到发展的"价值基础"的重要性,并在相当长时期内,"发展中的价值观难题只是由一小批经济学家从外表加以应付"[②]。受传统发展观影响,很多人都将"经济增长目标的完成""新型社会劳动分工的创建""现代体制的追求"和"高效生产思想的传播"放在首要地位,而把"有关人类目标的价值判断"放在次要地位。[③]

在传统发展观主导下,无论人们怎样界定发展,都很少把人类发展目标的价值判断考虑在内,更不用说放在首位了。特别是随着资本主义市场经济的发展,任何价值标准都不存在了,所有的价值都在随着巨大的市场起伏波动。或者说,在"价值的股票交易模式"之下,价值似乎"压倒性地被认为是无关紧要"[④],"'思想'价值无异于

[①] 〔美〕德尼·古莱:《残酷的选择:发展理念与伦理价值》,高铦、高戈译,社会科学文献出版社2008年版,前言第2页。
[②] 〔美〕德尼·古莱:《发展伦理学》,高铦、温平、李继红译,社会科学文献出版社2003年版,第3页。
[③] 〔美〕德尼·古莱:《残酷的选择:发展理念与伦理价值》,高铦、高戈译,社会科学文献出版社2008年版,前言第3页。
[④] 〔德〕热罗姆·班德主编:《价值的未来》,周云帆译,社会科学文献出版社2006年版,前言第3页。

'小麦'或'黄金'的价值"①，被放在了短期而非长期的位置。于是，发展手段取代了发展目的，经济增长成为发展的唯一目的。

发展被认为是技术问题。有些人曾经天真地认为，只要遵循传统发展理念，只要依照"华盛顿共识"（其核心主张是自由化、私有化等），就一定能解决人类发展问题，就一定能实现经济增长。但是，人类发展的实践证明，"华盛顿共识"并没有带来预期的经济增长，技术性解决方案并不充分。

传统发展观不重视文化与发展之间的联系，正如阿玛蒂亚·森所指出，"在文化和发展之间有着各种各样的纽带，但令人惊讶的是，它们得到的关注是如此之少"②。也正如格林菲尔德所指出，文化变得"最微不足道"，因为文化被认为与经济学的物质客观性相距最远。文化只是一种"附带现象"，离开经济发展，就"无历史，无发展"③。传统发展观最终导致"文化与发展的断裂"和"有增长无发展"现象的出现。联合国发展规划署发布的《人类发展报告》（1996）列举了五大"有增长无发展"现象，包括"无工作增长"（jobless growth）、"无声增长"（voiceless growth）、"无情增长"（ruthless growth）、"无根增长"（rootless growth）、"无未来增长"（futureless growth）。这五大"有增长无发展"现象，就是典型的文化与发展相断裂现象。

在反思传统发展观所带来的发展困境时，人们开始谈论"发展意义的缺失""发展价值的迷失"问题，开始讨论"最高价值的贬值"

---

① 〔德〕热罗姆·班德主编：《价值的未来》，周云帆译，社会科学文献出版社2006年版，前言第3页。
② 〔印度〕阿玛蒂亚·森、〔阿根廷〕贝纳多·科利克斯伯格：《以人为本：全球化世界的发展伦理学》，马春文、李俊江等译，长春出版社2012年版，第191页。
③ 〔美〕里亚·格林菲尔德：《资本主义精神：民族主义与经济增长》，张京生、刘新义译，上海人民出版社2004年版，第5页。

(尼采语)、"存在被遗忘并完全转变为价值的运动"(海德格尔语),"将存在降低到交换价值"(瓦蒂莫语),开始谈论"文明的冲突"(亨廷顿),"文化""社会资本""文化资本"这些以往没有受到重视的变量开始进入人们的视野。人们开始追问:在全球化过程中,价值衰败意味着什么?相互对立的价值之间会不会出现恶意的对抗,存不存在潜在的暴力冲突?未来新的价值体系之间会出现融合的趋势吗?而且这些新的价值体系起源可能不一致、方向甚至是背道而驰的。技术发展会不会让人类发展变得面目全非?或者说变成"没有灵魂的发展"?人们开始重新评价、重新讨论文化与发展的关系。在这一讨论中,专家学者提出了许多新的观点、新的论断:"文化是发展的灵魂""文化是发展的关键"[1],等等。

在反思传统发展观所带来的发展危机时,贾尼·瓦蒂莫认为,原有的发展概念需要重新被定义。他建议,让发展少一些"攻击性的维度",而在"个体和社会关系的质量"的维度上对发展进行重新界定。也就是在人与人、人与社会的关系的质量上重新界定发展这个概念。[2] 面对"断裂的全球秩序",面对人类发展困境,热罗姆·班德等学者提出,为了人类的福祉,为了人的价值,为了开展各文明的对话,未来20—30年,我们要共同努力,要重新定义"发展"和"进步"。原有的以能源和物质消耗的增长来定义的发展,在发展中国家完全行不通,高度工业化国家中的物质消费和生活水平,在全世界也不可行。为此,进入21世纪时,我们需要一个不同的"发展"和

---

[1] 〔印度〕阿玛蒂亚·森、〔阿根廷〕贝纳多·科利克斯伯格:《以人为本:全球化世界的发展伦理学》,马春文、李俊江等译,长春出版社2012年版,第178页。
[2] 〔德〕热罗姆·班德主编:《价值的未来》,周云帆译,社会科学文献出版社2006年版,第15页。

"进步"的概念。① 也就是说，我们需要"有文化的发展""有灵魂的发展"，我们需要迎接一个文化与发展相融合的时代。

（三）文化与发展断裂本质上是资本主义发展问题

马克思曾指出，资本主义时代是"每一种事物好像都包含有自己的反面"的时代。在这个时代，机器有一种神奇的力量，它既能让人类减少劳动又引起你过度疲劳，它既能让人类多生产商品又让你更加饥饿；财富的新源泉，由于某种奇怪的、不可思议的魔力，可能变成贫困的新源泉；技术的胜利，似乎以道德的败坏为代价；人类越是控制自然，个人却似乎愈益成为别人的奴隶或自身的卑劣行为的奴隶。甚至科学的纯洁光辉仿佛也只能在愚昧无知的黑暗背景上闪耀。我们的一切发明和进步，似乎结果是使物质力量成为有智慧的生命，而人的生命则化为愚钝的物质力量。我们的时代，是现代工业和科学与现代贫困和衰颓两者对抗的时代，是生产力与社会关系之间对抗的时代。② 马克思对资本主义时代的这种深刻揭示，也可以说是对资本主义发展所导致的文化与发展断裂现象的典型刻画和揭露。

在资本主义制度条件下，文化与发展断裂是显而易见的、不可避免的，发展困境和发展危机也是必然的。正如世界顶尖环境战略研究学者、著名经济学家、罗马俱乐部资深成员乔根·兰德斯所指出，当前资本主义发展面临五个核心问题。③ 对这五个核心问题，乔根·兰德斯进行了比较深刻的分析，他认为，只有解决好这些核心问

---

① 〔德〕热罗姆·班德主编：《价值的未来》，周云帆译，社会科学文献出版社 2006 年版，第 154 页。
② 《马克思恩格斯文集》第 2 卷，人民出版社 2009 年版，第 580 页。
③ 〔挪威〕乔根·兰德斯：《2052：未来四十年的中国与世界》，秦雪征、谭静、叶硕译，译林出版社 2013 年版，第 22—23 页。

题，人类才能获得可持续发展，个人福祉和国家福祉才会真正得到关注。

第一是资本主义终结的问题。这里的"资本主义终结的问题"主要是指资本主义发展模式的终结问题。在过去的几百年时间里，资本主义给世界带来了巨额财富，但是不受控制的资本让财富不断集中在少数人手中。面对这种发展利益分配不公问题，资本主义基本是无效的、束手无策的。同时，在资本主义社会，就业成了主要的财富分配工具。你拥有一份工作，你就能在社会财富中占有一部分，这种占有也不一定是公平的；你失去工作或没有工作，那你将一无所有。对此，卡洛斯·何利在《黑暗的时代：特权和分化》一文中指出，今天我们进入了"新的黑暗时代"。这是一个特权和分化的时代，在这个时代，多数人生活艰难，少数人享受着无上的特权和财富。如果不转变发展方向，如果继续支持金融资本主义，也就是说，只要股票市场还是经济发展的驱动力，人类就会不断追逐经济增长，结果，到2052年"发达国家的贫困和不公平现象会增多，全球环境恶化问题更为严重"[1]。这样的资本主义体系必将发生变革。可以说，"资本主义终结的问题"，也是文化与发展断裂的问题，就是把发展等同于"经济增长"的发展模式问题，是对基于金融的经济增长的关注取代对个人福祉和国家福祉的追求的发展模式问题，是"无文化的发展"问题，本质上是资本主义发展问题。

第二是经济增长的终结问题。人类还需要经济增长，经济增长不可能终结。这里的"经济增长的终结问题"实际上是物质力量与精

---

[1] 〔挪威〕乔根·兰德斯：《2052：未来四十年的中国与世界》，秦雪征、谭静、叶硕译，译林出版社2013年版，第27页。

神力量失衡的发展问题。我们生存的地球,物质资源是有限的,经济增长是否是无限的?人们对这个问题的回答是:经济增长留下的生态足迹必须维持在地球承载力之内,经济发展才是可持续的。问题是,一方面人类需要经济增长以解决就业问题、社会再分配问题、社会贫困问题;另一方面我们已经过度使用地球资源,已经超出了地球承载能力,当今人类的生活方式需要将近两个地球资源的支持。如果不改变我们现有的生活方式,经济发展是否会终结?兰德斯指出,由于技术进步、由于人们寻求对生态影响更小的解决方法,经济仍会继续向前发展,但是,全球人均资源消耗量永远不会达到美国在2000年前后的水平。而且,世界上的所有人都不可能像美国人那样生活,如果都像美国人那样生活,人类至少需要5—10个地球,对环境的影响也将是现在的5—10倍。在有限而脆弱的地球上,人们没有这样的空间享受美国人的生活方式。也因此,这是一个严重不公平的世界。兰德斯以2010年的人均国民生产总值、人均消费、人均能源使用量、人均石油使用量、人均二氧化碳排放量、人均非能源足迹为例,来说明这个世界是如何的严重不公平。他把世界分为五个区域:美国、经合组织国家(除美国之外)、中国、新兴经济体(巴西、俄罗斯、印度、南非及其他10个人口众多的经济体)、世界其他地区。比较的结果是,美国人均生产和消费量是世界其他地区的10倍左右。在人均碳排放量上,美国是世界其他地区21亿人人均排放量的10倍左右。从人均非能源足迹看,前两个富裕地区是后三个地区的2—3倍。从人均消费水平看,中国与贫困地区相近。[①]可以说,"经济增长的

[①] 〔挪威〕乔根·兰德斯:《2052:未来四十年的中国与世界》,秦雪征、谭静、叶硕译,译林出版社2013年版,第32页。

终结问题"实际也是"文化与发展断裂"问题,本质上也是资本主义发展问题。

第三是缓慢民主的末日问题。所谓"缓慢民主"的问题,主要指民主体制行动迟缓、决策滞后等问题。兰德斯指出,民主需要时间,经过思考、咨询之后再行动,可以避免许多副作用。但是,当一个人正在向砖墙撞去,迟疑不决却是致命的。民主决策并非不好,但民主决策的过程是一个非常缓慢的过程,而当今人类发展问题已经倒逼人类采取立即的行动,快速地加以解决,特别是全球气候变化问题。兰德斯指出:"我们仍然会陷入在个人权利高于集体福祉的理想中,但是在日益拥挤的世界中,这种观点越来越无济于事。"[1]"缓慢民主的末日问题"实际上也是"文化与发展断裂"问题,本质上也是资本主义发展问题,是资本主义文化无法引领人类整体发展问题,无法解决人类整体发展之生态危机问题,无法解决人类整体发展之集体福祉问题。

第四是代际和谐的终结问题。所谓"代际和谐终结问题",是指在旧的发展范式下,代际的紧张关系越来越凸显。社会关系紧张、环境关系紧张,如何消除这些紧张关系?民主有效吗?这是值得我们追问的发展难题。旧有的发展范式所维持的这样一个体系,即"帮助维持当前污染巨大、剥削严重以及精神情感都不发达的文明的体系"已经开始摇摇欲坠。[2]在旧有体系下,人们面对的是饱受剥削的地球,面对的是生命保障体系的恶化,是经济深陷债务泥潭、就业机会减

---

[1] 〔挪威〕乔根·兰德斯:《2052:未来四十年的中国与世界》,秦雪征、谭静、叶硕译,译林出版社2013年版,第41页。
[2] 〔挪威〕乔根·兰德斯:《2052:未来四十年的中国与世界》,秦雪征、谭静、叶硕译,译林出版社2013年版,第42页。

少、住房成本高昂等境况,在这种情形下,只会发生"代际战争"。兰德斯指出,代际冲突还有另一种情况,就是当代人和后代人之间的冲突,原因是"人类正在使世界逐渐丧失对未来的居住者的吸引力"[①],当代人给孙辈留下了糟糕的世界。"代际和谐的终结问题"实际上也是"文化与发展断裂问题",本质上还是资本主义发展问题。解决这个问题,新的信仰体系必须取代过时的信仰体系,新文明体系必须取代旧文明体系。

第五是稳定气候的终结问题。这与代际关系密切相关,特别是生物多样性的消失、气候变化、放射性废弃物掩埋等问题,这些问题对人类发展的影响是长远持久的。这种长久性已经超过了当代人的生命长度,当代人如果没有代际伦理,抱着"我死之后哪管洪水滔天"心态的话,后代人将很难有一个美好的未来。这种长久性也难以影响只注重短期政绩的政客们。当今世界,包括发达国家在内的人们是否了解生物多样性的消失对2100年人类发展所造成的影响?根据预测,气候变化给人类至少会带来以下影响:一些地区出现旱灾,一些地区则出现洪涝,一些地区地表温度上升,海平面会大幅度上升,极端天气出现,飓风更加猛烈,传染病特别是经水传播的疾病增加,等等。罗伯特·W. 柯雷尔博士指出,这些情况只是在《联合国气候变化框架公约》(UNFCCC)的194个国家能够履行各自节能减排承诺下人类发展即将出现的状况。兰德斯预测,气候变化给人类发展带来的影响是巨大的。到2052年,人类发展过程中遇到的洪涝灾害、极端天气和虫害会更多,许多物种将灭绝,虽然世界仍然正常运转,但成本

[①] 〔挪威〕乔根·兰德斯:《2052:未来四十年的中国与世界》,秦雪征、谭静、叶硕译,译林出版社2013年版,第45页。

更高了，同时也无法为 21 世纪后半叶留下什么繁荣景象，而且会出现社会动荡，而社会动荡会使生产力增长速度放缓，这又反过来导致更多的社会紧张和冲突。①"稳定气候的终结问题"也是"文化与发展断裂问题"，同样是资本主义文化无法引领人类整体发展问题，无法解决人类面临的生态危机问题，本质上也是资本主义发展问题。

就人类发展而言，资本主义发展问题的最终解决需要变革资本主义生产方式，必须用社会主义制度取代资本主义制度。而在资本主义制度和社会主义制度还将较长时间共存的 21 世纪，我们首先需要一场发展价值观革命。也就是说，在发展观上，原有的核心价值必须被新的核心价值所取代。正如兰德斯预测，到 2052 年，全球地区差异、阶级差异，特别是物质财富和生活水平的差距将变得最大，而财富分配不公平又会导致社会矛盾甚至武装冲突。同时，全球城市化、虚拟化程度将达到极高的水平，老人数量增多，儿童数量减少，一些以往被人们珍惜、被人们认为值得为之努力奋斗和争取的核心价值观，必须被新的核心价值观替代。②在新旧核心价值观更替过程中，必须高度重视文化的发展价值。赫尔曼·达利指出，人类必须学会如何不损害自然价值、文化价值、未来价值的同时去创造经济财富。③兰德斯指出，要谋求人类可持续发展，新的发展范式必须取代旧有的发展范式，新的发展价值观必须取代原有的发展价值观，而在新旧交替之中，当代中国文化必将大有可为。中国学者也指出，"西

---

① 〔挪威〕乔根·兰德斯：《2052：未来四十年的中国与世界》，秦雪征、谭静、叶硕译，译林出版社 2013 年版，第 45 页。
② 〔挪威〕乔根·兰德斯：《2052：未来四十年的中国与世界》，秦雪征、谭静、叶硕译，译林出版社 2013 年版，第 60 页。
③ 〔挪威〕乔根·兰德斯：《2052：未来四十年的中国与世界》，秦雪征、谭静、叶硕译，译林出版社 2013 年版，第 60 页。

方文明主导着国际生活,它内含的工具理性、个人主义的膨胀和对抗哲学的惯性所造成的生态危机、社会危机、道德危机,已经达到极为严重的地步,必须用中华文明的仁恕之道、通和之理、中正之德加以补救"[1],并认为,这关乎整个人类是否有光明前途。

二、文化与发展相融合:文化的发展价值之重新审视

在反思批判传统发展观的过程中,各种新的发展观纷纷登场。在国外,出现了发展伦理观、新发展观等发展观;在国内,进入 21 世纪,中国共产党先后提出了科学发展观和新发展理念。这些新的发展观都承认文化的发展价值,认为文化是发展的灵魂,文化是发展的内生力量,文化是发展的关键,甚至认为,文化是发展的最终目标和归宿。[2] 在文化的发展价值问题上,这些新的发展观是"文化目的论""文化价值论""文化内生论""文化灵魂论"的新发展观。这些新的发展观确信:人类要走出发展困境,消除发展危机,迎来人类文明新跃进,必须寻求文化的力量,必须实现物质力量与精神力量均衡发展,必须追寻"有文化的发展",实现"有灵魂的发展"。可以说,这些新的发展观提出的过程,就是文化与发展相融合的过程,就是文化的发展价值之重新确认的过程。文化与发展由断裂走向融合,这是 21 世纪人类发展的必然趋势和选择。也正是在文化与发展不断融合的过程中,当代中国文化的发展价值不断得以彰显。

---

[1] 牟钟鉴:《中国文化的当下精神》,中华书局 2016 年版,第 41 页。
[2] 联合国教科文组织、世界文化与发展委员会:《文化多样性与人类全面发展——世界文化与发展委员会报告》,张玉国译,广东人民出版社 2006 年版,导论第 4 页。

（一）发展更是文化问题：发展伦理观对文化的发展价值之审视

近四十年来，发展伦理学兴起，这一新兴学科强调用人文精神重塑人类发展理想，强调发展不仅仅是"经济问题"，还是"文化问题""文明问题"。[①]

在发展伦理视野下，发展是一项充满价值观的活动，文化是发展的关键，发展为了美好生活。

首先，发展是一项充满价值观的实践活动。在人类发展难题全面呈现之前，发展中的价值观问题，一开始只是少数人的事业，正如德尼·古莱所指出，发展中的价值观问题只是由一小批经济学家从外表加以应付。比如，在1941年，路易·约瑟夫·勒布雷特把发展界定为"价值观的基本问题和新文明的创造"[②]。他重新界定了什么是"更加人道""更加发达"的社会。他认为生活"更加充实"的社会才是"更人道""更发达"的社会。而这种"更加充实"的社会，是"生活质量"的更加充实。衡量发展的主要标准，不是"生产的增加"，不是"物质福利的增加"，而是"生活质量"的充实。勒布雷特强调，并不是任何类型的经济增长都是值得追求的增长，有些增长是不值得不惜一切代价去取得的增长，特别是为了少数国家、为了特权集团、为了少数人享用丰足的奢侈货品而牺牲多数人基本生存货品的发展，就是不值得追求的发展，这是一种"反发展"[③]。1968年，

[①] 〔美〕德尼·古莱：《发展伦理学》，高铦、温平、李继红译，社会科学文献出版社2003年版，导论第3页。

[②] 〔美〕德尼·古莱：《发展伦理学》，高铦、温平、李继红译，社会科学文献出版社2003年版，第6页。

[③] 〔美〕德尼·古莱：《发展伦理学》，高铦、温平、李继红译，社会科学文献出版社2003年版，第7页。

冈纳缪达尔指出,"发展是充满价值观的活动"。1987年,国际发展伦理学协会(IDEA)成立,发展伦理学作为一个跨学科研究领域被正式确认,从此,发展伦理学"成为一门显学,一门交叉性的学科"(克拉克)。

其次,文化是发展的关键。德尼·古莱认为,发展意味着生活的质量与社会的进步最终体现为能够在不同文化中表达的价值观。他不赞成把"文化价值观视为工具,把它们简单地作为发展手段"[①]。他认为,我们需要一种完全不同的发展概念,这个发展概念"来自现有社群所珍惜的各种价值体系内部"[②],并指出,"健全的发展"应当建立在"价值观之上"。阿玛蒂亚·森等学者甚至认为"文化是发展的关键"[③]。

再次,追求"美好生活"的发展。"美好生活"被看作是发展的核心问题。德尼·古莱认为,发展的核心问题,是"美好生活、公正社会以及人类群体与大自然关系的问题"[④]。发展从属于美好生活,而美好生活的普遍因素有三:"最大限度的生存、尊重与自由。"[⑤] 发展是人的生存性发展。人是生存结构的中心,人的发展是所有发展的起点、动力和目标,所有发展都是以人为目的、为核心的发展。发展是

---

① 〔美〕德尼·古莱:《发展伦理学》,高铦、温平、李继红译,社会科学文献出版社2003年版,第168页。
② 〔美〕德尼·古莱:《发展伦理学》,高铦、温平、李继红译,社会科学文献出版社2003年版,第169页。
③ 〔印度〕阿玛蒂亚·森、〔阿根廷〕贝纳多·科利克斯伯格:《以人为本:全球化世界的发展伦理学》,马春文、李俊江等译,长春出版社2012年版,第178页。
④ 〔美〕德尼·古莱:《发展伦理学》,高铦、温平、李继红译,社会科学文献出版社2003年版,导论第3页。
⑤ 〔美〕德尼·古莱:《发展伦理学》,高铦、温平、李继红译,社会科学文献出版社2003年版,第45—58页。

人的内在素质的提升，是人的主体能力的增强，是人的精神世界的丰富，发展是内在发展。人的发展是发展的本质，也只有在这个意义上，发展即人的内在性发展才是没有限度的发展。而发展"最终的目标是生存：向所有人类提供一个机会使其生活得更富有人性"①。或者说，发展就是"所有人类和社会之整体人性的提升"②。也因此，发展应该合乎道德、充满价值观并具有人性。而通常我们所理解的发展，可能是一种"反发展"。这种"反发展"可能会使发展的"受益者"产生异化，使他们陷入强迫性消费、出现各种各样的技术决定论、生态恶化、陷入好战的泥潭里等。德尼·古莱指出，最糟糕的是，这种"反发展"会使得那些受益于发展的人变成与他人同流合污的人，共同使其他国家变得不发达。③而真正的发展是追求自由的发展，"发展乃是彻底的解放"④。阿玛蒂亚·森也认为，发展是人的能力的扩展，这种能力是一种选择能力，自由选择有价值活动的能力。人类的自由、生活质量、寿命、营养、健康、教育、潜能发挥等，才是发展的最终目标。当然，西方学者提出的发展伦理主张，由于其阶级局限和历史局限，不可避免地导致其空想成分，也无法得到真正的实践，只有马克思主义发展伦理，才真正具有科学性、人民性、先进性和实践性。

---

① 〔美〕德尼·古莱:《残酷的选择：发展理念与伦理价值》，高铦、高戈译，社会科学文献出版社 2008 年版，前言第 4 页。
② 〔美〕德尼·古莱:《残酷的选择：发展理念与伦理价值》，高铦、高戈译，社会科学文献出版社 2008 年版，前言第 3、4 页。
③ 〔美〕德尼·古莱:《残酷的选择：发展理念与伦理价值》，高铦、高戈译，社会科学文献出版社 2008 年版，前言第 9 页。
④ 〔美〕德尼·古莱:《残酷的选择：发展理念与伦理价值》，高铦、高戈译，社会科学文献出版社 2008 年版，前言第 9 页。

（二）文化是发展的灵魂：新发展观对文化的发展价值之确认

自20世纪50年代以来，在反思批判传统发展观的过程中，先后出现了各种新发展观，这些新发展观注重文化的发展价值。这些新发展观包括："经济发展"发展观、"社会发展"发展观、"基本需要"发展观、"以人为中心"的新发展观、"可持续发展"发展观、"文化发展"发展观等。

新发展观认为，发展应"以文化价值为尺度"，发展是以人为中心的发展，发展是整体的综合的内生的发展。1983年，法国经济学家佩鲁在《新发展观》中指出，发展是"为一切人的发展和人的全面发展"，是"促进该共同体内每个个别成员的个性全面发展"。[①] 以佩鲁为代表的新发展观对文化的发展价值的确认，在国际上产生了比较深远的影响。特别是佩鲁的新发展观影响了联合国等国际组织的发展行动，影响了后来陆续提出的主张以人为中心、以人为本的新发展观。

《文化多样性与人类全面发展——世界文化与发展委员会报告》对两种发展观、两种发展目的进行了探究，对文化与发展的关系问题、人类的全面发展问题、文化的多样性问题、文化在新的全球伦理中的作用问题、文化多元化的承诺问题等都进行了广泛深入的探讨。该报告特别指出："没有人文背景的发展，只是一种没有灵魂的经济增长而已。"[②] 并认为，文化"具有内在价值"，"我们绝不能把文化降

[①] 〔法〕弗朗索瓦·佩鲁：《新发展观》，张宁、丰子义译，华夏出版社1987年版，序第11、22页。
[②] 联合国教科文组织、世界文化与发展委员会：《文化多样性与人类全面发展——世界文化与发展委员会报告》，张玉国译，广东人民出版社2006年版，内容提要第1页。

低到从属地位,仅仅视为促进经济增长的一种工具",[1] "文化已经成为促进经济增长的国际努力的最后一个未被探索的前沿"[2]。

新发展观认为,文化是未来的灯塔,没有文化的引领,没有价值的引领,人类发展很可能偏离方向,甚至是导向危险的方向。谢弗认为,要破解人类发展难题,文化是必不可少的真正的"未来的灯塔"。有了文化这个"灯塔",人类发展才能避免危险。有了文化这个"灯塔"的发展道路,是"一条基于文化的最崇高、最智慧和最杰出的原则和理想之路"[3],是一条满足人们对秩序、团结、稳定和多样性需要的发展之路,是一条具备必要的关心、分享和合作的发展之路,是一条强调卓越、创造和平等的重要性的发展之路,是一条对知识、智慧、美和真理热爱的发展之路,是一条对别人的需求和权利的尊重的发展道路。在这条发展道路上,文化这个"灯塔"警告即将到来的危险,包括来自恐惧的危险,来自猜忌的危险,来自互不信任的危险,来自无法理解他人标识和符号的危险,来自无法理解他人世界观和价值标准的危险,来自无法理解他人生活方式的危险,等等。在这条发展道路上,文化这个"灯塔"能给人"以警示和信息",能给人"以生机和激励"。[4] 谢弗认为,没有这个"灯塔",这个世界就会变得"危机四伏""暗礁遍布"。有了这个"灯塔",世界才能变得更加安宁、更加幸福,才能成为人类幸福栖居的乐土。

---

[1] 联合国教科文组织、世界文化与发展委员会:《文化多样性与人类全面发展——世界文化与发展委员会报告》,张玉国译,广东人民出版社2006年版,导论第3页。
[2] 〔印度〕阿玛蒂亚·森、〔阿根廷〕贝纳多·科利克斯伯格:《以人为本:全球化世界的发展伦理学》,马春文、李俊江等译,长春出版社2012年版,第178页。
[3] 〔加〕D.保罗·谢弗:《文化引导未来》,许春山、朱邦俊译,社会科学文献出版社2008年版,前言第1—2页。
[4] 〔加〕D.保罗·谢弗:《文化引导未来》,许春山、朱邦俊译,社会科学文献出版社2008年版,前言第1—2页。

当然，以上这些西方学者提出的新发展观都或多或少具有自身无法克服的局限性，只有马克思主义的科学发展观、新发展理念，才能科学揭示文化的发展价值，才能科学揭示当代中国文化的发展价值。

在中国，改革开放以来，特别是党的十六大以来，文化在国家战略中的地位发生了重大变化，文化在国家整体架构中的地位日益提高。党的十七大进一步做出了推动文化大发展大繁荣的战略决策，党的十七届六中全会对文化发展进行了战略部署，首次提出了建设社会主义文化强国的奋斗目标。党的十八大以来，中国共产党高度重视文化建设，全方位加快建设社会主义文化强国，以更好地构筑中国精神、中国价值、中国力量。中国共产党先后提出的科学发展观和新发展理念高度重视文化的发展价值，科学地回答了"发展为了谁""发展为了什么""什么样的发展才是'好发展'"等发展价值问题。这方面的内容，将在后面章节加以阐述。

三、坚定当代中国文化的发展价值自信的新时代

党的十九大报告指出："经过长期努力，中国特色社会主义进入了新时代，这是我国发展新的历史方位。"[1] 新时代是实现"强起来"的时代，是"高高举起"中国特色社会主义伟大旗帜的时代，是为人类发展提供"中国智慧""中国方案"的时代，是中国日益走近"世界舞台中央"的时代，是构建人类命运共同体的时代，是实现人民美好生活的时代。[2]

---

[1] 习近平：《决胜全面建成小康社会　夺取新时代中国特色社会主义伟大胜利》，《人民日报》2017年10月28日。
[2] 习近平：《决胜全面建成小康社会　夺取新时代中国特色社会主义伟大胜利》，《人民日报》2017年10月28日。

党的十九大把文化自信与道路自信、理论自信、制度自信一起并列为中国特色社会主义"四个自信",标志着我们党对文化的发展价值的认识、对文化自信的认识提升到一个前所未有的新水平和新境界,对当代中国文化的发展价值自信的认识提升到了一个前所未有的新高度。可以说,新时代是增强文化的发展价值自信的"中国梦"时代,是超越文化自卑、走向文化自信的"新轴心时代",是经济力量与文化力量均衡发展的"文化时代"。简言之,新时代是坚定当代中国文化的发展价值自信的时代。

(一)"中国梦"时代:坚定文化的发展价值自信的时代

2012年11月29日,习近平总书记在参观《复兴之路》展览时指出,"每个人都有理想和追求,都有自己的梦想。现在,大家都在讨论中国梦,我以为,实现中华民族伟大复兴,就是中华民族近代以来最伟大的梦想"。习近平总书记还说,"我坚信,到中国共产党成立100年时全面建成小康社会的目标一定能实现,到新中国成立100年时建成富强民主文明和谐的社会主义现代化国家的目标一定能实现,中华民族伟大复兴的梦想一定能实现"①。

"中国梦"是一幅什么样的图景?有学者对未来30年中国最有可能的图景进行了这样的描绘:全面进入现代化社会,包括经济发展水平和人民生活水平进入全面发展行列,包括政治现代化、文化现代化、社会现代化等。②有学者预测,到21世纪70年代,中华民族有望如汉唐时代,重新成为世界上最富裕、最强大的民族。到那时,中

---

① 《习近平谈治国理政》第一卷,外文出版社2019年版,第36页。
② 吴敬琏、俞可平、〔美〕罗伯特·福格尔等:《中国未来30年》,中央编译出版社2012年版,第51页。

国将拥有世界上最多、最先进的科技实验室,吸引世界最顶尖的人才,成为科学和技术进步的最大摇篮,成为大学的圣地,成为人文社科的圣地。[①]那时,人们会说,21世纪属于中国,正如19世纪属于西欧,20世纪属于美国一样。[②]关于2050年"中国梦"的图景,党的十九大报告是这样描绘:"把我国建成富强民主文明和谐美丽的社会主义现代化强国,到那时,我国物质文明、政治文明、精神文明、社会文明、生态文明将全面提升,实现国家治理体系和治理能力现代化,成为综合国力和国际影响力领先的国家,全体人民共同富裕基本实现,我国人民将享有更加幸福安康的生活,中华民族将以更加昂扬的姿态屹立于世界民族之林。"[③]

"中国梦"时代是"强起来"的时代。"强起来"意味着中国日益走近世界舞台中央,意味着中国全面升级为在世界范围内最具有影响力和号召力的国家之一,中国形成了与西方现代化既有本质区别又相互补充的中国式现代化,中国将以一个对全人类发展负责任的、尊重世界各国发展权利的具有强大硬实力和软实力的国家出现在全世界,屹立于世界民族之林。"中国梦"本质上是全面建成社会主义现代化强国之梦,包括建成教育强国、人才强国、科技强国、文化强国、创新强国、贸易强国、海洋强国、体育强国、制造强国、质量强国、航天强国、网络强国、军事强国、交通强国等。

如何实现"中国梦"?强国必先强民,强民必先强魂。文化强,

[①] 吴敬琏、俞可平、〔美〕罗伯特·福格尔等:《中国未来30年》,中央编译出版社2012年版,第56页。
[②] 吴敬琏、俞可平、〔美〕罗伯特·福格尔等:《中国未来30年》,中央编译出版社2012年版,第56页。
[③] 习近平:《决胜全面建成小康社会 夺取新时代中国特色社会主义伟大胜利》,《人民日报》2017年10月28日。

则国强；价值强，则国强。文化自信，文化才能强，价值自信，价值才能强。也因此，习近平总书记指出："没有高度的文化自信，没有文化的繁荣兴盛，就没有中华民族伟大复兴"[①]，"文化自信，是更基础、更广泛、更深厚的自信"[②]，"坚定文化自信，是事关国运兴衰、事关文化安全、事关民族精神独立的大问题"[③]，要"增强文化自信和价值观自信"[④]。"中国梦"的实现需要坚定文化自信，需要坚定文化的发展价值自信，需要坚定当代中国的文化发展价值自信。

文化的发展价值自信事关国运兴衰。纵观人类发展的历史，一个国家、一个民族的振兴，无不与文化的振兴、文化的兴盛密不可分。以欧洲崛起为例，在政治、经济、文化等诸多因素之中，精神文化在欧洲崛起中具有举足轻重的作用。从16世纪宗教改革为欧洲崛起奠定精神根基，到17世纪西方真正觉醒，全面走向复兴，其中精神文化都起到了重要作用。宗教改革唤醒了民族意识，人的精神获得了解放，人们开始大胆追求现世的美好生活。培根的"知识就是力量"名言从根本上扭转了人们对待知识的态度，理论联系实际，知识成为改造自然的巨大力量，坚定了人们推动人类大踏步向前发展的信心和勇气。可以说，欧洲崛起是多种因素促成的，地理大发现、资本原始积累、殖民掠夺、民主政治的发展，都是重要因素。但是，没有"精神强大的欧洲"，就不可能有"快速崛起的欧洲"。正如有学者

---

① 习近平：《决胜全面建成小康社会　夺取新时代中国特色社会主义伟大胜利》，《人民日报》2017年10月28日。
② 习近平：《在庆祝中国共产党成立95周年大会上的讲话》，《人民日报》2016年7月2日。
③ 习近平：《在中国文联十大、中国作协九大开幕式上的讲话》，《人民日报》2016年12月1日。
④ 习近平：《把培育和弘扬社会主义核心价值观　作为凝魂聚气强基固本的基础工程》，《人民日报》2014年2月26日。

所指出:"从精神文化或者观念发展演变的角度来看,基督教信仰的文化背景是探讨欧洲崛起问题时必须考虑的首要因素。"[1] 再以苏联为例,我们从中可以发现,文化特别是其中的意识形态决定一个国家、一个民族的兴衰成败。一定意义上讲,是意识形态转向导致了苏联的发展危机和最终解体。我们知道,对苏联的解体原因,有不同的解释,有人认为是经济建设没有搞好。但是,最根本的原因是苏联共产党在意识形态上的错误转向。他们选择了马克思主义,却又放弃了马克思主义。正如卫建林所指出:"有着光荣历史的党和强大政治力量、经济力量、军事力量的国家"最终土崩瓦解,说明了"意识形态转向的力量如此之大"。[2] 以上两个例子,前者说明了文化与发展的关系,没有文化兴盛,没有文化自信,不可能有更好的发展;后者说明了文化与安全的关系,没有文化自信,没有文化价值自信,没有意识形态自信,一旦丧失信仰,就会导致政权的覆灭、政党的倒台乃至国家的解体。

总之,实现"中国梦"的时代,是要奋力建成"文化强国"的时代,是坚定当代中国文化自信的时代,是坚定当代中国文化的发展价值自信的时代。

(二)"新轴心时代":超越文化自卑走向文化自信的时代

雅斯贝尔斯突破长期以来的"西方中心论",创造性地提出轴心时代理论。雅斯贝尔斯指出,公元前800年至公元前200年是人类文明的轴心时代。在轴心时代,苏格拉底、柏拉图、释迦牟尼、孔子、

---

[1] 赵林:《欧洲崛起的精神文化历程》,《学习与探索》2006年第3期。
[2] 卫建林:《对中国特色社会主义文化力量问题的思考》,《红旗文稿》2011年第7期。

老子，创立各自的思想体系，共同构成人类文明的精神基础，直到今天，人类仍然附着在这种基础之上。也就是说，在轴心时代，无论古希腊的智者、古印度的智者，还是中国的智者，他们对人类关切的根本问题都提出了独到的见解。其中，古希腊的智者在亚德里亚海岸着重思考人和物的关系问题，古印度的智者在恒河边上着重思考人和神的关系问题，中国智者在黄河边上着重思考人和人的关系问题。这些智者们的思想都对人类发展产生了长期深远的影响，成为人类文明不可或缺的重要精神财富，以至于每一次人类文明的新飞跃都要回顾"轴心时代"，接受启蒙并重新出发，实现新的文明飞跃。

雅斯贝尔斯指出，"轴心时代"是人类文明精神的重大突破时期，是塑造人类精神与世界观的大转折时代。在塑造人类精神与世界观的过程中，古希腊文明、中国文明、古印度文明等文明都做出了重大贡献。他强调，人类文明的进步不是仅仅由某种文化特别是西方文化所做出的贡献，而是由人类不同文化共同做出的贡献，包括中华文化所做出的独特贡献。雅斯贝尔斯的观点，得到习近平总书记高度肯定。他在文艺工作座谈会上的讲话中指出，德国哲学家雅斯贝尔斯在《历史的起源与目标》一书中写的一段话"讲得很深刻，很有洞察力"[①]。

"轴心时代"是中华文化第一次大繁荣大发展时期。这个时期，中国的智者不仅思考了人与人的关系问题，也思考了人与社会、人与自然的关系问题。这个时期，中国出现了百家争鸣的盛况，老子、孔子、墨子等思想家上究天文、下穷地理，广泛探讨人与人、人与社会、人与自然关系的真谛，提出了博大精深的思想体系。"他们提出的很多理念，如孝悌忠信、礼义廉耻、仁者爱人、与人为善、天人合

---

① 习近平：《在文艺工作座谈会上的讲话》，《人民日报》2014年10月15日。

一、道法自然、自强不息等，至今仍然深深影响着中国人的生活"[1]，也因此，今天的中国人看待世界、看待社会、看待人生，都有自己独特的价值体系。

继雅斯贝尔斯之后，中国学者汤一介提出"新轴心时代"。他在《瞩望新轴心时代》中指出，中华文化源远流长。儒释道诸家关于哲学范畴、真善美、超越性与内在性、正义、和谐、和而不同等思想观念的阐发，博大精深。公元前500年所诞生的"轴心时代"的中华文化，对"新轴心时代"的文化建构和中华民族的伟大复兴，将提供非常有价值的思想资源。汤一介指出，轴心时代的文明在文化自信的基础上，互学互鉴，充分吸收其他文明的养分，推动形成新的文明飞跃，人类文明将迎来一个新的时代，也就是"新轴心时代"。

"新轴心时代"是文化自信自强的时代，是充分肯定中华文化对人类文明进步和人类发展具有独特发展价值的时代。中华文化具有丰富的哲学思想、人文精神、教化思想、道德理念等，它们可以为人们认识和改造世界提供有益启迪，可以为治国理政提供有益启示，也可以为构建人类命运共同体提供有益启发，可以为破解人类发展难题提供独特智慧。在21世纪人类新文明的飞跃中，在21世纪人类发展难题的破解中，中华文化必将做出自己更大的独特贡献。通过中华优秀传统文化的创造性转化和创新性发展，我们就能把跨越时空、超越国界、富有永恒魅力、具有当代价值的文化精神弘扬起来，不断彰显其独特的发展价值。

党的十九大报告指出，新时代"意味着中国特色社会主义道路、理论、制度、文化不断发展，拓展了发展中国家走向现代化的途径，

---

[1] 习近平：《在布鲁日欧洲学院的演讲》，《人民日报》2014年4月2日。

给世界上那些既希望加快发展又希望保持自身独立性的国家和民族提供了全新选择,为解决人类问题贡献了中国智慧和中国方案"[①]。新时代,中国日益走近世界舞台中央,更需要中华文化对破解人类发展难题做出更大的独特贡献,更需要坚定当代中国文化的发展价值自信。正如兰德斯所指出,要破解人类发展难题,要增进个人福祉和国家福祉,旧的发展范式必将被新的发展范式所取代,原有的人们为之努力争取的核心价值必将被新的核心价值所取代,而在新旧转变之中,中国将发挥巨大的不可替代的重要作用。他甚至讨论中国作为"新的超级大国"在驾驭经济新范式、应对气候变化中的"非常有效"的"独有的方式"和"最为独特的"重大影响等。一个外国学者都有这种对当代中国文化的发展价值自信,更何况我们中国人。也因此,习近平总书记指出:"当今世界,要说哪个政党、哪个国家、哪个民族能够自信的话,那中国共产党、中华人民共和国、中华民族是最有理由自信的。"[②]

综上所述,无论是雅斯贝尔斯的"轴心时代"还是汤一介的"新轴心时代",都是一个文化自信的概念,都是突破"西方文化中心主义"的概念,都是超越文化自卑走向文化自信的概念。21世纪的中国,需要迎来一个超越文化自卑走向文化自信的"新轴心时代",需要一个超越当代中国文化的发展价值自卑、走向中国特色社会主义文化的发展价值自信的"新轴心时代"。

(三)"文化时代":经济力量与文化力量均衡发展的时代

这里讲的"文化时代",特指经济力量与文化力量均衡发展的时

---

① 习近平:《决胜全面建成小康社会 夺取新时代中国特色社会主义伟大胜利》,《人民日报》2017年10月28日。
② 习近平:《在庆祝中国共产党成立95周年大会上的讲话》,《人民日报》2016年7月2日。

代，物质文明与精神文明相协调的时代。党的十八大以来，中国特色社会主义进入新时代。这个新时代，就是经济力量与文化力量均衡发展的时代，就是物质文明与精神文明协调共进的时代。

"文化时代"这个概念，最初由保罗·谢弗在其著作《经济革命还是文化复兴》中提出。谢弗指出，过去的200多年是人类的"经济时代"，在这个时代里，人类创造了大量丰富的物质财富，但同时出现了一系列挫伤人类元气的问题，正是这些问题，导致了"经济时代"的结束。人类发展已经处于一个历史转折点，一个新旧时代的转折点，人类必须迎来一个新时代："文化时代"。在文化时代，文化将在发展中起关键作用，文化成为未来的灯塔。他提出，经济和文化是"对世界最具有影响力中的两股力量"[①]。这两股力量，经济力开创了"经济时代"，文化力即将开创"文化时代"。

经济力量与文化力量均衡发展的"文化时代"取代经济力量与文化力量失衡发展的"经济时代"，这是21世纪人类发展的必然趋势和选择。这个选择，关系人类未来生存环境的可持续性，关系人类的幸福生活，关系地球生态的健康发展。只有经济力量与文化力量均衡发展，只有在人类先进文化、先进价值的力量引领下，才能引起一次全球发展与人类进步的复兴。也因此，谢弗特别指出，未来发展迫切需要文化复兴，而在这个方面，中国完全有能力做出极具创新的贡献。他认为，在文化力和经济力方面，中国不仅拥有文化成就辉煌灿烂的悠久历史，而且拥有巨大的经济力量。如果中国和中国人民能够有效地发展其经济和文化，并处理好经济与文化之间的复杂关系，那

---

① 〔加〕D. 保罗·谢弗：《经济革命还是文化复兴》，高广卿、陈炜译，社会科学文献出版社2006年版，前言第1页。

么在未来就必将惠及全世界的国家和人民,造福整个人类。这是谢弗 2004 年为其著作《经济革命还是文化复兴》在中国出版时所写前言的思想表达。接下来中国近二十年的伟大发展实践不断证实谢弗的这一敏锐洞见,特别是党的十八大以来,中国开启了一个新的发展历程,正在有效地发展自己的经济和文化,正在努力处理好经济与文化之间的复杂关系,并提出人类命运共同体理念,中国的发展正在也将不断惠及全世界,造福人类发展。

"文化时代"是"美好生活"的时代。"美好生活"时代既是不断满足人民日益增长的美好生活需要的时代,也是有效发挥经济与文化两种力量,实现经济力量与文化力量均衡发展的时代,实现物质文明与精神文明协调共进的时代。为中国人民谋幸福,为中华民族谋复兴,为人类谋进步,为世界谋大同,是中国共产党的初心和使命。也因此,习近平总书记指出:"中国共产党从成立之日起,既是中国先进文化的积极引领者和践行者,又是中华优秀传统文化的忠实传承者和弘扬者。"[①] 也正是在中国共产党践行初心和使命的过程中,不断实现经济力量与文化力量的均衡发展,不断促进物的全面丰富和人的全面发展,不断满足人民的美好生活需要。

---

① 习近平:《决胜全面建成小康社会 夺取新时代中国特色社会主义伟大胜利》,《人民日报》2017 年 10 月 28 日。

第三章　成全"好发展"的当代中国文化

当代中国文化本质上是中国特色社会主义文化，是以马克思主义为指导的思想文化，以当代中国价值观念为内核的观念文化，以中华优秀传统文化为根基的精神文化，是吸收借鉴一切人类优秀文明成果的现代文化。当代中国文化的人民性、先进性、内生性、渗透性、整体性、民族性、开放性、创造性等特质，使之成为能够成全"好发展"的文化。

一、指向"人的发展"的文化

我们知道，在文化史研究上，曾经有过一场关于culture（文化）和civilization（文明）的词义之争。这可以说是英美文化研究者与德国文化研究者之争，英美文化研究者惯用culture这个词，德国学者惯用civilization这个词。张岱年指出，这是西方文化研究中起支配作用的两种对立传统之争，即"实证的社会学传统和思辨的历史哲学传统。或者说，英、美传统和德国传统"[1]之争。英美学者认为，文化是人类创造的物质和精神成果的总和。德国学者认为，文化是一种以生命或生活为本位的活的东西，是生活的样态，认为"文化是活着的

---

[1] 张岱年、程宜山：《中国文化精神》，北京大学出版社2015年版，导论第1页。

文明，文明是死了的文化"。张岱年认为，这两种文化研究传统对中国文化研究都有深刻影响。

广义的"文化"一般指人类所创造的物质成果和精神成果的总和。狭义的"文化"主要是指人们的精神现象，指人们的精神生活、精神过程。本书所指的"当代中国文化"，特指一种精神文化、一种思想文化、一种观念文化、一种价值体系。这种意义上的当代中国文化指向"以文化人"，指向"意义世界"，指向"精神世界"，指向"价值体系"，指向人类走向新文明的价值力量。

（一）文化："以文化人"

1952年，著名人类学家克罗伯和克拉克洪在《文化：关于概念和定义的探讨》一书中列举了1871年以来的161种文化定义，并归纳了9种类型的文化定义，分别从艺术、哲学、教育学、社会学、生态学、心理学、历史学、生物学和人类学等学科视角对文化定义进行类型化。现在距离1952年，过去了70年，关于文化概念的探讨，又出现了许许多多的不同界定。但是，无论是西方，还是中国，都有一个共识：文化是化人的，文化与人类相伴随，文化与发展相伴随。自从有了人，就有了文化，在这个过程中，人创造了文化，同时文化又塑造了人。

在西方，文化概念可追溯到古希腊。在古希腊那里，文化是公民参加城邦政治、参与社会活动的一种能力、一种品质。古希腊人使用了诸如paideia（智力与教育）、ethos（气质和精神）、nomos（社会地位的多样性与可变性）、tropos（样式、方式）等表达文化的内涵。罗马人继承了古希腊人的文化遗产，特别是发展了paideia这一词汇，并出现了cultura（后来文化［culture］的语言形式）。而cultura来自

拉丁语 *colere*（耕耘、培植）。文艺复兴时期的人文主义思想家继承了"能力""品质"的文化理解，把文化转义为"知识""道德"等内容。[①]可以说，这样的文化理解是从"耕耘""培植"等文化原生定义演变而来的。

在中国古语中，"文化"的"文"，甲骨文原意为纵横交错而形成的图案，是刻在龟甲上、岩石上或兽骨上，用来传达人类意识的图画类符号。金文之"文"有"心"，心即意识。有"心"的"文"更符合"文"的原意：用图案传达意识。《易·系辞下》有"物相杂，故曰文"。什么是"文"？"文"即纹理。《礼记·乐记》中有"五色成文而不乱"，这里的"文"也是纹理之意。《说文解字》中"文"，即错画。《论语·雍也》有"文质彬彬"之说。在甲骨文中，一人站立、一人倒立的是"化"，意指从生到死的过程，也意指变化发展。《说文解字》中有"化，教行也"。《易恒·象传》中有"圣人久于其道，而天下化成"。"文"与"化"放在一起，出现在同一语境中，可见《易经》载"观乎人文，以化成天下"。"文化"，即以文化人，以文化人是一个过程，是从小到老的过程。也就是说，人是文化存在，文化过程是终身学习的过程，是活到老学到老的过程。也因此，张岱年认为"以文教化"是"文化"本源。后来，从"文"的"纹理"本义出发，延伸到人与自然、人与人、人与社会等纵横交织的复杂的社会网络关系。"天文"即"天道自然规律"，"人文"即"人伦社会规律"。[②] 在中国古代，文化有"文治与教化"的意思。"文化不仅是一种人本身自然和身外自然的基础上不断创造的过程，而且是一

[①] 张广智、张广勇：《史学：文化中的文化》，上海社会科学院出版社2013年版，第2—3页。
[②] 张岱年、方克立：《中国文化概论》，北京师范大学出版社1994年版，第2页。

种对人本身的自然和身外自然不断加以改造,使人不断从动物状态中提升出来的过程"①。张岱年还指出,在人类社会活动所创造的成果而言,文化的"文"还不是"文化",既有创造成果同时又有对人自身的改造,才是"文化"。②

如果说"以文化人"指向人的发展,指向人的自由全面发展,那么,"以文化人"的过程,就是人的成长发展过程,就是人的自由全面发展的过程。

(二)文化:"意义世界"

无论是西方,还是中国,都有一个共识:文化指向人的心灵、人的意义世界。文化成全人的生活有意义、有价值,文化成全人的"意义世界"。

在西语中,文化概念源自拉丁语 cultura,而它首先指培养、照料某些作物或牲口。后来(16世纪早期起)扩展到人类发展领域,指人的心灵培育发展过程。因此,"文化"概念,有一个从属物性扩展到属人性的过程,从物的种植到人的培养发展的扩展过程。文化有了属人性,文化就是人的自我修养、自我培养、自我创造的过程,文化就是人的发展。或者说,"文化是人类的'第二天性'"③。没有文化,就没有人。"文化世界"就是"人的世界","人的世界"就是"文化世界"。人总是"文化人",世界总是"文化的世界",以文化人,以文铸魂,是成人的需要,是成全具有超越性的"大写的人"的需要。

西塞罗认为,文化就是哲学,文化就是心灵的培育。也就是说,

---

① 张岱年、程宜山:《中国文化精神》,北京大学出版社2015年版,导论第3页。
② 张岱年、程宜山:《中国文化精神》,北京大学出版社2015年版,导论第3页。
③ 〔德〕蓝德曼:《哲学人类学》,彭富春译,工人出版社1988年版,第223页。

文化与人的发展相关,与人的智慧、人的知识获得相联系。斯宾格勒认为,文化是"纯化了的生活精髓"[①]。卡西尔认为,文化是一种"符号体系",是人所特有的"意义世界"[②],正是文化的符号系统,使人超越了"单纯的物质世界"[③]。伊格尔顿指出:"如果'culture'的意思是对自然生长实施积极的管理,那么它就暗示人造物与天然物、我们对世界所做的与世界对我们所做的事情之间的一种辩证法。"[④] 克利福德·格尔茨指出:"所谓文化就是这样一些由人自己编织的意义之网"[⑤];"文化是公众所有的,因为意义是公众所有的"[⑥]。米歇尔·塞尔认为,"文化"一词是由西塞罗发明的,西塞罗曾宣称"哲学是灵魂的文化"[⑦]。从这个意义上看,"有文化的发展",不仅仅是"物质世界丰裕"的发展,更是"意义世界充裕"的发展。

如果说文化成全人的有尊严的生活,文化赋予生活以崇高的意义,或者说文化成全有尊严的发展、有意义的发展是文化的使命和责任所在,那么,"有文化的发展"就是有尊严的发展,就是构建"意义世界"的发展。

(三)文化:"精神生活"

以文化人,成全人的"意义世界",最终是让每个人借由文化过

---

① 〔德〕奥斯瓦尔德·斯宾格勒:《西方的没落》,齐世荣等译,商务印书馆1963年版,第39页。
② 〔德〕恩斯特·卡西尔:《人论》,甘阳译,上海译文出版社1985年版,第41页。
③ 〔德〕恩斯特·卡西尔:《人论》,甘阳译,上海译文出版社1985年版,第33页。
④ 〔英〕特瑞·伊格尔顿:《文化的观念》,方杰译,南京大学出版社2006年版,第3页。
⑤ 〔美〕克利福德·格尔茨:《文化的解释》,韩莉译,译林出版社2014年版,第5页。
⑥ 〔美〕克利福德·格尔茨:《文化的解释》,韩莉译,译林出版社2014年版,第15页。
⑦ 〔德〕热罗姆·班德主编:《价值的未来》,周云帆译,社会科学文献出版社2006年版,第178页。

着真正意义上的人的生活、属于人的生活、人的文化生活、人的精神生活,这是文化概念在漫长演进过程中出现的新意蕴。

在文化概念出现新演变的过程中,德国历史学家萨穆埃尔·普芬道夫(1632—1694)做出了重要贡献。他指出,每个人都可以凭借文化去过"真正属于人的生活",前提是"借助他人的协作、劳动和发现","依靠个人的努力和思索",这样"每个人便可以借着文化去过真正属于人的生活"。[①]张广智等学者认为,这或许是近代文化概念的首次表述。[②]普芬道夫认为"文化生活"与"精神生活"基本上是同义词。而这里的"精神生活"首先是作为"社会的人"的"天性"得到了"充分发展",是人类的各种潜力"依据自然权利"做出的表现[③],进而从"人类尊严"方面肯定了文化的重要价值。到18世纪,"文化"更多地指向精神领域。"文化史之父"伏尔泰所使用的 moeurs et esprit,即精神、风俗,开始有了现代意义上的"文化"含义,特别是在赫尔德(Herder,1744—1803)那里。后来的德国古典哲学家们更是进一步把"文化"引入了精神领域。

如果说文化不仅仅是人的一种生存方式、一种关系性存在,更是一种精神性关系存在,那么,"有文化的发展"就是"注重精神生活质量"的发展,就是追求"物质富足、精神富有"的发展。

(四)文化:"价值体系"

文化概念的演进,最终出现了"文化"是包括价值观在内"一

[①] 张广智、张广勇:《史学:文化中的文化》,上海社会科学院出版社2013年版,第3页。
[②] 张广智、张广勇:《史学:文化中的文化》,上海社会科学院出版社2013年版,第3页。
[③] 张广智、张广勇:《史学:文化中的文化》,上海社会科学院出版社2013年版,第3—4页。

个复杂的整体"的经典定义,或者说,"文化在本质上是价值体系"①。这种对文化的深刻洞察,让"整体性的文化"成全破解人类发展难题急需的"整体性的发展"成为可能。在这个意义上,"有文化的发展"就是有价值引领的发展,就是有核心价值观引领的发展。在当代中国,"有文化的发展",就是有社会主义核心价值观引领的发展。

19世纪后期,出现了各种人类学的文化概念。人类学家认为,文化是指一个社会的全部生活方式,包括习俗、价值观、体制、人际关系、象征等。有学者认为这是一种"决定性的改变"。至少在欧洲,文化研究开始"较少关心提升心灵",而更关注"风俗、惯例与信仰"的阐明。作为人类学的文化概念,汤普森区分为描述性概念和象征性概念。作为一个描述性概念,他指出:"一个群体或社会的文化是人们作为该群体或社会成员所具有的一批信仰、习俗、思想和价值观,以及物质制品、物品和工具。"②

泰勒认为文化"是一个复杂的整体"。他在《原始文化》中有这样的古典定义:"文化或文明,按它的人种学广义来看,是一个复杂的整体,它包括知识、信仰、艺术、道德、法律、风俗,以及人类作为社会一分子所具有的任何其他能力与习惯。人类各个社会中的文化状况,就其能被按一般原则加以调研而言,是研究人类思想与行动的规律的适当主题。"③泰勒试图让文化概念科学化,在他那里,文化研究的一个重要任务就是,把"文化"这个"复杂的整体"分解开来,系统加以分类和比较研究文化的各个组成部分。这种文化概念的科学

---

① 李德顺:《价值论》第2版,中国人民大学出版社2007年版,第488页。
② 〔英〕约翰·B.汤普森:《意识形态与现代文化》,高铦等译,译林出版社2012年版,第143页。
③ 〔英〕爱德华·泰勒:《原始文化》,连树声译,上海文艺出版社1992年版,第1页。

化努力,与古典概念中强调文化的人文观念,是有差异的。当然,这种差别又不是绝对的,在泰勒看来,"文化"同样具有对进步思想的强调,具有对从蛮荒走向文明生活的人类发展重构的认同。

如果说文化是一个包括价值观在内"复杂的整体",或者说"文化本质上是价值体系",那么,在现代社会,发展观的演变过程就是文化作为"复杂的整体"的演变过程,就是新的文化模式取代旧的文化模式的过程。特别是人类面临发展危机、发展困境的21世纪,我们需要从价值观层面进行一场整体性的革命,以更好地谋求人类整体性发展和人类文明进步。

(五) 文化:人类走向文明的力量

"文化"与"文明"两个词,在19世纪早期的西方,在法语和英语中,曾作为同义词使用。"文明"词源来自拉丁语 civilis,意指公民,或属于公民;"文明"曾被用来描述人类发展的进程,一种不断走向精致、秩序,不断脱离野蛮的人类活动。这样一来,"文化"与"文明"两个词在意义上出现了交叉重叠,都用于描述人类发展的进程,或者说是人类变得"有教养"的状况。在德语中,这两个词有时则被作为对照词使用:有时"文明"是贬义词,"文化"则是褒义词。但通常,"文明"指人们的气质,如文质彬彬、温文尔雅等,"文化"指体现和表达人们个性、创造性的精神产品、智力、艺术等。对此,康德曾说过:"我们通过艺术与科学而变得有教养,我们通过各种典雅社交与精致行为而变得文明化。"[1] 康德还指出,文化是一种主体性活动、是一种理性活动、一种自由活动,一种创造性活动,是一

---

[1] 〔英〕约翰·B. 汤普森:《意识形态与现代文化》,高铦等译,译林出版社2012年版,第138页。

种能力,即提出任何目的的能力。这种能力,是人类走向文明的价值力量。

在西方,1782年阿德隆的著作中第一次出现"文化史"的表述。在这里,"文化"表示人类发展的进步意义和积极含义,指改善、提升个体或民族的体魄和素质。正如汤普森所指出的那样,"文化史"表达了一种确信,即启蒙思想对现时代进步性的确信。文化具有民族性和时代性。也因此,赫尔德指出,"没有什么东西比这词语本身更为含糊了:没有什么东西比把它应用于所有国家和时代会更易于使我们走入歧途。"①赫尔德建议以复数形式谈"文化",区分不同群体、不同国家、不同民族、不同时代的特点。从文明(civilization)、教化、开化(civilize)、有礼貌的、有教养的(civil)这几个单词来看,文明的过程,就是开化的过程,就是教化的过程。"文明"的反义词是"野蛮",如何从野蛮变成文明呢?需要教化。用什么进行教化呢?教化的出发点是什么呢?"文化"。这是斯宾格勒给出的答案。文明有赖文化,通过"以文化人",才能到达一种更高的文明状态。

如果说文化是人类文明进步的价值力量,那就意味着,通过"以文化人",通过"意义世界"的营造,通过"精神世界"的构建,通过"价值体系"的引领,文化就能成为推动人类文明进步的价值力量。

(六)文化:一个总体性概念

作为马克思主义的概念,一般认为文化自表及里应包含如下三个基本层面:人类全部的创造物(物质文明和精神文明的总和);人类精神领域里的创造物(主要包括人文科学、社会科学、自然科学和

---

① 〔英〕约翰·B.汤普森:《意识形态与现代文化》,高铦等译,译林出版社2012年版,第139页。

艺术等）；人的主体精神世界（体现文化内在灵魂的"人文精神"）。而第三层面的文化，是一种"匡正人类行为的内在整合力量，它是人的自由追求、创造能力和超越意识的集中体现"①。

马克思恩格斯通常把文化作为一个总体性概念来使用。他们对文化现象的研究，也常常与其他概念联系起来，与文明、精神生产、精神生活、精神需要、意识形态、上层建筑、文学、艺术等概念联系起来。在《1844年经济学哲学手稿》中，马克思使用的"文化"概念②，实际上指的是"文明"概念，后来在《资本论》中，马克思还提出了"人类文化初期"③的概念。

在马克思恩格斯看来，有两种生产力，一种是物质生产力，一种是精神生产力。而文化是一种精神生产力。文化是人化的，文化是人的标识，文化是人的本质力量的对象化。超越之前对文化的唯心主义理解和把握，马克思恩格斯认为，文化本质是人类的一种实践活动，不仅包括意识领域、精神生活领域的实践，还包括物质生活领域的实践。作为一种实践活动，文化也是解放生产力、发展生产力的过程，也是生产关系的形成和变革过程，也是人们争取自身物质利益的过程，也是人类文明的进步过程。但是，在资本主义市场经济条件下，文化与经济增长相矛盾。也因此，马克思指出，资本主义生产与某些精神生产部门相敌对，影响了文化这种精神生产力的发展，影响了文化这种推动人类文明进步的价值力量的发挥。

在马克思恩格斯看来，文化作为一种上层建筑的东西，受物质条件的制约，受历史条件制约。正如恩格斯在《自然辩证法》中所指

---

① 邹广文：《社会发展的文化诉求》，河北大学出版社2004年版，序论第2页。
② 《马克思恩格斯文集》第1卷，人民出版社2009年版，第184页。
③ 《马克思恩格斯文集》第5卷，人民出版社2009年版，第388页。

出:"每个时代的理论思维,从而我们时代的理论思维,都是一种历史的产物,它在不同的时代具有完全不同的形式,同时具有完全不同的内容。"[①] 同时,劳动创造了文化。当然,孤立的劳动不能创造文化,社会性劳动才能创造文化。或者说,只有在社会里,通过社会,劳动才创造文化,人们的社会实践才是文化的源泉。而社会实践是全面的,是属人的。既然是全面的,文化就涵盖了社会实践的各个层面,包括物质生产、精神生产及其成果的一切内容;既然是属人的,文化就是人的自由全面发展的创造性活动及其结果,文化是人的发展方式,文化是人的存在方式。

作为马克思主义的文化概念,文化指向"以文化人",发展之魂,"文以化之","文以铸之";文化指向"人的发展",文化成全人的自由全面发展;文化指向"意义世界",文化成全有尊严的发展;文化指向"精神世界",文化成全有灵魂的发展;文化指向"价值体系",是一个包括价值观在内的"复杂的整体"。也因此,破解人类发展难题,我们需要一场发展上的价值观革命,通过变革旧的发展观,谋求人类整体性发展,谋求"有文化的发展"。当然,只有符合人类发展规律的文化,体现"发展真"和"发展善"的文化,才是21世纪人类走向新文明的力量,当代中国文化就是这样一种新文化。

二、成全"好发展"的中国特色社会主义文化

当代中国文化本质上是中国特色社会主义文化。在党的十九大报告中,习近平总书记对中国特色社会主义文化进行了新阐述,他指

[①] 《马克思恩格斯文集》第9卷,人民出版社2009年版,第436页。

出:"中国特色社会主义文化,源自于中华民族五千多年文明所孕育的中华优秀传统文化,熔铸于党领导人民在革命、建设、改革中创造的革命文化和社会主义先进文化,植根于中国特色社会主义伟大实践。发展中国特色社会主义文化,就是以马克思主义为指导,坚守中华文化立场,立足当代中国现实,结合当今时代条件,发展面向现代化、面向世界、面向未来的,民族的科学的大众的社会主义文化,推动社会主义精神文明和物质文明协调发展。要坚持为人民服务、为社会主义服务,坚持百花齐放、百家争鸣,坚持创造性转化、创新性发展,不断铸造中华文化新辉煌。"[1] 在这里,习近平总书记阐明了中国特色社会主义文化的渊源、内涵、立场和新时代使命。

(一)以马克思主义为指导的思想文化

马克思主义是科学的世界观和方法论。马克思主义是关于人类发展规律的科学,是科学的理论、人民的理论、实践的理论、开放的理论。列宁曾指出:"现代历史的全部经验,特别是《共产党宣言》发表后半个多世纪以来世界各国无产阶级的革命斗争,都无可争辩地证明,只有马克思主义的世界观才正确反映了革命无产阶级的利益、观点和文化。"[2] 在纪念马克思诞辰200周年大会上的讲话中,习近平总书记指出:"实践证明,马克思主义的命运早已同中国共产党的命运、中国人民的命运、中华民族的命运紧密连在一起。"[3] 同时,他指出:马克思主义进入中国,"引发了中华文明深刻变革"[4]。实践证明,正是因为马克思主义进入中国,中国传统文化才实现了现代化,才有

---

[1] 《习近平谈治国理政》第三卷,外文出版社2020年版,第32页。
[2] 《列宁全集》第39卷,人民出版社2017年版,第374页。
[3] 习近平:《在纪念马克思诞辰200周年大会上的讲话》,人民出版社2018年版,第14页。
[4] 习近平:《在哲学社会科学工作座谈会上的讲话》,人民出版社2016年版,第9页。

了民族的科学的大众的社会主义文化，才有了面向现代化面向世界面向未来的中国特色社会主义文化，中华优秀传统文化才得以实现创造性转化和创新性发展，中国的发展才有了真正的灵魂，中国的发展才不再迷失方向。离开马克思主义，中国文化不可能成为人类文明进步的价值力量，不可能成为人类未来发展的价值力量。有了马克思主义的指导，当代中国文化才成为具有科学性、真理性、人民性、时代性、先进性的文化，成为符合人类发展规律的先进文化，成为体现人民根本利益的先进文化，成为具有推动人类文明进步、人的自由全面发展的先进文化。

首先，当代中国文化是坚持马克思主义指导地位的文化。马克思主义是我们立党立国的根本指导思想，也是当代中国文化的灵魂所在。在坚持马克思主义指导地位方面，中国共产党人都是始终如一的、坚如磐石的。党的历代领导人都强调，建设社会主义文化，建设中国特色社会主义文化，必须坚持马克思主义指导地位，强调"指导我们思想的理论基础是马克思列宁主义"[1]，"我们不能搞指导思想的多元化，必须以马克思主义为指导"[2]，"必须始终坚持和不断巩固马克思主义在我国意识形态领域的指导地位"[3]，"建设社会主义核心价值体系，马克思主义指导地位是最根本的"[4]，"马克思主义是我们立党立国、兴党兴国的根本指导思想"[5]。

---

[1] 《毛泽东文集》第6卷，人民出版社1999年版，第350页。
[2] 《江泽民文选》第1卷，人民出版社2006年版，第158页。
[3] 中共中央文献研究室编：《十六大以来重要文献选编》（中），中央文献出版社2006年版，第318页。
[4] 中共中央文献研究室编：《十六大以来重要文献选编》（下），中央文献出版社2008年版，第684—685页。
[5] 《中共中央关于党的百年奋斗重大成就和历史经验的决议》，人民出版社2021年版，第66页。

其次，当代中国文化是以马克思主义为信仰的文化。马克思主义信仰是对科学理论的坚信，是对人类发展规律的坚信，是对资本主义必然灭亡的坚信，是对共产主义必然胜利的坚信，是对人类未来美好生活的向往。马克思主义信仰是科学性、价值性、人民性、时代性的高度统一。对马克思主义的信仰，中国共产党人都始终如一地强调和坚持。新中国成立后，党的新一代领导人都强调，"我们是马克思主义者"①，"我坚信马克思主义"②，"实践也证明，无论时代如何变迁、科学如何进步，马克思主义依然显示出科学思想的伟力，依然占据着真理和道义的制高点"③，正是马克思主义信仰让我们"用理想之光照亮奋斗之路，用信仰之力开创美好未来"④。

再次，当代中国文化是用马克思主义占领阵地的思想文化。中国共产党人始终强调，思想文化阵地，马克思主义的思想不去占领，各种非马克思主义甚至反马克思主义的思想就会去占领。无产阶级思想不去占领，非无产阶级思想就会去占领。我们要让社会主义的思想文化阵地，成为宣传科学理论、传播先进文化、塑造美好心灵的阵地。我们要用马克思主义和社会主义思想去占领思想文化阵地和宣传舆论阵地，决不能给各种错误思潮、各种错误观点以市场，决不能给危害人民的东西、危害青少年身心健康的东西提供传播渠道。而要用马克思主义占领思想文化阵地，首先必须学会使用马克思主义这个批判工具。"属于文化领域的东西，一定要用马克思主义对它们的思想

---

① 《毛泽东选集》第3卷，人民出版社1991年版，第853页。
② 《邓小平文选》第3卷，人民出版社1993年版，第213页。
③ 习近平：《在哲学社会科学工作座谈会上的讲话》，人民出版社2016年版，第10—11页。
④ 习近平：《在纪念红军长征胜利80周年大会上的讲话》，人民出版社2016年版，第12—13页。

内容和表现方法进行分析、鉴别和批判"①,"善于运用马克思主义观点同各种错误观点进行积极斗争,帮助广大干部群众树立和坚定正确的思想理论认识"②,要努力掌握马克思主义立场观点方法,以"夯实敢于斗争、善于斗争的思想根基"③。

此外,当代中国文化是用马克思主义理论教化人民的文化。就当代中国文化而言,"以文化人"的"文"首先是马克思主义理论。对用马克思主义理论教育武装人民,中国共产党人也是始终如一地强调和坚持的。毛泽东指出,不学习马克思主义,"没有正确的政治观点,就等于没有灵魂"④。习近平总书记强调,中国是一个大国,决不能出现颠覆性错误,为此,必须用马克思主义理论教化人民,武装全党。我们要重视马克思主义理论教育,要原原本本学习和研读经典著作,"把学习掌握马克思主义理论作为看家本领"⑤。通过马克思主义理论教育,"解决好世界观、人生观、价值观这个'总开关'问题,真正做到对马克思主义虔诚而执着、至信而深厚"⑥。

最后,当代中国文化是以马克思主义指引人类文明进步的文化。马克思主义是真理与价值的统一,不仅深刻揭示了人类社会发展规律,还全面地揭示了人类社会发展价值追求,具有巨大的真理力量和价值力量,为人类社会发展指明了正确方向。也因此,习近平总书记指出:"在人类思想史上,还没有一种理论像马克思主义那样对人类

---

① 《邓小平文选》第3卷,人民出版社1993年版,第44页。
② 《江泽民文选》第3卷,人民出版社2006年版,第87页。
③ 《习近平谈治国理政》第三卷,外文出版社2020年版,第225、227页。
④ 《毛泽东文集》第7卷,人民出版社1999年版,第226页。
⑤ 中共中央党史和文献研究院编:《十八大以来重要文献选编》(中),中央文献出版社2016年版,第321页。
⑥ 中共中央党史和文献研究院编:《十八大以来重要文献选编》(中),中央文献出版社2016年版,第321页。

文明进步产生了如此广泛而巨大的影响。"这种广泛而巨大的影响来自其"实现人民解放、维护人民利益"的立场,来自其"以实现人的自由而全面发展和全人类解放"为己任的担当,来自其"反映了人类对理想社会的美好憧憬"的价值追求,来自其"具有鲜明的实践品格,亦即马克思主义不仅致力于科学"解释世界",而且致力于积极"改变世界"①。

综上,正是因为当代中国文化是以马克思主义为指导的思想文化,马克思主义的真理性、科学性、价值性、人民性、时代性等特质,使当代中国文化可以成全"人的自由全面发展",可以成全人类"整体发展",可以成全"公平正义的发展"。

(二)以当代中国价值观念为内核的观念文化

这里的"当代中国价值观念""就是中国特色社会主义价值观念"②。也就是说,当代中国文化是以中国特色社会主义价值观念为内核的观念文化。

首先,当代中国价值观念是中国先进文化的内核。什么是价值观念?李德顺认为,价值观念就是人们关于基本价值的信念、信仰、理想系统。它是人们关于什么是好、什么是坏,怎样为好、怎样为坏,以及自己向往什么、追求什么、舍弃什么、拥护什么、反对什么等的观念、思想、态度的总和。③从一定意义上,价值观念之所以重要,正在于它对人的思想、感情、言论和行动起着普遍的整合和驱动

---

① 习近平:《在哲学社会科学工作座谈会上的讲话》,人民出版社2016年版,第8—9页。
② 习近平:《建设社会主义文化强国 着力提高国家文化软实力——在十八届中央政治局第十二次集体学习时的讲话》,《人民日报》2014年1月1日。
③ 李德顺:《价值论》第2版,中国人民大学出版社2007年版,第199页。

作用。[①]而从长远来看,文化对于社会发展的推动作用在很大程度上是通过改变人的思想和行为来达到的,通过一种思想改变人的观念,通过改变了的人的观念改变人,通过改变了的人改变世界。因而价值观念特别是核心价值观念对人的"普遍的整合和驱动"会对整个社会的发展产生至关重要甚至是决定性的影响。作为中国先进文化内核的当代中国价值观念,是从总体上反映并符合中国特色社会主义发展要求和人的自由全面发展要求的价值观念。作为一种观念文化,当代中国文化体现了时代先进价值理念,代表着人类进步发展的价值诉求,具有鲜明的时代性和历史合理性。在推进中国式现代化,在人类文明新形态的创造中,当代中国文化具有其不可替代的发展价值。

其次,当代中国文化本质上是中国特色社会主义价值体系。"文化本质上是价值体系"[②]。在观念文化中起决定作用的是核心价值观念。社会主义核心价值观是中国特色社会主义价值体系的内核,是社会主义核心价值体系的高度凝练和集中表达。党的十八大以来,我们倡导富强、民主、文明、和谐,自由、平等、公正、法治,爱国、敬业、诚信、友善的社会主义核心价值观。社会主义核心价值观融国家、社会、公民的价值追求为一体,"既体现了社会主义本质要求,继承了中华优秀传统文化,也吸收了世界文明有益成果,体现了时代精神"[③]。核心价值观承载着民族精神追求,体现着社会发展和人的发展的价值标准;核心价值观既是个人之德,也是国家之大德。正如习近平总书记所指出:"核心价值观,其实就是一种德,既是个人的德,也是一种

[①] 李德顺:《价值论》第2版,中国人民大学出版社2007年版,第199页。
[②] 李德顺:《价值论》第2版,中国人民大学出版社2007年版,第488页。
[③] 中共中央党史和文献研究院编:《十八大以来重要文献选编》(中),中央文献出版社2016年版,第3—4页。

大德，就是国家的德、社会的德。"① 国无德不兴，人无德不立。一个国家，一个社会，没有核心价值观，就失去了灵魂，就失去了前进的价值力量。总之，社会主义核心价值观决定当代中国文化的性质，决定当代中国文化的发展方向，是当代中国文化最深层次的要素。

再次，当代中国文化是对西方价值观念特别是资产阶级价值观念的批判和超越的文化。经济基础决定上层建筑，中国特色社会主义实行公有制为主体，多种所有制经济共同发展的基本经济制度，当代中国价值观念是社会主义生产关系和所有制关系的产物，是对资产阶级价值观念的批判和超越。当然，资产阶级观念文化并不是一开始就是腐朽的，并不是一直对发展都是消极的。但是在资本主义私有制条件下，资产阶级观念文化最终造成了前文所述的种种"反发展"现象。而当代中国文化之革命文化是在反帝反封建斗争中形成的文化，当代中国文化之先进文化是反对资产阶级自由化的文化，是对西方价值观念尤其是资产阶级价值观念批判和超越的文化。

最后，当代中国文化是对中国传统价值观的继承与创新的文化。当代中国文化继承、吸收了中国传统价值观中的合理因素，使之成为当代中国观念文化的重要组成部分。当代中国文化是在认真汲取中华优秀传统文化的思想精华和道德精髓的基础上发展起来的文化，是在继承中华优秀传统文化的独特创造、价值理念、鲜明特色的基础上创新的文化，是让中华优秀传统文化"讲仁爱、重民本、守诚信、崇正义、尚和合、求大同"的时代价值得以彰显的文化。

综上，正因为当代中国文化是以中国特色社会主义价值观念为

---

① 中共中央党史和文献研究院编：《十八大以来重要文献选编》（中），中央文献出版社2016年版，第3页。

内核的观念文化，使之具有内生性、渗透性等特质，当代中国文化内生于人的发展实践之中，内生于社会发展实践之中，渗透在人类社会发展的各个方面，渗透在人们追求自由全面发展的活动之中。

（三）以中华优秀传统文化为根基的精神文化

任何文化的发展都是有规律的。正如马克思所指出："历史的每一个阶段都遇到有一定的物质结果、一定数量的生产力总和，人和自然以及人与人之间在历史上形成的关系，都遇到由前一代传给后一代的大量生产力、资金和环境，尽管一方面这些生产力、资金和环境为新的一代所改变，但另一方面，它们也预先规定新的一代的生活条件，使它得到一定的发展和具有特殊的性质。"[1] 恩格斯也指出，"现代社会主义"和"任何新的学说一样，它必须首先从已有的思想材料出发，虽然它的根源深藏在物质的经济的事实中"[2]。当代中国文化的发展也是如此，它是以中华优秀传统文化为根基的文化。

首先，当代中国文化继承了中华优秀传统文化的基本精神。什么是中华文化精神？张岱年等学者指出，中华文化的基本精神是一个体系，包括四个方面的内容："刚健有为，和与中，崇德利用，天人协调"[3]。这四个方面指向解决人与自然关系问题的"天人协调"，指向解决人与自身关系问题即解决物质生活与精神生活关系问题的"崇德利用"，指向解决人与人关系问题的"和与中"，指向解决各种关系问题的"刚健有为"。张岱年认为，这四个方面，其中"刚健有为"是总纲。

---

[1] 《马克思恩格斯文集》第1卷，人民出版社2009年版，第544—545页。
[2] 《马克思恩格斯文集》第3卷，人民出版社2009年版，第523页。
[3] 张岱年、程宜山：《中国文化精神》，北京大学出版社2015年版，第4页。

其次,当代中国文化延续着中华民族的精神命脉。这个精神命脉就是中华优秀传统文化。习近平总书记指出:"中华优秀传统文化是中华民族的精神命脉。"[①] 精神命脉就是文化之"根",文化之"基",文化之"本"。这些"根基",就体现在"崇仁爱、重民本、守诚信""讲辩证、尚和合、求大同""自强不息、敬业乐群""扶正扬善、扶危济困""见义勇为、孝老爱亲"等价值追求上。这些"根基",是"我们在世界文化激荡中站稳脚跟的坚实根基"[②],抛弃这些"根基",就等于割断了中华民族自己的精神命脉。

再次,当代中国文化继承了中华民族独特的精神标识。无论是中华优秀传统文化还是革命文化、先进文化,都"积淀着中华民族最深沉的精神追求,代表着中华民族独特的精神标识"[③]。"和合""仁爱""大同"是中华民族独特的精神标识,"自强不息""革故鼎新"等是中华民族独特的精神标识。伟大的建党精神既是中国共产党独特的精神标识,也是新时代中华民族独特的精神标识。这些精神标识具有鲜明的民族特色,具有永不褪色的时代价值,形成新时代中国人民的独特精神世界。

此外,当代中国文化继承了中华民族独特的价值体系。中华民族独特的价值体系包括"民惟邦本""仁者爱人"的人本发展理念,"和而不同"的和谐发展理念,"天人合一"的整体发展理念,"大道之行也,天下为公"的公正发展理念,"天行健,君子以自强不

---

① 中共中央党史和文献研究院编:《十八大以来重要文献选编》(中),中央文献出版社2016年版,第135页。
② 中共中央党史和文献研究院编:《十八大以来重要文献选编》(中),中央文献出版社2016年版,第135页。
③ 习近平:《在中国文联十大、中国作协九大开幕式上的讲话》,人民出版社2016年版,第4—5页。

息""天下兴亡，匹夫有责"的主体发展理念等。中华民族独特的价值体系在数千年历史中一直流淌在中华民族的血液中，"根植在中国人内心，潜移默化影响着中国人的思想方式和行为方式"[1]，成为中华优秀传统文化的独特基因。

最后，当代中国文化是中华民族共同创造的中华文化。当代中国文化是既尊重共同性，又尊重差异性、包容性的中华文化。中华民族之所以生生不息，不断发展创新，就因为不存在马克思所指出的"文化专制"现象："你们赞美大自然悦人心目的千变万化和无穷无尽的丰富宝藏，你们并不要求玫瑰花和紫罗兰散发出同样的芳香，但你们为什么却要求世界上最丰富的东西——精神只能有一种存在形式呢？"[2] 当代中国文化能够正确处理中华文化和各民族文化的关系，各民族文化都是中华文化的有机组成部分，中华文化是主干，各民族文化是枝叶。当代中国文化是始终把中华民族利益放在首位来追求、来引领的文化，是引导本民族意识服从和服务于中华民族共同体意识的文化，是引领在实现好中华民族共同体整体利益进程中实现好各民族具体利益的文化，是反对大汉族主义和地方民族主义的文化，是有利于筑牢中华民族共同体意识的文化。

总之，当代中国文化积淀着中华民族最深层的精神追求，代表着中华民族独特的精神标识，传承着中华优秀传统文化"讲仁爱、重民本、守诚信、崇正义、尚和合、求大同"等重要价值，继承着"天人合一""和而不同""天下为公"等价值理念。正因为当代中国文化是坚守中华文化立场、传承中华文化基因、展现中华文化风范的精神

---

[1] 中共中央党史和文献研究院编：《十八大以来重要文献选编》（中），中央文献出版社2016年版，第5页。
[2] 《马克思恩格斯全集》第1卷，人民出版社1995年版，第111页。

文化，当代中国文化可以成全"和谐发展"，可以成全"基于生态智慧的整体发展"，可以成全"构建人类命运共同体"的发展。

（四）以人类优秀文化成果为借鉴的现代文化

当代中国文化善于融通古今中外各种优秀文化资源，包括马克思主义的资源、中华优秀传统文化的资源和国外一切优秀文化的资源，进而充满旺盛的生命力，富有生机活力。

首先，当代中国文化是面向世界的兼容并蓄的文化。意味着当代中国文化是一种开放文化。一个国家的文化，其开放程度越高，越容易吸收外来的新思想、新技术。在全球化的今天，"开放的文化和不排斥新元素的文化会占优势"，"固守自己的文化是十分危险的"；[1] 意味着当代中国文化是一种信任文化。人类发展实践证明，宽容、信任有利于促进发展。习近平总书记提出构建人类命运共同体，就是当代中国文化开放、包容、信任的重要表征；意味着当代中国文化是尊重文明多样性的文化，主张文明交流对话的文化，是主张不同文明和平共处、反对文明冲突的文化。总之，当代中国文化因兼容并蓄而丰富多彩，因汲取各种文明养分而不断创新发展，因兼容并蓄人类社会创造的一切优秀文化成果而变得更加先进。

其次，当代中国文化是吸收借鉴全人类一切优秀文化成果的文化。中华文化之所以生生不息，是因为善于吸收、借鉴人类社会创造的一切先进文明成果。正是吸收借鉴了人类一切优秀文化成果，当代中国文化不断获得新的生命力，不断激发新的活力。当代中国文化是

---

[1] 〔美〕托马斯·弗里德曼：《世界是平的》，何帆、肖莹莹、郝正非译，湖南科学技术出版社 2008 年版，第 340 页。

中国文化与世界文化融合创新的产物,是中国先进文化与人类一切优秀文化融合发展的结果。这种融合创新是在中国特色社会主义现代化实践中完成的。其实践起点首先是从"五四运动"开始的,是从马克思主义传入中国开始的;马克思列宁主义在中国的传播过程,就是先进文化的传播过程,就是中国人精神自立的过程,是当代中国文化实现现代化的过程。中华文化的生命力为什么会绵延不绝?实际上,中华文化的发展,遵从了文化发展的一般规律。因为文明会灭亡,但文化却不会。文化总是在各种文明的夹缝中生存发展的。文化与人类共生共存,只会被遗忘,不会被消灭。在人类的历史长河中,我们可以发现,古埃及文明灭亡了,但古埃及文化却保留下来,古印度文明灭亡了,但佛教文化、印度文化却保留了下来,甚至在中国看到了它们的影子。

最后,当代中国文化是吸收借鉴资本主义国家创造的一切优秀文化成果的文化。当代中国文化本质上是无产阶级文化。列宁在《关于无产阶级文化》一文中曾指出:"马克思主义这一革命无产阶级的意识形态赢得了世界历史性的意义,是因为它并没有抛弃资产阶级时代最宝贵的成就,相反却吸收和改造了两千多年来人类思想和文化发展中一切有价值的东西。只有在这个基础上,按照这个方向,在无产阶级专政(这是无产阶级反对一切剥削的最后的斗争)的实际经验的鼓舞下继续进行工作,才能认为是发展真正的无产阶级文化。"[①] 当代中国文化吸收借鉴了人类一切优秀文化成果,其中相当重要部分是资本主义国家所创造的人类优秀文化成果。中国改革开放的过程,就是向西方学习一切优秀文化成果的过程。邓小平指出:"我们要向资本

---

① 《列宁全集》第39卷,人民出版社2017年版,第374页。

主义发达国家学习先进的科学、技术、经营管理方法以及其他一切对我们有益的知识和文化，闭关自守、故步自封是愚蠢的。但是，属于文化领域的东西，一定要用马克思主义对它们的思想内容和表现方法进行分析、鉴别和批判。"[1]在学习资本主义国家创造的一切优秀文化成果过程中，我们立足本国，立足继承和弘扬中华民族优秀文化，同时面向世界，吸取和借鉴全人类所创造的一切优秀文化成果，并用马克思主义为分析、鉴别、批判武器，在分析、鉴别、批判的基础上，吸收借鉴资本主义国家创造的属于人类共有的一切优秀文化成果。

总之，当代中国文化是具有开放性的文化，这种开放性体现在善于吸收借鉴人类优秀文化的有益成分。当代中国文化所体现的注重整体、注重辩证、善于综合、注重普遍联系等思维方法，有利于破解人与人关系紧张、人与社会关系紧张、人与自然关系紧张的发展难题。而西方文化注重实证、重视分析的思维方式，有利于科学技术发展，有利于创新发展，值得我们吸收借鉴。当代中国文化是以人类优秀文化成果为借鉴的现代文化，是以马克思主义为指导的思想文化，是以当代中国价值观念为内核的观念文化，是以中华优秀传统文化为根基的精神文化，这样的文化是符合人类发展规律、彰显人类发展价值、体现21世纪人类发展趋势、促进21世纪人类发展的文化，是可以成全人的自由全面发展的文化，是可以为解决人类面临的发展问题提供"中国智慧""中国价值""中国方案"的文化。

---

[1]《邓小平文选》第3卷，人民出版社1993年版，第44页。

第四章　当代中国文化成全何种意义上的"好发展"

当代中国文化成全何种意义上的"好发展"？什么样的发展才是"好发展"？人类应当追求什么样的"好发展"？要回答这些问题，我们有必要引入发展伦理的视角，特别是马克思主义发展伦理的视角。马克思主义发展伦理以人类整体发展实践提出的价值问题、道德问题作为研究对象，在批判资本主义"反发展"的基础上，追求"每个人""一切人"的自由发展、实现"利益融合"的发展、公平正义的发展、基于生态智慧的整体发展等。聚焦中国发展难题乃至21世纪人类发展难题的使命，21世纪中国化的马克思主义发展伦理追求以人民为中心的发展，追求创新、协调、绿色、开放、共享的发展，追求人的全面发展。这些"好发展"都蕴含着对发展的自主性、内生性、主体性、人文性、公正性、包容性、共享性等伦理诉求。这样的"好发展"，是当代中国文化需要成全而且能够成全的"好发展"。

一、"反发展"：马克思恩格斯对资本主义发展的价值批判

"反发展"与"好发展"相对立。马克思恩格斯是通过对资本主义"反发展"的价值批判来展望未来社会"好发展"的。

马克思主义认为发展为了人，为了人的生存、为了人的尊严、为了人的自由，发展成果要惠及每一个人，发展是公正发展、共享发展。但是，在资本主义发展过程中，却出现了"异化"的发展、"非生存性发展""无尊严的发展""伪自由的发展"等"反发展"现象。揭露、批判并最终消除资本主义"反发展"，就成为马克思主义发展伦理的重要使命。

（一）批判"异化"的发展

发展为了什么？发展为了谁？马克思指出，发展为了人，而不是为了物；发展为了工人的生存，而不是为了资本的增殖；发展为了人的自主自由，而不是为了人受奴役、受束缚；发展为了享用物品，而不是让物品控制人。但是在资本主义发展过程中，这些都颠倒过来了，出现了"异化"的发展。对资本主义"异化"发展的揭露和批判，就成为马克思主义发展伦理的重要使命之一。

一是批判"劳动异化"的发展。马克思揭露，劳动是人类的本质，但在私有制条件下却发生了异化。这种"劳动异化"的发展，是劳动产品与劳动者相异化的发展，劳动行为与劳动者相异化的发展，自然界与人相异化的发展，人自己的生命活动同人相异化的发展，类生活和个人生活异化的发展，人同自己的类本质相异化的发展，人与人相异化的发展。在这种发展中，"劳动所生产的对象，即劳动产品，作为一种异己的存在物，作为不依赖于生产者的力量，同劳动相对立"[①]，"异化劳动，由于（1）使自然界同人相异化，（2）使人本身，使他自己的活动机能，使他的生命活动同人相异化，因此，异化劳动

[①] 《马克思恩格斯文集》第 1 卷，人民出版社 2009 年版，第 156 页。

也就使类同人相异化；对人来说，异化劳动把类生活变成维持个人生活的手段。第一，它使类生活和个人生活异化；第二，它把抽象形式的个人生活变成同样是抽象形式和异化形式的类生活的目的"①。

二是批判"工人商品化"的发展。资本主义发展是工人变成了"活的贫困的资本"，把工人当作商品的"商品化"发展。"生产不仅把人当作商品、当作商品人、当作具有商品的规定的人生产出来；它依照这个规定把人当作既在精神上又在肉体上非人化的存在物生产出来"②。"工人生产的财富越多，他的生产的影响和规模越大，他就越贫穷。工人创造的商品越多，他就越变成廉价的商品。物的世界的增值和人的世界的贬值成正比"③。

三是批判"劳动生产赤贫"的发展。在资本主义发展过程中，"劳动为富人生产了奇迹般的东西，但是为工人生产了赤贫"④，这是一种"强资本""弱劳动"的发展。在资本主义制度条件下，资本永远处于强势地位，劳动永远处于弱势地位，最终出现了劳动者贫困、不劳动者富裕的"反发展"现象。私有制和竞争使资本、劳动、土地相互对立，在对立中，强者获胜。"土地占有或资本都比劳动强"⑤，劳动永远处于弱势。同时，"在目前情况下科学也是用来反对劳动的"⑥。资本、土地，加上科学联合起来反对劳动，最终出现两极分化的现象，"世界分裂为百万富翁和穷光蛋、大土地占有者和贫穷的短工"⑦，"财富集中

---

① 《马克思恩格斯文集》第1卷，人民出版社2009年版，第161—162页。
② 《马克思恩格斯文集》第1卷，人民出版社2009年版，第171页。
③ 《马克思恩格斯文集》第1卷，人民出版社2009年版，第156页。
④ 《马克思恩格斯文集》第1卷，人民出版社2009年版，第158页。
⑤ 《马克思恩格斯文集》第1卷，人民出版社2009年版，第83页。
⑥ 《马克思恩格斯文集》第1卷，人民出版社2009年版，第85页。
⑦ 《马克思恩格斯文集》第1卷，人民出版社2009年版，第84页。

在少数人一边,而另一边的绝大多数人则一无所有"①。

四是批判"工人被贬为机器"的发展。一般说来,生产力发展了,有了机器生产,人们的劳动强度会减小,家庭包括妇女、儿童至少会因为生产力的发展而获得益处。但是,由于机器的资本主义运用,一方面导致了工人"过度劳动",一方面生产力的发展并没有惠及每一个人,工人没有获得发展,妇女儿童也没有获得发展,甚至出现了"工人在精神上和肉体上被贬低为机器"②的发展。

五是批判由于"资本驱使"导致"工人活活累死"的发展。资本的本性就是价值增殖,为了价值增殖,必须让工人献出更多的劳动。为了让资本增殖,为了剩余价值,资本家不管工人的健康甚至生死,通过延长工作日、加大劳动强度等办法来实现。由于延长工作日,"使劳动力本身未老先衰和过早死亡"③。由于过度劳动、强制性的劳动,工人们体力疲惫、神经衰弱、机能失调、健康受损,职业所造成的无止境的肉体折磨,使他们没有能力争得健康权利,生命受摧残、生命在缩短。④ 而资本是根本不会主动关心"工人的健康和寿命的",除非"社会迫使"它去关心。"我死后哪怕洪水滔天",这就是每个资本家的口号,也是每个资本家国家的信条⑤。由于工人的痛苦可以增加资本家的"快乐(利润)",尽管人们对"工人受过度劳动的折磨、夭折、体力和智力的衰退等"而感到愤愤不平,资本家却"乐在其中"。⑥

---

① 《马克思恩格斯文集》第9卷,人民出版社2009年版,第561页。
② 《马克思恩格斯文集》第1卷,人民出版社2009年版,第120页。
③ 《马克思恩格斯文集》第5卷,人民出版社2009年版,第307页。
④ 《马克思恩格斯文集》第7卷,人民出版社2009年版,第111页。
⑤ 《马克思恩格斯文集》第5卷,人民出版社2009年版,第311页。
⑥ 《马克思恩格斯文集》第5卷,人民出版社2009年版,第312页。

（二）批判"非生存性"的发展

马克思主义认为，发展为了人，为了每个人的发展，为了每个人生存的发展。但在资本主义发展过程中，却出现了"非生存性发展"。这种"非生存性"的发展，就是"令人陶醉的增长"与"工人群众的贫困"相伴生的发展，"财富增长"与劳动人民"饥饿病"并存的发展，现代化发展与"工人的居住状况恶化"成正比的发展。

一是批判"令人陶醉的增长"与"工人群众的贫困"相伴生的发展。经济增长了，发展好处落到谁的手中？是不是惠及每一个人、所有的人？马克思恩格斯揭露，在资本主义发展过程中，"史无前例的发展""令人陶醉的增长"与"工人群众的贫困"相伴生，工人群众并没有获得发展。在《国际工人协会成立宣言》中，马克思揭露，当英国获得了"甚至是史无前例的发展"和"令人惊奇得几乎到了难以置信"的成就时，当英国在贸易和工业方面占欧洲第一位时，却出现了发展与贫困相伴生的怪现象。① 在《资本论》中，马克思进一步揭露，资本主义"令人陶醉的增长"与"贫穷的极端程度增大"相伴随。②

二是批判"财富增长"与劳动人民"饥饿病"并存的发展。马克思在《国际工人协会成立宣言》中提到一个概念即"防止饥饿病"③，并揭露，在英国获得了"甚至是史无前例的发展"的情况下，在英国自由贸易的黄金时间，劳动人民反而得了"饥饿病"④，而这种"饥饿痛苦"是"最勤劳的工人阶层"的"饥饿痛苦"，是与富人有

---

① 《马克思恩格斯文集》第3卷，人民出版社2009年版，第9页。
② 《马克思恩格斯文集》第5卷，人民出版社2009年版，第751页。
③ 《马克思恩格斯文集》第3卷，人民出版社2009年版，第4页。
④ 《马克思恩格斯文集》第3卷，人民出版社2009年版，第7页。

着内在联系的"饥饿痛苦",这种内在联系"只有当人们认识了经济规律时才能揭露出来"①。

三是批判现代化发展与"工人的居住状况恶化"成正比的发展。在资本主义现代化的过程中,特别是市场化、城市化的进程中,并没有带来工人居住环境的改善,反而导致了工人居住状况的恶化,这是一种"非生存性"的发展,即资本主义现代化发展与"工人的居住状况恶化"成正比的发展。"随着工业的发展、资本的积累、城市的扩展和'美化',灾祸越来越严重"②,工业城市或商业城市的"资本积累得越快",可供剥削的"人身材料的流入也就越快",以至于纽卡斯尔成了一座仅次于伦敦而居第二位的"住宅地狱"。③

四是批判"反健康"的发展,特别是摧残妇女儿童身心健康的发展。发展本应首先让妇女儿童受益,让妇女儿童获得发展。但是,资本主义现代化的发展不但没有让妇女儿童受益,反而让她们更加贫困甚至遭受各种不幸,这是一种最让人难以接受的发展。恩格斯在《英国工人阶级状况》中指出,工人阶段的高死亡率主要是他们的幼儿死亡率高。④ 马克思在《资本论》中进一步揭露,正是机器的资本主义运用,不但增加了工人劳动强度,还让妇女儿童劳动卷入生产当中的发展,最终,资本主义的发展成了一种既摧残大人(这里指男性劳动力)身心健康又摧残妇女儿童身心健康的"反发展"。"关于妇女劳动和儿童劳动进行资本主义剥削所造成的精神摧残,弗·恩格斯在他所著的《英国工人阶级状况》中以及其他的著作家已经做了详尽

---

① 《马克思恩格斯文集》第5卷,人民出版社2009年版,第757页。
② 《马克思恩格斯文集》第5卷,人民出版社2009年版,第758页。
③ 《马克思恩格斯文集》第5卷,人民出版社2009年版,第762页。
④ 《马克思恩格斯文集》第1卷,人民出版社2009年版,第420—422页。

的阐述"①。

五是批判浪费工人"个人发展"的"节约"发展。马克思在《资本论》中指出，资本家的种种"节约"，都是以牺牲和浪费工人"个人发展"的节约。资本家的种种"节约"，包括靠牺牲工人而实现的劳动条件的节约，靠牺牲工人生产条件、生存条件、生活条件的节约，"浪费人身材料"的节约；"浪费血和肉，而且浪费神经和大脑"的节约，是浪费工人"个人发展"的节约等，包括让工人挤在狭窄有害健康场所的"建筑物节约"，不安装安全设备的"安全设备节约"②，等等。总之，凡是绝非必需的现金开支，资本家一概实行"禁欲"③，这种"要钱不要命的节约"在煤矿中表现得尤为明显。④

六是批判"社会谋杀"式发展。发展本应首先为了生存，为了满足广大人民群众基本需要的发展，让绝大多数人最大限度地生存下去，避免因贫困而早死、饿死，这是发展的基本道德要求。但是，资本主义发展却是一种"社会谋杀"式的非生存性发展。对此，马克思恩格斯的认识也有一个逐步深化的过程。从批判劳动异化开始，马克思分析了资本、地产和劳动的分离所导致的工人非生存性发展状况。后来，恩格斯从社会制度找到了根源，指出这是一种源于社会制度的"社会谋杀"式的非生存性发展，并全面分析了工人"高死亡率"的原因。在《英国工人阶级状况》中，恩格斯揭露，这种"社会谋杀"就是让工人"连最必需的生活资料都如此缺乏""不能保持健康，不能活得长久""过早地把他们送进坟墓"。⑤这是一种隐蔽的、阴险的、

---

① 《马克思恩格斯文集》第5卷，人民出版社2009年版，第460页。
② 《马克思恩格斯文集》第7卷，人民出版社2009年版，第106页。
③ 《马克思恩格斯文集》第5卷，人民出版社2009年版，第767页。
④ 《马克思恩格斯文集》第7卷，人民出版社2009年版，第103页。
⑤ 《马克思恩格斯文集》第1卷，人民出版社2009年版，第409页。

没有人能够防御的、表面上看起来不像谋杀、谁也看不到谋杀者的谋杀。之所以是说"社会谋杀",是因为"社会知道它所建立的制度会引起怎样的后果"①,是社会制度引起的谋杀。最后,马克思恩格斯提出,通过消灭私有制,解决"生活资料、享受资料和发展资料"与"生产者大众"相隔离的发展状况,实现生产者大众共同享有"生活资料、享受资料和发展资料",以解决人民大众的生存发展问题。

(三)批判"无尊严"的发展

马克思主义认为,发展为了人,为了人的有尊严的发展。但是,资本主义发展却是一种"没有尊严的发展"。为此,马克思恩格斯对资本主义"无尊严"的发展进行了深刻的揭露和批判。

一是批判不重视道德教育而导致工人"道德堕落"的发展。以酗酒为例,恩格斯指出,工人的整个状况、周围环境,加上过度劳动,都强烈地促使工人们"道德堕落",只能通过酗酒来麻醉自己。②恩格斯指出,酗酒不是个人的道德问题,不是"一种恶习",而是一种"社会现象"③。再以道德教育为例,恩格斯指出:"一切理性的、精神的和道德的教育却被严重忽视了。"④资产阶级为什么不重视道德教育?恩格斯指出,资产阶级为工人考虑的唯一东西就是法律,对待工人,就像对待"无理性的动物"一样,用"法律来钳制他们",对工人只有一种教育手段:"皮鞭"⑤。工人有的只是没有尊严的发展,"几乎一切享受都与他们无缘",因为"他们穷",生活对于他们"没

---

① 《马克思恩格斯文集》第1卷,人民出版社2009年版,第409页。
② 《马克思恩格斯文集》第1卷,人民出版社2009年版,第428页。
③ 《马克思恩格斯文集》第1卷,人民出版社2009年版,第416页。
④ 《马克思恩格斯文集》第1卷,人民出版社2009年版,第428页。
⑤ 《马克思恩格斯文集》第1卷,人民出版社2009年版,第428页。

有任何乐趣"。而当穷到无法满足最基本生活需要的时候,当穷到食不果腹的时候,"法律的惩罚"对他们来说"再也没有什么可怕的",他们蔑视"一切社会秩序"。①

二是批判"人的尊严变成了交换价值"②的发展。马克思指出,资本主义发展所到之处,都会扭曲人与人之间的正常关系,最终使人与人之间的关系只剩下"赤裸裸的利害关系"③,只剩下"冷酷无情的现金交易"④,人们被"淹没在利己主义打算的冰水之中"⑤,"贸易自由"成了没有良心的贸易自由,人的尊严没有了,发展成为了"没有尊严的发展"。

三是批判"剥夺穷人尊严"的发展。马克思指出,资产阶级在吸干了无产者最后一滴血后,在世人面前摆出一副人类大慈善家的姿态,虚伪地施以小恩小惠。而这种善行"使得被蹂躏的人受到更大的欺凌,它要求那些失去人的尊严、受到社会排挤的贱民放弃他最后的一点东西,放弃对人的尊严的要求"⑥。也就是说,资产阶级通过"慈善",把穷人最后一点尊严都剥夺了,他们把施舍看作一笔交易,与穷人的交易,穷人得了救济,就不能再打扰富人的生活,就不能再公开暴露自己的穷酸相,就不能让大家看到你们悲观失望、可怜兮兮的样子,穷人们只能自己偷着穷、偷着痛苦、偷着悲观,最好"待在自己的阴暗的空穴里"⑦。

---

① 《马克思恩格斯文集》第 1 卷,人民出版社 2009 年版,第 428—429 页。
② 《马克思恩格斯文集》第 2 卷,人民出版社 2009 年版,第 34 页。
③ 《马克思恩格斯文集》第 2 卷,人民出版社 2009 年版,第 34 页。
④ 《马克思恩格斯文集》第 2 卷,人民出版社 2009 年版,第 34 页。
⑤ 《马克思恩格斯文集》第 2 卷,人民出版社 2009 年版,第 34 页。
⑥ 《马克思恩格斯文集》第 1 卷,人民出版社 2009 年版,第 478 页。
⑦ 《马克思恩格斯文集》第 1 卷,人民出版社 2009 年版,第 479 页。

(四)批判"伪自由"的发展

马克思主义认为,发展是人的自由发展,发展的过程就是不断扩大人的自由的过程。但是,资本主义发展却是"伪自由"的发展。

一是批判只有"利己的人的自由"的发展。资本主义有自由吗?如果有,又是谁的自由?早在《〈黑格尔法哲学批判〉导言》中,马克思就批判了资本主义自由的虚伪性。他指出:"我们,在我们的那些牧羊人带领下,总是只有一次与自由为伍,那就是在自由被埋葬的那一天。"①在《论犹太人问题》中,马克思进一步批判了资本主义自由的虚伪性。马克思指出,资本主义的所谓自由,是"建立在人与人相分隔的基础上"的自由,"这种自由使每个人不是把他人看作自己自由的实现,而是看作自己自由的限制"②,是"利己的人的自由"③,也就是自私自利的资本家个人的自由。

二是批判只有"资本自由"的发展。在《1844年经济学哲学手稿》中,马克思主要从资本自由等方面分析批判资本主义自由的虚伪性:"资本自由"是真,"工人自由"是假,"资本自由"与"工人自由"对立。而"资本自由",就是"资本榨取成年劳动力的自由"④,就是资本家"昂首前行"的自由,工人"尾随于后"的自由;"资本自由"就是资本家"笑容满面雄心勃勃"的自由,工人"战战兢兢,畏缩不前"的自由,工人"在市场上出卖了自己的皮"的自由,工人"只有一个前途:让人家来鞣"⑤的自由;"资本自由",就是"资本无

---

① 《马克思恩格斯文集》第1卷,人民出版社2009年版,第5页。
② 《马克思恩格斯文集》第1卷,人民出版社2009年版,第41页。
③ 《马克思恩格斯文集》第1卷,人民出版社2009年版,第45页。
④ 《马克思恩格斯文集》第5卷,人民出版社2009年版,第322页。
⑤ 《马克思恩格斯文集》第5卷,人民出版社2009年版,第205页。

耻地、肆无忌惮地贪求骇人听闻地超越劳动时间的自然界限"①的自由，是"劳动从属于资本"的自由，是"资本主义生产方式一经产生，劳动对资本的实际上的从属就发生了"的自由。②

三是批判没有"工人自由"的发展。马克思主义认为，真正的自由，是人民免于贫困的自由、免于饥饿的自由、可以治愈疾病的自由、免于恐惧的自由。但是，在资本主义现代化发展过程中，工人没有获得免于贫困的自由。马克思指出，在资本主义社会，"令人陶醉的增长"与"工人贫困"相伴随的发展，这是工人最大的不自由；工人没有免于饥饿的自由。在资本主义社会，"财富增长"与"饥饿病"并存③；工人没有可以治愈疾病的自由；工人没有住有所居的自由④，工人的居住状况"是任何一个文明国家的耻辱"⑤；工人没有时间自由⑥，在资本主义社会，资产阶级享有"自由时间"，是因为劳动群众的"全部生活时间"都转化为"劳动时间"了。⑦

当今世界，还是资本主义主导的世界，在资本狂妄的地方，在资本无法驾驭的地方，在资本任性的地方，马克思恩格斯当年所揭露的资本主义"异化"发展、"非生存性发展""无尊严发展""伪自由发展"又"投胎"生出了许许多多的新生儿。致力于消除这些"反发展"，杜绝这些"反发展""投胎换骨"，让这些"反发展""断子绝

---

① 《马克思恩格斯文集》第 8 卷，人民出版社 2009 年版，第 321 页。
② 《马克思恩格斯文集》第 8 卷，人民出版社 2009 年版，第 516 页。
③ 《马克思恩格斯文集》第 5 卷，人民出版社 2009 年版，第 755、757 页。
④ 《马克思恩格斯文集》第 5 卷，人民出版社 2009 年版，第 757—758 页。
⑤ 《马克思恩格斯文集》第 5 卷，人民出版社 2009 年版，第 762 页。
⑥ 《马克思恩格斯文集》第 1 卷，人民出版社 2009 年版，第 70 页。
⑦ 《马克思恩格斯文集》第 5 卷，人民出版社 2009 年版，第 605—606 页。

孙",自然成为马克思主义政党的新使命、新担当。马克思恩格斯对资本主义"反发展"的深刻揭露和批判,为我们深刻理解和把握当代中国文化应当成全何种"好发展",应当实现何种意义上的发展价值,提供了科学的理论依据。

二、"好发展":马克思恩格斯关于未来社会发展的价值诉求

马克思主义认为,未来社会的"好发展"是"每个人""一切人"的自由发展,是为了"利益融合"的发展,是追求公平正义的发展,是实现"人与自然和解"的发展,是基于生态智慧的整体发展。这些发展蕴含着对发展的自主性、内生性、主体性、人文性、公正性、包容性、共享性等伦理价值诉求。马克思恩格斯关于未来社会发展的价值追求,对我们科学理解和把握当代中国文化应当成全何种"好发展",应当实现何种意义上的发展价值,提供了理论指导和基本遵循。

(一)"每个人""一切人"的自由发展

发展为了谁?马克思恩格斯的回答是:发展为了人,为了每个人的发展,为了一切人的发展。

马克思恩格斯在《共产党宣言》中提出了著名的"自由人联合体"思想:"代替那存在着阶级和阶级对立的资产阶级旧社会的,将是这样一个联合体,在那里,每个人的自由发展是一切人的自由发展的条件。"[①]"自由人联合体"强调发展为了"每个人",发展为了"一

---

① 《马克思恩格斯文集》第 2 卷,人民出版社 2009 年版,第 53 页。

切人",这充分体现了发展的人文性、发展的公平性、发展的共享性等发展价值追求;同时,"自由人联合体"又强调"每个人的发展"是"一切人的发展"的条件,这充分体现了发展的主体性、发展的自主性、发展的内生性以及发展的协调性等发展价值追求。

一是为了人的生存的发展。或者说,发展是为了满足每个人的基本需要的发展,让绝大多数人最大限度地生存下去,避免因贫困而早死、饿死,这是发展的基本道德要求,这是人的自由发展的最基本要求。恩格斯在《自然辩证法》中指出,未来的发展是为了"生产者大众"生存的发展。为此,必须通过变革资本主义不合理的生产关系,解决"生活资料、享受资料和发展资料"与"生产者大众"相隔离的发展状况,实现生产者大众共同享有"生活资料、享受资料和发展资料",这样才能让所有人更好地生存发展。

二是为了人的自由的发展。什么样的发展才能"使人更加自由"?人类如何才能具备"获得自由的能力",如何才能"更有能力获得解放"?[1]马克思恩格斯的回答是:摆脱物的依赖和人的依赖的自由全面发展。[2]为了实现这样的发展,必须缩减必要劳动时间,"给所有的人腾出了时间",让每个人"在艺术、科学等方面得到发展"[3],必须"合理地调节他们和自然之间的物质变换","靠消耗最小的力量,在最无愧于和最适合于他们的人类本性的条件下来进行这种物质变换"[4],通过社会生产,保证一切社会成员有越来越富足充裕的物质生活,"保证他们的体力和智力获得充分的自由的发展和运用"[5]。

---

[1] 《马克思恩格斯文集》第1卷,人民出版社2009年版,第47页。
[2] 《马克思恩格斯文集》第8卷,人民出版社2009年版,第52页。
[3] 《马克思恩格斯文集》第8卷,人民出版社2009年版,第197页。
[4] 《马克思恩格斯文集》第7卷,人民出版社2009年版,第928—929页。
[5] 《马克思恩格斯文集》第9卷,人民出版社2009年版,第299页。

三是为了人的自主性的发展。《共产党宣言》揭示了资本主义现代化发展实质上是资产阶级"按照自己的面貌为自己创造出一个世界"的非自主性发展。这种非自主性的发展就是"迫使一切不想灭亡的民族都推行资本主义文明"的非自主性发展，按照资本主义的"普世价值"去谋求的非自主性发展。这种非自主性发展是一种"屈服、从属"[①]的发展。恩格斯指出，没有自主性发展，就不可能有真正的、真诚的、和谐的、和睦的、自觉的合作发展。[②] 未来社会的发展必然是一种自主性的发展，是每个人、一切人的自主性发展。

（二）实现"利益融合"的发展

在马克思恩格斯看来，发展是为了"利益融合"的发展，而不是制造"利益对立"的发展。

一是告别"利益对立"的发展。资本主义发展是"利益对立"的发展。马克思指出，正是由于资本、劳动、土地之间的完全对立，导致了"利益对立"的发展，也正是由于"利益对立"导致了人与人、人与社会、人与自然之间的对立和紧张。马克思通过分析批判资本、劳动、土地之间的对立，指出人类社会从利益对立走向利益融合的必然趋势，提出了资本、劳动、土地从对立走向协调的必然要求，强调通过资本、劳动、土地的协同，共同推动生产力的发展，以实现"所有人共同享受大家创造出来的福利"。马克思强调只有消灭私有制，才能实现从"利益对立"到"利益融合"的发展。

二是具有"发展源泉"的发展。"利益对立"的发展必然导致

---

① 《马克思恩格斯文集》第 2 卷，人民出版社 2009 年版，第 36 页。
② 《马克思恩格斯文集》第 2 卷，人民出版社 2009 年版，第 24、26 页。

"发展源泉丧失"。在《资本论》中,马克思揭示了劳动、资本、土地相互对立的表现及其危害,揭露了资本主义农业发展、资本主义城市发展过程中的"双重掠夺""双重破坏",导致人与人、人与自然关系的紧张,最终导致发展源泉的丧失。由于资本与劳动的对立,任何生产力的新发展,都会加深社会的对立和对抗。[1]恩格斯在《国民经济学批判大纲》中指出,只要消除资本、劳动、土地的对立,"人类肩负的劳动"就会很快地减少到"最低限度"。而这种劳动负担的减少,是由于资本、劳动和科学的协同推动,特别是科学的日益发达,人类有了无法估量的生产能力,同时这种生产能力被自觉地运用并为大众造福。[2]这样的发展才是具有发展源泉的发展。

三是实现"利益融合"的发展。未来社会是一个"利益融合"的社会。关于"利益融合"的社会,在《共产主义原理》中,恩格斯指出,未来社会是满足"所有人需要"的社会,这样的社会终结了"靠牺牲一些人的利益来满足另一些人的需要"[3]的发展状况,并"彻底消灭阶级和阶级对立;通过消除旧的分工,通过产业教育、变换工种、所有人共同享受大家创造出来的福利,通过城乡的融合,使社会全体成员的才能得到全面发展"[4],最终实现"利益融合"的发展。

(三)追求公平正义的发展

马克思主义认为,发展是追求公平正义的发展。但是,资本主义发展却是不公平不公正的发展。马克思恩格斯不仅揭露了资本主义

---

[1] 《马克思恩格斯文集》第3卷,人民出版社2009年版,第10页。
[2] 《马克思恩格斯文集》第1卷,人民出版社2009年版,第77页。
[3] 《马克思恩格斯文集》第1卷,人民出版社2009年版,第689页。
[4] 《马克思恩格斯文集》第1卷,人民出版社2009年版,第689页。

公正的虚伪性面目,还剖析了其产生的根源,并提出了实现公平正义的发展的主要路径。

一是揭露资本主义"公正"的真面目。马克思曾以讽刺的口吻写道:"让我们来赞美资本主义的公正吧!"[1] 马克思同时揭露,"每当资产阶级秩序的奴隶和被压迫者起来反对主人的时候,这种秩序的文明和正义就显示出自己的凶残面目。那时,这种文明和正义就是赤裸裸的野蛮和无法无天的报复"[2]。一定意义上,《共产党宣言》就是一部"正义宣言",《资本论》就是一部"正义论"。资本主义现代化发展是以缩短工人生命为代价的发展,是以削弱工人生命活力为代价的发展,是以工人早死为代价的发展,是以工人失业为代价的发展。而资本家是不会为工人的痛苦而烦恼的,资本家只顾榨取剩余价值,只顾赚取利润。由于资本的本性,由于金钱的力量,在资本主义社会里,公平正义的发展是不可能真正实现的。

二是提出实现"公平正义"发展的实践路径。马克思恩格斯指出,只有消灭了资本主义私有制,建立社会主义制度,公平正义的发展才能真正实现。如何实现公平正义的发展,马克思恩格斯提出:一是确认"资本是集体的产物"。让资本成为一种"社会力量",而不是一种"个人力量"。把资本变为公共的财产,变成属于社会全体成员的财产,这样"它将失掉它的阶级性质"[3]。二是"不剥夺任何人占有社会产品的权力,它只剥夺利用这种占有去奴役他人劳动的权力"[4]。三是"同传统的所有制关系实行最彻底的决裂,……同传统的

---

[1]《马克思恩格斯文集》第5卷,人民出版社2009年版,第761页。
[2]《马克思恩格斯文集》第3卷,人民出版社2009年版,第173—174页。
[3]《马克思恩格斯文集》第2卷,人民出版社2009年版,第46页。
[4]《马克思恩格斯文集》第2卷,人民出版社2009年版,第47页。

观念实行最彻底的决裂"①。四是"把农业和工业结合起来,促使城乡对立逐步消灭。""对所有儿童实行公共的和免费的教育。……把教育同物质生产结合起来"②。五是消灭阶级差别,让"全部生产集中在联合起来的个人的手里"③。

(四)基于生态智慧的整体发展

马克思主义指出,资本主义发展导致了人与自然、人与人、人与社会的关系紧张,人类发展难题不断出现。要破解人类发展难题,人类迫切需要一种基于生态智慧的"整体发展观"。这是一种人与自然和谐共生、人与人和谐共处、人与社会和谐共享的整体发展。

首先,发展是基于生态智慧的整体发展。马克思主义以人的自由解放为终极目标,以"每个人的自由发展成为一切人的自由发展的条件"为核心主题,谋求建设一个"自由人"的联合体,这是一个基于生态智慧的整体发展的"自由人"的联合体。马克思恩格斯基于生态智慧的整体发展,首先基于人是整体性存在,即人是社会存在与自然存在的统一,这是基于生态智慧的整体发展的理论基础;批判资本主义人与自然相分离的裂痕式发展,这是基于生态智慧的整体发展的现实依据。马克思和恩格斯一贯立场是,"人直接地是自然存在物"④,人是自然存在与社会存在的统一,人与自然原本是一个有机整体,也因此,马克思明确指出,人是自然界的产物,同时自然也是人的身体的一部分,即"人的无机的身体"⑤,实现人的解放和自然的解

---

① 《马克思恩格斯文集》第 2 卷,人民出版社 2009 年版,第 52 页。
② 《马克思恩格斯文集》第 2 卷,人民出版社 2009 年版,第 53 页。
③ 《马克思恩格斯文集》第 2 卷,人民出版社 2009 年版,第 53 页。
④ 《马克思恩格斯文集》第 1 卷,人民出版社 2009 年版,第 209 页。
⑤ 《马克思恩格斯文集》第 1 卷,人民出版社 2009 年版,第 161 页。

放的统一,是社会发展的价值目标。

其次,发展是实现"人与自然和解"的发展。马克思在《1844年经济学哲学手稿》中指出:"这种共产主义,作为完成了的自然主义,等于人道主义,而作为完成了的人道主义,等于自然主义,它是人和自然界之间、人和人之间的矛盾的真正解决,是存在和本质、对象化和自我确证、自由和必然、个体和类之间的斗争的真正解决。它是历史之谜的解答,而且知道自己就是这种解答。"[1] 这是马克思关于人与自然和解思想的经典表述。这一思想首先揭示了共产主义是自然主义和人道主义统一的社会。马克思明确指出,共产主义社会既消除了人的异化,也消除了人与自然间的异化;既是人与人之间的和解,也是人与自然之间的和解,它是真正的人与自然和谐发展、共生共荣的理想社会。人与自然是一个有机的整体,所以,无论是从保护自然的角度发展自然主义,还是从促进人类进步的视角发展人道主义,两者最后的目标内容是一致的,殊途同归,都是要实现人与自然的和谐发展。这一思想还揭示了共产主义是合理调节人与自然之间的物质变换的社会。在共产主义社会,人的发展是人的解放和自然的解放的统一。"靠消费最小的力量,在最无愧于和最适合于他们的人类本性的条件下来进行这种物质变换"[2]。换言之,在消灭了城乡的对立差别、脑力劳动与体力劳动的差别、工业与农业的差别之后,生产劳动成为个人在与自然交换中表现自己全面发展的手段和场所。在这一思想中,恩格斯还强调,我们要从人是自然存在和社会存在的统一来把握人的属性,合理地调节和自然之间的物质交换。此时,我们"不要过

---

[1] 《马克思恩格斯文集》第1卷,人民出版社2009年版,第185—186页。
[2] 《马克思恩格斯文集》第7卷,人民出版社2009年版,第928—929页。

分陶醉于我们对自然界的胜利","我们每走一步都要记住：我们统治自然界，决不像征服者统治异族人那样，决不是像站在自然之外的人似的，——相反地，我们连同我们的肉、血和头脑都是属于自然界和存在于自然之中的；我们对自然界的全部统治力量，就在于我们比其他一切生物强，能够认识和正确运用自然规律"。①

再次，发展是绿色发展、公正发展和自由发展成为有机整体的发展。前面论述过，马克思把人与自然看作一个有机统一的整体，要通过生产关系的变革、异化现象的消除来使人回归本性，使人与自然真正地和解。通过人与自然的正常新陈代谢，来实现人与自然的和谐发展、人与自然的共生共荣。马克思所设想的未来社会是"人和自然界之间、人与人之间的矛盾真正解决"②的社会，也就是绿色发展、公正发展、自由发展成为有机整体发展的社会。在《共产党宣言》中，马克思恩格斯指出："代替那存在着阶级和阶级对立的资产阶级旧社会的，将是这样一个联合体，在那里，每个人的自由发展是一切人的自由发展的条件。"③马克思恩格斯从人与自然和解才能实现人的真正自由，实现了人的真正自由才能真正保护好大自然，保护好大自然才能实现公平正义的发展这一逻辑出发，揭示了"自由人联合体"是绿色发展、公正发展、自由发展成为有机整体发展的"自由人联合体"。

最后，发展是文化与发展相融合的发展。作为一个整体，发展是文化与发展相融合的发展。这样的发展，能"满足全体社会成员丰裕的消费和造成充足的储备，而且使每个人都有充分的闲暇时间去

---

① 《马克思恩格斯文集》第9卷，人民出版社2009年版，第560页。
② 《马克思恩格斯文集》第1卷，人民出版社2009年版，第186页。
③ 《马克思恩格斯文集》第2卷，人民出版社2009年版，第53页。

获得历史上遗留下来的文化"①。此时文化成了"真正有价值的东西"，这些有价值的东西原来是"统治阶级的独占品"，现在成了"全社会的共同财富"②。这种文化与发展相融合的发展，是"社会全体成员的平等的、合乎人的尊严的发展"。但是，资产阶级是文化与发展走向融合的障碍。马克思揭露："统治阶级的存在，日益成为工业生产力发展的障碍，同样也日益成为科学和艺术发展，特别是文明社交方式发展的障碍。"③只有消除资产阶级这一障碍，文化与发展相融合才能实现。

总之，马克思恩格斯的发展伦理思想蕴含着对发展的自主性、内生性、主体性、人文性、公正性、包容性、共享性等价值诉求，其对发展问题具有极强的穿透力、解释力和解决力，在破解人类发展难题中具有独特的理论魅力和实践价值，对我们正确理解和把握当代中国文化的发展价值提供了科学理论依据。

三、"有灵魂的发展"：21世纪中国化马克思主义发展伦理的价值追求

恩格斯曾谈到马克思主义体系的包容性和未完成性的特征，就马克思主义发展伦理思想而言，同样具有开放性、包容性和未完成性等特征，需要结合时代的发展、社会的进步、人民的呼唤，特别是结合时代提出的重大课题而进一步发展与创新。改革开放以来，尤其是党的十八大以来，中国共产党人在马克思恩格斯发展伦理思想的基础

---

① 《马克思恩格斯文集》第3卷，人民出版社2009年版，第258页。
② 《马克思恩格斯文集》第3卷，人民出版社2009年版，第258页。
③ 《马克思恩格斯文集》第3卷，人民出版社2009年版，第258—259页。

上，建构了面向当代中国问题的理论话语，实现了马克思主义发展伦理思想在当代中国的发展，先后提出了科学发展观、新发展理念，推进了马克思主义发展伦理思想的中国化时代化，不断彰显21世纪中国化马克思主义发展伦理的时代价值。

（一）科学发展观的发展价值追求

21世纪初，在发展成为一个世界性、世纪性难题，成为中国所遭遇的世所罕见难题的时代背景下，2003年，党的十六届三中全会正式提出了"科学发展观"[①]。2004年，在中央人口资源环境工作座谈会上的讲话中，胡锦涛深刻阐明了科学发展观提出的背景、意义，明确界定了"以人为本""全面发展""协调发展""可持续发展"的深刻内涵和基本要求。[②] 2007年，党的十七大报告对科学发展观的理论定位、理论依据、理论内涵作了全面阐述。

科学发展观是中国共产党坚持以人民为本，基于改革开放的发展实践，借鉴国外发展经验，顺应人类发展趋势而提出的新发展观。科学发展观既是新发展价值观，也是新发展伦理观。就发展伦理观而言，科学发展观着重回答了"发展为了谁""发展为了什么""什么样的发展才是'好发展'""如何实现这样的'好发展'"的发展价值问题。

首先，科学发展观回答了"发展为了谁""发展为了什么"的发展价值问题。坚持人民群众是历史创造者唯物史观的基本原理，科学发展观强调，科学发展观彰显发展的人民性，注重人民的主体地位，突出人民的需要，关注人民的尊严。强调发展要坚持以人为本，坚持

[①] 《中共中央关于完善社会主义市场经济体制若干问题的决定》，《人民日报》2003年10月22日。
[②] 胡锦涛：《在中央人口资源环境工作座谈会上的讲话》，《人民日报》2004年3月11日。

以人民为本，强调发展为了人民，为了人民的福祉，为了人民的美好生活，为了人民的幸福生活。主张发展依靠人民，人民是发展的主体力量，是发展的依靠力量；强调发展成果由人民共享，发展是为了满足人民群众基本需要的发展，而不是满足少数人贪欲的发展。强调发展不是少数人的特权，发展是人民共同富裕的发展。

其次，科学发展观回答了什么样的发展才是"好发展"的发展价值问题。科学发展观在明确以人为本而非以物为本的发展才是"好发展"的同时，强调我们要树立全面、协调、可持续的发展观，促进经济社会和人的全面发展。也就是说，全面、协调、可持续的发展才是"好发展"。一是全面发展才是"好发展"。这种全面发展，既是人的全面发展，也是经济、政治、社会、文化、生态的全面发展。全面发展的过程，是经济发展伴随着就业机会增加的过程，伴随着贫困问题解决的过程，伴随着社会发展、人的发展的过程，伴随绿色发展的过程。二是协调发展才是"好发展"。协调发展是区域协调发展的过程，是城乡协调发展的过程，是经济与社会协调发展的过程，是物质文明与精神文明协调发展的过程。三是可持续发展才是"好发展"。可持续发展既是人的可持续发展，也是社会的可持续发展，还是自然的可持续发展。可持续发展蕴含着实现人与自然和谐相处的价值追求，可持续发展要求我们善待自然，不以自然的破坏为代价获得眼前的发展，不以损害未来子孙后代的发展利益谋求当代人的发展。

再次，科学发展观还回答了如何实现这样的"好发展"的问题。科学发展观强调，我们要通过五个统筹来实现这样的"好发展"。一是统筹城乡发展，让城乡差别逐步缩小，城乡共同发展，城乡融合发展，城乡共享发展成果。二是统筹区域发展，让东部、中部、西部地区协调发展，让东部、中部、西部逐步实现共同富裕。三是统筹经济社会发展，让经济发展伴随社会进步，让经济发展伴随民生不断改善，让做大蛋糕伴随人民获得感不断增强。四是统筹人与自然和谐发展，让人与自然和谐共处共生，让人民生活在生产发展、生态良好、生活富裕的美好家园中。五是统筹国内发展与国外发展，不断扩大对外开放，不断开拓人类文明发展的新形态。

科学发展观高度重视文化的发展价值。随着科学发展观的提出，中国共产党越来越认识到，"发展"既是经济发展，更是人文发展，更是一种"合道德"的发展。可以说，科学发展观的践行，实质上是一场发展的价值观革命。在这场发展的价值观革命中，贯穿着"人与自然的和谐共处""人与人的和谐共生""人自身和谐发展"这三大发展价值追求。正是在这场发展的价值观革命中，文化的发展价值得到不断地确证。也因此，党的十七大指出，我们要不断增强国家文化软实力，"更加自觉、更加主动地推动文化大发展大繁荣。"①党的十七届六中全会强调，当今世界正处在大发展、大变革、大调整的历史时期，"文化在综合国力竞争中的地位和作用更加凸显"，"文化越来越成为民族凝聚力和创造力的重要源泉，越来越成为综合国力竞争的重要因素，越来越成为经济社会发展的重要支撑"。②

（二）新发展理念的发展价值追求

党的十八大以来，当代中国文化的发展价值不断得以彰显和确证。党的十八届五中全会提出并阐释了创新、协调、绿色、开放、共

---

① 胡锦涛：《在中国共产党第十七次全国代表大会上的报告》，《人民日报》2007年10月25日第1版。
② 《中国共产党第十七届中央委员会第六次全体会议公报》，人民出版社2011年版，第5页。

享的发展理念。①党的十九大指出要坚持新发展理念,必须坚定不移贯彻创新、协调、绿色、开放、共享的发展理念。②

新发展理念是对科学发展观的丰富和发展,是 21 世纪中国化马克思主义发展伦理的最新成果。新发展理念既反映了对人类发展规律的新认识和新把握,也反映了对人类发展价值的新认识和新把握,进一步回答了"发展为了谁""发展为了什么""什么样的发展才是'好发展'""如何实现这样的'好发展'"等发展价值问题。

首先,新发展理念进一步回答了"发展为了谁""发展为了什么"这样的发展价值问题。发展不是少数人的特权,不发展也不是多数人的命运,发展是"每个人"的发展,发展是"一切人"的发展。对此,新发展理念强调,我们追求的发展是"以人民为中心的发展",强调发展主体是人民,发展要依靠人民,让人民共享发展成果;新发展理念强调创新发展是为人民,是为了每个人民群众都获得更多的福祉和更美好生活的创新发展;协调发展也是为了人民。协调发展包括推动区域协调发展、城乡协调发展、物质文明和精神文明协调发展等,通过协调发展使社会发展均衡、健康、可持续,使整个中华民族获得整体性发展,进而促进人民的福祉;绿色发展也是为了人民,为了让人民都拥有良好的生态环境,让人民诗意般地在地球栖居,构建人与自然生命共同体;开放发展也是为了人民,通过开放发展提高发展质量,进而更好地造福人民;共享发展是人民的共享发展,是人人参与发展,人人共享发展利益,人人享有发展成果的发展,是让发展

---

① 中共中央党史和文献研究院编:《十八大以来重要文献选编》(中),中央文献出版社 2018 年版,第 776 页。
② 习近平:《决胜全面建成小康社会 夺取新时代中国特色社会主义伟大胜利》,《人民日报》2017 年 10 月 28 日。

成果惠及每一个人的发展。

其次,新发展理念进一步回答了"什么样的发展才是'好发展'"这样的发展价值问题。一是创新发展才是"好发展"。新发展理念从"第一动力""核心位置"的高度,强调创新是引领发展的首要动力,要让创新成为一种文化、一种自觉行动。二是协调发展才是"好发展"。新发展理念从"持续健康发展"的高度,从发展的"总体布局"的高度看待协调发展,强调协调发展是持续健康发展的内在要求。三是绿色发展才是"好发展"。新发展理念从"永续发展""人民对美好生活追求""美丽中国""全球生态安全"等高度来认识绿色发展的价值。四是开放发展才是"好的发展"。新发展理念从"关键一招""人类命运共同体"的高度认识开放发展的价值。五是共享发展才是"好发展"。新发展理念从"中国特色社会主义的本质""共同富裕"的高度,来把握共享发展的价值,强调让中国人民共享经济社会发展成果,同时让世界人民共享中国快速发展的机会,共享世界人民共同创造的人类文明成果,共同创造人类新文明,共同推动人类文明新飞跃。中国提出建设"一带一路"即丝绸之路经济带和21世纪海上丝绸之路倡议,也是要致力于让更多国家共享中国的发展机遇和发展成果。

再次,新发展理念进一步回答了如何实现这样的"好发展"问题。其中一个关键抉择是:创新发展。马克思恩格斯在《共产党宣言》中曾指出:"资产阶级除非对生产工具,从而对生产关系,从而对全部社会关系不断进行革命,否则就不能生存下去。"[1] 换言之,资本主义除非创新发展,否则无法继续生存发展下去。但是,资本主义

---

[1] 《马克思恩格斯文集》第 2 卷,人民出版社 2009 年版,第 34 页。

现代化发展存在这样的"创新发展悖论":不进行创新发展,就无法生存下去,甚至会马上灭亡;推动创新发展,最终还是会导致自我毁灭。而社会主义现代化由于科学地回答了"创新发展为了谁""创新发展为了什么""什么样的创新发展是好的发展""由谁共享创新发展成果"等发展价值问题,创新发展就成为实现"好发展"的第一动力、首要选择。新发展理念主张,在21世纪的中国,要继续推进协调发展、绿色发展、开放发展、共享发展,必须依靠创新发展,要实现中华民族伟大复兴的中国梦,必须依靠创新发展。

此外,新发展理念突出问题导向,突出解决发展不平衡不充分问题,着重解决发展质量不高问题,着力解决创新能力不强问题,着力解决生态环境保护、绿色发展问题,着力解决民生短板问题,着力解决人类文明新形态问题,等等。贯彻落实新发展理念的过程,就是当代中国文化的发展价值进一步得到确证的过程。在这一确证过程中,人们越来越意识到,中国道路是社会主义核心价值观引领之路,中国梦是"有灵魂的发展"之梦、"有文化的发展"之梦。换言之,"中国梦"归根到底是人民的梦,其中必然包含了文化强国之梦、价值强国之梦,增强当代中国文化的发展价值自觉之梦,增强当代中国文化的发展价值自信之梦;"中国梦"是实现自由平等之梦,实现公平正义之梦,追求民主法治、清正廉洁之梦;"中国梦"是实现山清水秀、天蓝地净之梦,追求诚信友善、文明和谐之梦;"中国梦"是是实现国家富强、民族振兴、人民幸福之梦,实现世界和平、天下大同之梦。

(三)以人民为中心的整体发展的价值追求

无论是科学发展观还是新发展理念,都体现了以人民为中心的整体发展的价值追求。如果说 1983 年佩鲁提出了发展是"以人为中心""整体的""综合的""内生的"发展的新发展观,在 20 世纪人类谋求现代化发展进程中,开启了一场以人为中心的发展价值观革命的话,那么中国共产党人提出的科学发展观、新发展理念,则在 21 世纪人类谋求更好更快的现代化发展进程中,开启了一场以人民为中心的整体发展的价值观革命。

首先,是以人民为中心的基于全面发展的整体发展。一是以人的全面发展为目的的经济、政治、文化、社会、生态的全面整体发展,是人的发展、社会的发展、生态的发展有机整体的发展。二是以人的协调发展为目的的包括区域协调发展、城乡协调、经济与社会协调发展、物质文明与精神文明协调发展在内的整体发展。三是以人的可持续发展为目的的包括社会可持续发展、自然可持续发展等在内的整体发展。四是以人的全面发展为目的的包括五大统筹在内的整体发展。也就是统筹城乡发展、统筹区域发展、统筹经济社会发展、统筹人与自然和谐发展、统筹国内发展与国外发展的整体发展。五是以人民为中心的包括创新、协调、绿色、开放、共享发展在内的整体发展,新发展理念既是一个系统的理论体系,也是一个追求整体发展的发展价值观变革。

其次,是以人民为中心的基于创新发展的整体性发展。创新发展是一种渗透性的发展,渗透在协调发展过程中,渗透在开放发展过程中,渗透在绿色发展过程中。没有创新发展,就没有协调发展,就没有开放发展,就没有绿色发展,更没有共享发展。创新发展是所有发展的关键,是发展的首要动力;协调发展是原则,协调发展形成发展合力;绿色发展是根本,绿色发展是发展生命力;开放发展是战略,开放发展释放发展活力;共享发展是本质,共享发展彰显发展价值引领力。或者说,"创新发展注重的是解决发展动力问题,协调发展注重的是解决发展不平衡问题,绿色发展注重的是解决人与自然和谐问题,开放发展注重的是解决发展内外联动问题,共享发展注重的是解决社会公平正义问题"[1],创新、协调、绿色、开放、共享形成一个有机的整体发展价值追求。

最后,是以人民为中心的基于绿色发展的整体发展。在追求绿色发展过程中,习近平总书记提出了"人与自然是命运共同体"[2]的发展理念,进一步丰富和发展了马克思恩格斯提出的基于生态智慧的整体发展理念。如何解决生态保护与经济发展的价值冲突?如何在促进公平正义的发展、获得人的自由全面发展的过程中,做到尊重大自然、敬畏大自然、保护大自然?我们的回答是:基于生态智慧的整体发展。在追求这样的整体发展中,我们着力推进人与自然和谐共生,着力增强发展的整体性协调性,站在人与自然和谐共生的高度谋划经济社会整体发展,努力建设人与自然和谐共生的现代化。

总之,科学发展观作为一种新发展伦理观,是开启21世纪中国发展难题破解新征程的马克思主义发展伦理,着重回答了"发展为了谁""发展为了什么""什么样的发展才是'好发展'""如何实现这样的'好发展'"的发展伦理问题;新发展理念既反映了中国共产党对人类发展规律的新认识和新把握,反映了中国共产党对人类发展价值的新认识和新把握,又进一步回答了"发展为了谁""发展为了什么""什么样的发展才是'好发展'""如何实现这样的'好发展'"等发展价值问题。正如有学者指出,"面对日益复杂的世界发展格局,

---

[1] 《习近平谈治国理政》第四卷,外文出版社2022年版,第169页。
[2] 习近平:《决胜全面建成小康社会 夺取新时代中国特色社会主义伟大胜利》,《人民日报》2017年10月28日。

面对中国发展的巨大成就,面对中国发展模式、道路和问题的特殊性,尤其需要从理论上对'什么是好的发展、如何实现好的发展'进行深刻的历史与伦理反思"①。而中国化的马克思主义发展伦理就是这样的发展伦理。

综上,从马克思主义发展伦理视角探究文化的发展价值,可以让我们更好地透视当代中国文化在破解人类发展难题、引领人类未来发展中的独特价值。在马克思恩格斯看来,"异化"发展、"非生存性发展"、"无尊严发展"、"伪自由发展"不是"好发展",而人的自由全面发展、实现利益融合的发展、实现公平正义的发展、基于生态智慧的整体发展才是"好发展"。在21世纪,以人为本的发展、人民为中心的发展、全面协调可持续的发展才是"好发展",创新发展、绿色发展、开放发展、共享发展才是"好发展","有文化的发展""有灵魂的发展""有尊严的发展"才是"好发展"。而当代中国文化就是要成全这样的"好发展",在成全这样的"好发展"过程中,不断实现当代中国文化的发展价值。

---

① 陈忠:《发展伦理研究》,北京师范大学出版社2013年版,第4页。

第五章　当代中国文化的发展价值：理论自觉过程

中国特色社会主义现代化不断推进的过程，是当代中国文化的发展价值之理论自觉的过程。这是一个以马克思主义理论为指导，不断深化对文化的发展价值认识和把握的过程，是不断增强当代中国文化的发展价值自觉和发展价值自信的过程。

一、为了"自由发展"的文化："文化上的每一个进步，都是迈向自由的一步"

把握当代中国文化的发展价值，离不开马克思。正如德里达指出："不能没有马克思，没有马克思，没有对马克思的记忆，没有马克思的遗产，也就没有将来。"[①] 中国共产党在对当代中国文化的发展价值之体认和确证过程中，一直没有离开马克思。

马克思恩格斯突出问题导向，致力于时代课题的回答，致力于对资本主义的批判，致力于政治经济学批判。马克思恩格斯重点强调生产力、生产关系，强调经济基础的作用，但这不等于马克思恩格斯

[①] 〔法〕雅克·德里达：《马克思的幽灵》，何一译，中国人民大学出版社1999年版，第21页。

不重视文化的发展价值，不重视文化的重要作用。在马克思主义经典作家那里，用来理解和解释社会发展以及社会历史的核心概念是生产力、生产关系、经济基础、上层建筑等，同时，马克思恩格斯强调，正是文化与经济、政治、社会等要素之间的交互作用，共同推动了人类社会的发展。我们可以从马克思恩格斯的论著中，总结概括其独具特色的文化观，特别是关于文化与发展之间关系的理论。在马克思看来，文化的发展价值主要体现在：文化是人类迈向自由的力量，文化在发展过程中能够演奏"第一小提琴"，文化是发展合力中的重要力量等。

（一）实现"有文化的发展"：马克思主义的永恒主题

西方学者认为，马克思主义经典作家更加重视"经济分析"和"阶级分析"，更加关注历史规律描述，比较疏于"文化分析"和"文化研究"，并认为马克思给后人留下了深刻无比的"资本论"，但没有留下可为后人所用的"文化论"。他们认为，马克思提出了一种"解释的方法"，但没有给我们留下一把可以自动打开"文化之门"的"万能钥匙"。我们认为，对马克思主义进行"经济主义"的图解，是片面的、机械的。在文化与发展的关系问题上，马克思恩格斯有何建树？真相又是什么？在这个问题上，我们必须回到马克思的文本中寻找答案，通过"走进马克思""回到马克思"，寻找马克思的"文化论""文化的发展价值论"。

在社会发展中的"决定因素"问题上，恩格斯曾经明确指出："根据唯物史观，历史过程中的决定因素归根到底是现实生活的生产和再生产。无论马克思或我都从来没有肯定过比这更多的东西。如果有人在这里加以歪曲，说经济是唯一决定性的因素，那么他就是把这个命题变成毫无内容的、抽象的、荒诞无稽的空话。"① 如何理解恩格斯这个著名论断呢？我们认为，这里有几个关键词需要好好把握："经济因素""决定因素""归根到底""唯一决定性的因素"等。在社会发展过程中，决定因素是什么？经济因素是唯一的决定性的因素吗？恩格斯明确告诉我们，在社会发展过程中，经济因素不是"唯一的"决定性因素；现实生活的生产和再生产是从"归根到底"的层面上作为决定因素的。既然经济因素不是"唯一的"决定性因素，那么，还有哪些因素可能是"决定性因素"呢？在马克思恩格斯看来，人类发展不是经济在唱独角戏，而是政治、经济、文化的大合唱。人们的价值观念、思想观念不是消极无为的，而是直接参与到人类发展中去，并发挥着越来越重要的作用。在文化与发展的关系问题上，一方面，从归根到底的层面，承认物质生产制约着、决定着人们的价值观念、思想观念；另一方面，既然经济因素不是"唯一的"决定性因素，在其他的决定性因素中，文化越来越会成为发展的一种不可忽视的、不是"从归根到底"的层面讲的"决定性因素"。

马克思恩格斯从文化与发展的关系层面强调"文化的发展价值论"。这是一种追求"有灵魂的发展"的"文化的发展价值论"，是对破解当今人类遭遇的发展难题具有指导作用的"文化论""文化的发展价值论"。马克思恩格斯一直强调发展过程中的价值的力量、观念的力量、思想的力量，强调文化在发展中的能动作用。可以说，追寻"有文化的发展"是马克思主义的永恒主题。

---

① 《马克思恩格斯文集》第 10 卷，人民出版社 2009 年版，第 591 页。

（二）文化：迈向自由发展的力量

文化与发展是什么关系？文化有什么样的发展价值？恩格斯在《反杜林论》中是这样回答的："文化上的每一个进步，都是迈向自由的一步。"[①] 文化关乎人的自由，文化关乎人的解放，文化是人类自由解放的必要之路。也就是说，文化的进步过程，就是自由发展过程。换言之，"有文化的发展"才是"有自由的发展"，"文化进步"成就"自由发展"。文化越进步，就越接近人的自由发展这一人类发展的最高价值目标。文化的发展价值，其核心是成全人的自由全面发展。

首先，文化是化人的，文化促进人的自由发展。依据人的自由发展程度的不同，马克思把社会形态分为三个不同的阶段。[②] 第一个阶段是"人的依赖关系"占主导地位的阶段。也就是人对人的依赖、人对物的依赖占主导地位的阶段，是前资本主义发展阶段。这个阶段是人没有获得自由的发展阶段，是人处于"双重依赖"的发展阶段，是生产力发展水平有限的阶段，也是文化进步有限的阶段。第二个阶段是"人的独立性"获得发展的阶段。这是以物的依赖性为基础的人的独立性阶段，是摆脱了人对人的依赖，但没有摆脱人对物的依赖的阶段。这是生产力获得巨大发展的阶段，是文化获得较大进步的阶段。但也是发展出现"物化""异化"的阶段，是文化的发展价值无法充分彰显的阶段，是资本主义发展阶段。第三个阶段是"自由个性"充分发展的阶段。在这个阶段，"共同的、社会的生产能力成为从属于他们的社会财富"[③]。由于共同拥有社会财富，人们摆脱了物的依赖，也摆脱了人的依赖。这是共产主义发展阶段，是"自由人联合

[①] 《马克思恩格斯文集》第9卷，人民出版社2009年版，第120页。
[②] 《马克思恩格斯文集》第8卷，人民出版社2009年版，第52页。
[③] 《马克思恩格斯文集》第8卷，人民出版社2009年版，第52页。

体"阶段。这个阶段是社会生产力获得充分发展的阶段，是人的个性发展、自由发展、全面发展的阶段，是文化充分彰显其发展价值，文化成全人的自由发展、成全人的全面发展的阶段，是文化满足人民全维度美好生活的需要，进而实现了每个人自由个性充分发展的阶段。正如恩格斯指出，劳动群众的"新的需求"，只有通过提高文化修养，通过发展智力和情趣才能得到满足。而劳动群众有了"高度文化修养"就会自然而然地摆脱"无产者状态"[①]，摆脱了"无产者状态"的状态，就是"自由个性"发展的状态，就是实现人的自由、人的解放的发展状态。

其次，自由个性充分发展是文化与发展高度融合的结果。自由个性使人的主体性得到前所未有的发展，使全面发展、创新发展、和谐发展、协调发展成为可能。马克思所指出，"个人的全面性"是他的"现实关系和观念关系的全面性"，是"生产力的充分发展成为生产条件"[②]下实现的全面性。文化与发展高度融合，使生产力获得"极大发展"，所有的人都"在艺术、科学等等方面得到发展"[③]，文化也获得了高度发展。经济高度发展使物质资料的匮乏和狭隘的劳动分工被消除了，文化高度发展使每个人都能开展体现人的本质力量的"自由""自觉""自主"的实践活动，每个人都可以自由支配自己的时间，每个人都可以在自己的劳动中充分确证自己、实现自己人的文化特性和才能，人人都共享人类物质和精神文化的丰富成果，进而实现了自由全面发展。

最后，自由个性发展是通过文化而不断占有人的本质的发展。

---

① 《马克思恩格斯全集》第45卷，人民出版社1985年版，第160页。
② 《马克思恩格斯文集》第8卷，人民出版社2009年版，第172页。
③ 《马克思恩格斯文集》第8卷，人民出版社2009年版，第197页。

文化通过成全人不断占有自己的本质而实现自由全面发展的目的。文化如何成全人的自由全面发展？通过批判唯心主义文化史观，马克思确立了历史唯物主义的文化观，对文化的本质即人的本质力量对象化形式进行了科学深刻阐述。人的自由全面发展过程，就是人的本质的真正占有的过程。在《1844年经济学哲学手稿》中，马克思提出了关于人道主义、共产主义的思想，指出共产主义就是人向自身、向社会的即合乎人性的人的复归，实现"对人的本质的真正占有"①。而人的本质在其现实性上是一切社会关系的总和。如何使人不断占有自己的本质？马克思指出，要让人具有尽可能丰富的社会的人的一切属性，使之成为"具有尽可能广泛需要的人"②。

（三）文化：发展中的"第一小提琴"

在马克思恩格斯看来，在社会发展过程中，文化非"最终动因的动力"，文化非"最后动力的动力"，但却是起到持久、深远作用的动力。在强调"经济关系""经济利益"是"构成历史的真正的最后动力的动力"③的同时，马克思恩格斯充分肯定文化的动力作用，充分肯定文化是发展的内生力量。

马克思恩格斯既不是"经济决定论者"，也不是"文化决定论者"。若把唯物史观称为"经济决定论"，这是一种我们必须坚决回击的简单化、庸俗化马克思主义的思潮。凡是机械地、教条地理解和运用马克思主义的现象，凡是各种歪曲历史唯物主义的现象，我们都要高度警惕。直到今天，在论述文化的重要价值、文化的发展价值

---

① 《马克思恩格斯文集》第1卷，人民出版社2009年版，第185页。
② 《马克思恩格斯文集》第8卷，人民出版社2009年版，第90页。
③ 《马克思恩格斯文集》第4卷，人民出版社2009年版，第304页。

时，西方一些学者也不忘先批判一番所谓"经济决定论"。实际上，在马克思恩格斯那里，经济发展与文化发展是一种动态的辩证关系，他们在充分肯定生产力的决定作用的同时，也充分肯定文化的相对独立性，肯定文化的能动作用、反作用。换言之，充分肯定代表先进生产力发展要求、代表社会进步的文化的发展价值。

马克思恩格斯指出，文化能够起到"第一小提琴"的作用，归根到底是说，文化不是发展的决定性力量。文化受到"物质生产力"制约，受到"物质生活的生产方式"制约，受到"社会存在"制约，"物质生活的生产方式制约着整个社会生活、政治生活和精神生活的过程"[1]，这种制约关系是不以人的意志为转移的。但是，文化的这种"被制约""被决定"关系，是从"归根到底""最终意义"上理解的，它们之间的关系不是简单的决定与被决定的关系，文化具有能动作用、反作用，在一定条件下，可以而且能够演奏"第一小提琴"，或者说，"经济上落后的国家在哲学上仍然能够演奏第一小提琴"[2]。

在给博尔吉乌斯的信中，恩格斯指出："并非只有经济状况才是原因，才是积极的，其余一切都不过是消极的结果。"[3] 在给施密特的信中，恩格斯又阐述了思想领域在物质生存方式的基础上，也会以第二作用的形式反过来作用于物质生存方式。在马克思恩格斯看来，文化发展与经济发展是相互作用的，文化发展由经济发展决定，一定的文化反映一定的社会经济状况。文化发展水平与经济发展水平并不一定同步，文化对发展有反作用，有引领作用。这种引领作用可能是在经济发展欠发达时所孕育的。在《资本论》中，马克思还论述了新教

---

[1] 《马克思恩格斯文集》第2卷，人民出版社2009年版，第597页。
[2] 《马克思恩格斯文集》第10卷，人民出版社2009年版，第592页。
[3] 《马克思恩格斯文集》第10卷，人民出版社2009年版，第592—593页。

在资本主义产生、发展中的重要作用。

当然,文化的发展价值实现需要具备"物质条件"。文化具有发展价值,但是其发展价值的实现,是受到物质条件制约的。也就是说,文化的发展价值实现,"最终""归根到底"受到"物质生活的生产方式"的制约,受"生产力发展水平"的制约。换言之,要真正实现文化引领发展的任务,"只有在解决它的物质条件已经存在或者至少是在生成过程中的时候"①才有可能。21世纪的今天,我们需要创造新"物质存在条件",需要大力发展生产力,为实现当代中国文化的发展价值提供坚实的物质基础。

(四)文化:发展"合力"中的重要力量

恩格斯曾提出过一个著名的历史发展"合力论"。在致布洛赫的信中,恩格斯指出,"最终的结果总是从许多单个的意志的相互冲突中产生出来的,而其中每一个意志,又是由于许多特殊的生活条件,才成为它所成为的那样。这样就有无数互相交错的力量,有无数个力的平行四边形,由此就产生出一个合力,即历史结果,而这个结果又可以看作一个作为整体的、不自觉地和不自主地起作用的力量的产物"②。在整体"合力"的形成过程中,"任何一个人的愿望都会受到任何另一个人的妨碍,而最后出现的结果就是谁都没有希望过的事物"③。但每个人的愿望、每个人的意志都不会完全落空,因为每个人的愿望和意志都"融合为一个总的平均数,一个总的合力,然而从这一事实中决不应做出结论说,这些意志等于零。相反,每个意志都

---

① 《马克思恩格斯文集》第2卷,人民出版社2009年版,第592页。
② 《马克思恩格斯文集》第10卷,人民出版社2009年版,第592页。
③ 《马克思恩格斯文集》第10卷,人民出版社2009年版,第592—593页。

对合力有所贡献,因而是包括在这个合力里面的"①。换言之,在总的合力形成过程中,体现每个人愿望的"文化",体现每个意志的"文化"是一个重要的力量。或者说,文化是发展"总的合力"中的重要力量。

恩格斯强调,不能因为他和马克思根据唯物史观更多地肯定了"历史过程中的决定因素归根到底是现实生活的生产和再生产",就对此"加以歪曲,说经济因素是唯一决定性的因素"②。实际上历史发展是"一切因素间的相互作用"的结果,"而在这种相互作用中归根到底是经济运动作为必然的东西通过无穷无尽的偶然事件向前发展"③。也就是说,经济的前提和条件归根到底是决定性的,但经济因素并不是发展的唯一决定性因素,文化是历史发展"总的合力"中的重要力量,有时还可能是发展的决定性因素,虽然不是归根到底的那个原因。

总之,在马克思恩格斯看来,文化在人类发展中具有重要作用,具有重要的发展价值。这些重要作用和重要的发展价值,表现为文化成全人的自由解放,文化成全人的自由全面发展,文化促进人类发展,文化促进文明进步。马克思主义经典作家关于文化与发展关系的科学阐述,既是中国共产党确认当代中国文化的发展价值的理论指导,也是探究当代中国文化的发展价值及其实现路径的理论依据。正是在马克思恩格斯所开创的科学理论指引下,中国共产党不断深化对文化的发展价值的认识,不断增强对当代中国文化的发展价值的理论自觉。

---

① 《马克思恩格斯文集》第 10 卷,人民出版社 2009 年版,第 593 页。
② 《马克思恩格斯文集》第 10 卷,人民出版社 2009 年版,第 591 页。
③ 《马克思恩格斯文集》第 10 卷,人民出版社 2009 年版,第 591—592 页。

二、为了"站起来"的新文化：建设新中国需要"新文化"

中国共产党领导中国人民"站起来"的过程中，以毛泽东为代表的共产党人对文化的地位、作用和价值的认识也不断地深化。

文化"有地位"才有可能发挥其价值，文化"有作用"才有可能彰显其价值。也因此，毛泽东更多地是从文化的地位、作用去认识和把握文化的发展价值。毛泽东对文化的地位、作用有不少精辟的论述，概括起来，主要有"新文化论""反映论""有力武器论""思想准备论""重要战线论""指挥员论""文武两支军队论""指导论"，等等。毛泽东对文化的地位、作用的论述，蕴含着深刻的关于文化的发展价值的理解和把握。

（一）建设有"新文化"的新中国

首先，毛泽东高度重视建设有"新文化"的新中国。在《新民主主义论》中，毛泽东提出，"我们要建立一个新中国"，"在这个新社会和新国家中，不但有新政治、新经济，而且有新文化"。① 《新民主主义论》原题为《新民主主义的政治与新民主主义的文化》，最初在 1940 年 2 月 15 日延安出版的《中国文化》创刊号上发表，后面改为《新民主主义论》。毛泽东对《中国文化》创刊十分重视，除亲自撰稿外，还挥毫为杂志写了报头，可见毛泽东对新中国新文化建设的高度重视。

其次，毛泽东高度重视建设被新文化引领因而文明先进的新中国。我们要建设的新中国，不但是"政治上自由"的新国家，"经济

---

① 《毛泽东选集》第 2 卷，人民出版社 1991 年版，第 663 页。

上繁荣"的新国家,还是"被新文化统治"因而"文明先进"的新国家。毛泽东指出:"我们不但要把一个政治上受压迫、经济上受剥削的中国,变成一个政治上自由和经济上繁荣的中国,而且要把一个被旧文化统治而愚昧落后的中国,变成一个被新文化统治因而文明先进的中国。一句话,我们要建立一个新中国。建立中华民族的新文化,这就是我们在文化领域中的目的。"[①]

最后,毛泽东高度重视建设无产阶级领导的新文化。毛泽东指出,"我们要建立的这种中华民族的新文化"是"不能离开中华民族的新政治和新经济"的"新文化","中华民族的新政治和新经济,乃是中华民族的新文化的根据"。[②]"中华民族的新文化"既不是封建文化,也不是殖民地、半殖民地、半封建的文化,而是新民主主义的文化。"这种文化,只能由无产阶级的文化思想即共产主义思想去领导,任何别的阶级的文化思想都是不能领导了的。所谓新民主主义的文化,一句话,就是无产阶级领导的人民大众的反帝反封建的文化"[③],我们要建设的新文化是"民族的科学的大众的文化"[④]。"民族的文化"就是反对帝国主义压迫,主张中华民族的尊严和独立的新文化;"科学的文化"就是反对一切封建思想和迷信思想,主张实事求是,主张客观真理,主张理论与实践一致的新文化;"大众的文化"就是"为全民族中百分之九十以上的工农劳苦民众服务,并逐渐成为他们的文化"[⑤]的新文化。

---

① 《毛泽东选集》第 2 卷,人民出版社 1991 年版,第 663 页。
② 《毛泽东选集》第 2 卷,人民出版社 1991 年版,第 664 页。
③ 《毛泽东选集》第 2 卷,人民出版社 1991 年版,第 698 页。
④ 《毛泽东选集》第 2 卷,人民出版社 1991 年版,第 706 页。
⑤ 《毛泽东选集》第 2 卷,人民出版社 1991 年版,第 708 页。

（二）具有"伟大影响和作用"的新文化

文化与政治、经济是一种什么关系呢？毛泽东指出："一定的文化（当作观念形态的文化）是一定社会的政治和经济的反映，又给予伟大影响和作用于一定社会的政治和经济。"[①] 这是我们对于文化与政治、经济关系的基本观点。毛泽东强调，"我们讨论中国文化问题，不能忘记这个基本观点"[②]。也就是说，"新的文化"在观念形态上反映"新政治"和"新经济"，是替"新政治""新经济"服务的"新文化"，是对"新政治"和"新经济"具有"伟大影响和作用"的"新文化"。

首先，具有"伟大影响和作用"的文化，是我们进行伟大斗争的重要战线。毛泽东指出，中国共产党在为中国人民解放的斗争中，有军事战线，还有"文化战线"，也就是说有"文武两个战线"。要战胜敌人，需要两支军队：一支是拿枪的军队，一支是有文化的军队。我们要团结自己，我们要战胜敌人，"有文化的军队"是"必不可少的"[③]，"没有文化的军队是愚蠢的军队，而愚蠢的军队是不能战胜敌人的"[④]。总之，革命文化是必要和重要的"战线"。

其次，具有"伟大影响和作用"的文化，是我们进行伟大斗争的"有力武器"。毛泽东指出，革命文化是革命的"思想准备"，是我们开展革命斗争的有力武器，"没有革命的理论，就不会有革命的运动"[⑤]。无产阶级革命的实践证明，只要以科学的革命理论为武器武装群众，革命理论就会变成巨大的物质力量，推动革命运动取得胜利。

---

① 《毛泽东选集》第 2 卷，人民出版社 1991 年版，第 663—664 页。
② 《毛泽东选集》第 2 卷，人民出版社 1991 年版，第 663—664 页。
③ 《毛泽东选集》第 3 卷，人民出版社 1991 年版，第 847 页。
④ 《毛泽东选集》第 3 卷，人民出版社 1991 年版，第 1011 页。
⑤ 《毛泽东选集》第 2 卷，人民出版社 1991 年版，第 708 页。

最后，具有"伟大影响和作用"的文化，对任何社会都不可缺少。毛泽东指出，文化对任何社会都是不可少的，没有文化，任何社会都建设不起来。[①] 社会是有文化的社会，发展也是有文化的发展。没有文化，新民主主义社会建设不起来，社会主义社会也建设不起来，将来共产主义社会，没有文化，更建立不起来。

正因为文化具有"伟大影响和作用"，发展生产和发展文化就成为建设新中国的"主要任务"。毛泽东指出，中国民主联合政府一经成立，它的工作重点将是"尽一切可能用极大力量从事人民经济事业的恢复和发展，同时恢复和发展人民的文化教育事业"[②]。由于我国经济落后、文化落后，革命取得胜利之后，"发展生产"和"发展文化教育"就成为我们的主要任务。可以说，这是改革开放以后物质文明和精神文明"两手抓""两手都要硬"战略方针的思想源泉。正因为文化具有"伟大影响和作用"，文化现代化就成为国家现代化的重要内容。毛泽东指出："我们就要安下心来，建设我们国家现代化的工业、现代化的农业、现代化的科学文化和现代化的国防。"[③] 在这里，与现代化的工业、农业、国防并列，现代化的科学文化成为"四个现代化"的重要内容之一。

当然，要发挥文化的"伟大影响和作用"，实现文化的发展价值，是需要有前提条件的。以马克思列宁主义发挥作用为例，毛泽东指出："马克思列宁主义来到中国之所以发生这样大的作用，是因为中国的社会条件有了这种需要，是因为同中国人民革命的实践发生了联系，是因为被中国人民所掌握了。任何思想，如果不和客观的实际

---

① 《毛泽东文集》第3卷，人民出版社1996年版，第109—110页。
② 《毛泽东选集》第4卷，人民出版社1991年版，第1466页。
③ 《毛泽东文集》第8卷，人民出版社1999年版，第162页。

的事物相联系,如果没有客观存在的需要,如果不为人民群众所掌握,即使是最好的东西,即使是马克思列宁主义,也是不起作用的。我们是反对历史唯心论的历史唯物论者。"① 在这里,毛泽东强调,马克思列宁主义作为新中国新文化的指导思想,要发挥作用、实现价值,首先,必须是中国革命、中国建设所需要;其次,必须与中国革命、中国建设相联系;最后,必须被中国人民所掌握。只有这样,才能发挥其"伟大影响和作用",最终实现其发展价值。

(三)"为人民服务"的新文化

我们的文化,是人民的文化,是为了人民的文化,是密切联系群众的文化,是为人民服务的新文化。

一方面,"为人民服务"的新文化,是满足人民需要的文化。以改造群众思想的文化教育工作为例,毛泽东指出,一要从群众的需要出发,二要从群众的自愿自觉出发。从群众的实际需要出发,经过我们的工作,让群众的多数"有了觉悟""有了决心",自愿实行改革,才去"实行这种改革",否则就是"脱离群众",就是犯盲动主义,就会欲速不达。要"让群众自己下决心,而不是由我们代替群众下决心"②。

另一方面,"为人民服务"的新文化,是由人民共同享有的文化。毛泽东指出,新文化是"为一般平民所共有的"文化,是民族的、科学的、大众的文化,绝不应该是"少数人所得而私"③的文化,"民族压迫和封建压迫所给予中国人民的灾难中,包括着民族文化的

---

① 《毛泽东选集》第 4 卷,人民出版社 1991 年版,第 1515 页。
② 《毛泽东选集》第 3 卷,人民出版社 1991 年版,第 1012—1013 页。
③ 《毛泽东选集》第 3 卷,人民出版社 1991 年版,第 1058 页。

灾难"①,"中国应当建立自己的民族的、科学的、人民大众的新文化和新教育"②。

(四) 以马列主义为理论基础的文化自信

早在新中国成立前夕的 1949 年 9 月 16 日,在《唯心历史观的破产》中,毛泽东曾自信地指出,"我们相信革命能改变一切,一个人口众多、物产丰盛、生活优裕、文化昌盛的新中国,不要很久就可以到来。一切悲观论调是完全没有根据的"③。相信文化昌盛的新中国不久就可以到来,这是毛泽东的"文化自信论"。

首先,毛泽东对"文化昌盛"的自信是建立在人民是历史创造者这一历史唯物主义基本原理之上的。历史已经反复证明,人民群众是历史发展和社会进步的主体力量。人民是历史创造者,人民是历史的主人。人民群众既是社会物质财富的创造者,也是社会精神财富的创造者,更是社会变革的决定力量。也因此,毛泽东指出,人民,只有人民,才是创造世界历史的动力。"中国人民将会看见,中国的命运一经操在人民自己的手里,中国就将如太阳升起在东方那样,以自己的辉煌的光焰普照大地,迅速地荡涤反动政府留下来的污泥浊水,治好战争的创伤,建设起一个崭新的强盛的名副其实的人民共和国"④。"世间一切事物中,人是第一个可宝贵的。在共产党领导下,只要有了人,什么人间奇迹也可以创造出来"⑤。"我们共产党人好比种子,人民好比土地。我们到了一个地方,就要同那里的人民结合起

---

① 《毛泽东选集》第 3 卷,人民出版社 1991 年版,第 1082 页。
② 《毛泽东选集》第 3 卷,人民出版社 1991 年版,第 1083 页。
③ 《毛泽东选集》第 4 卷,人民出版社 1991 年版,第 1512 页。
④ 《毛泽东选集》第 4 卷,人民出版社 1991 年版,第 1467 页。
⑤ 《毛泽东选集》第 4 卷,人民出版社 1991 年版,第 1512 页。

来,在人民中间生根、开花"①。

其次,毛泽东对"文化昌盛"的自信是建立在马列主义这一科学理论基础之上的。毛泽东指出,这种"文化昌盛"自信不是因为受到"西方的影响",而是因为中国人民学会了马列主义。在《唯心历史观的破产》中,毛泽东批判了艾奇逊的"西方的影响"说。毛泽东指出:"孙中山以大辈子的光阴从西方资产阶级文化中寻找救国真理,结果是失望,转而'以俄为师',这是一个偶然的事件吗?显然不是。"②我们的文化自信从何而来?毛泽东给出的答案是:从马克思列宁主义那里来。他指出:"自从中国人学会了马克思列宁主义以后,中国人在精神上就由被动转入主动。从这时起,近代世界历史上那种看不起中国人,看不起中国文化的时代应当完结了。伟大的胜利的中国人民解放战争和人民大革命,已经复兴了并正在复兴着伟大的中国人民的文化。这种中国人民的文化,就其精神方面来说,已经超过了整个资本主义的世界。"③1958年5月17日,在中共八大二次会议上的第二次讲话中,毛泽东再次强调:"不要狂妄,也不要有自卑感,不要妄自菲薄,不要迷信,要把自己放在恰当的地位。要敢想、敢说、敢做、敢为,我们敢想、敢说、敢做、敢为的理论基础是马列主义。"④

最后,毛泽东对"文化昌盛"的自信还建立在我们善于批判吸收古今中外文化的基础上。对于国外文化,毛泽东指出:"排外主义方针是错误的,应当尽量吸收进步的外国文化,以为发展中国新文化

---

① 《毛泽东选集》第4卷,人民出版社1991年版,第1162页。
② 《毛泽东选集》第4卷,人民出版社1991年版,第1515页。
③ 《毛泽东选集》第4卷,人民出版社1991年版,第1516页。
④ 中共中央文献研究室编:《毛泽东年谱(1949—1976)》第三卷,中央文献出版社2013年版,第350页。

的借鉴；盲目搬用的方针也是错误的，应当以中国人民的实际需要为基础，批判地吸收外国文化。"① 对于中国古代文化，毛泽东指出："既不是一概排斥，也不是盲目搬用，而是批判地接收它，以利于推进中国的新文化。"②

新中国成立前夕，毛泽东满怀信心地预言："随着经济建设的高潮的到来，不可避免地将要出现一个文化建设的高潮。中国人被人认为不文明的时代已经过去了，我们将以一个具有高度文化的民族出现于世界。"③

总之，以毛泽东为代表的中国共产党人对文化的价值认识，突出体现在充分肯定了新文化在新中国建设的重要地位和作用，提出了"新文化论""伟大影响论和作用论"，明确了新文化是为人民服务的文化，是"平民共有的文化"，是"现代化的科学文化"，同时非常自信地预言"文化昌盛的新中国"不久就可以到来。所有这些对新中国新文化地位和作用的确认，为后人正确理解和把握当代中国文化的发展价值指明了方向。

三、为了"富起来"的文化：追求物质力量与精神力量均衡的发展

改革开放以来，中国人民开始了"富起来"的中国特色社会主义现代化征程。在这一现代化征程中，中国共产党高度重视文化的发展价值，文化建设成为国家重要发展战略。

---

① 《毛泽东选集》第3卷，人民出版社1991年版，第1083页。
② 《毛泽东选集》第3卷，人民出版社1991年版，第1083页。
③ 《毛泽东文集》第5卷，人民出版社1999年版，第345页。

在"富起来"的现代化征程中,从邓小平到江泽民再到胡锦涛,中国共产党人对文化的发展价值的认识和理解,我们可以做出这样的归纳:邓小平提出了"思想解放论"、物质文明与精神文明"两手抓"论;江泽民提出了"先进文化论""综合国力的重要标志论""文化凝聚力论""精神支柱论""文化生命力论""文化灵魂论""文化熔铸论"等;胡锦涛提出了"和谐文化论""文化创新论""精神世界论""精神力量论""文化发展制高点论""文化发展也是硬道理""人民生活质量显著标志论"等。可以说,在追求和实现"富起来"的发展阶段,中国共产党越来越认识到,"富起来"离不开文化,离不开现代文化,离不开先进文化,离不开和谐文化;"富起来"离不开精神文化,离不开精神文明。在"富起来"的现代化征程中,我们需要物质力量与精神力量均衡的发展。

围绕文化的发展价值问题,中国共产党对思想文化(解放思想)与现代化的关系、精神文化(精神文明)与现代化的关系、先进文化与发展的关系、和谐文化与发展的关系有了越来越深刻的理解和把握,并不断推进理论创新。也正是在理论创新的过程中,当代中国文化的发展价值在社会主义现代化实践中不断得到确认和确证。

(一)"有精神文明"的现代化

"富起来"的过程是实现社会主义现代化的过程。但是,"富起来"的现代化不仅仅是物质层面的现代化,还包括精神层面的现代化。或者说,"富起来"更需要精神层面的现代化,更需要精神文化,更需要精神文明。为此,中国共产党指出,我们的现代化是具有高度物质文明的现代化,同时具有高度精神文明的现代化。并指出,精神文明是我们党的"真正优势",是社会主义制度优越性的表现。没有精神文明，社会主义就会有很大危险。没有"精神文化"，没有"精神文明"，就没有中国特色社会主义现代化。

首先，没有"精神文明"就不能建设社会主义。"富起来"的现代化是社会主义的现代化，而不是资本主义的现代化。既然是社会主义的现代化，就不能没有"高度的精神文明"。关于这一点，几代领导集体都一以贯之地加以强调。邓小平强调，我们要建设的社会主义国家，不但要有高度的物质文明，而且要有高度的精神文明。要通过"提高全民族的科学文化水平，发展高尚的丰富多彩的文化生活，建设高度的社会主义精神文明"[1]。认为"没有这种精神文明，没有共产主义思想，没有共产主义道德，怎么能建设社会主义"[2]。还指出，如果"我们自己在精神上解除了武装，还怎么能教育青年，还怎么能领导国家和人民建设社会主义"[3]，同时，社会主义制度的优越性，称得起先进的社会制度，还表现在"它的文化""应该比资本主义发展得更快、更先进"[4]上。江泽民强调，社会主义优越性既表现在能够创造出高度的物质文明上，而且表现在能够创造出高度的精神文明上，"两个文明建设缺少任何一个方面的发展，都不成其为有中国特色的社会主义"[5]。

其次，"富起来"的中国特色社会主义现代化是物质力量与精神力量均衡发展的现代化。1986年通过的《中共中央关于社会主义精

---

[1] 《邓小平文选》第2卷，人民出版社1994年版（修订版），第208页。
[2] 《邓小平文选》第2卷，人民出版社1994年版（修订版），第367页。
[3] 《邓小平文选》第2卷，人民出版社1994年版（修订版），第367页。
[4] 中共中央文献研究室编：《邓小平年谱（1975—1997）》（上），中央文献出版社2004年版，第200页。
[5] 中共中央文献研究室编：《社会主义精神文明建设文献选编》，中央文献出版社1996年版，第473—474页。

神文明建设指导方针的决议》对于当代中国实现物质力量与精神力量均衡的发展,具有里程碑意义。这是中国共产党首次从总体布局的高度,明确了精神文明建设的战略地位,并指出在新形势下坚持"两个文明"一起抓,是全党面临的新课题。1996年,党的十四届六中全会又专门讨论了文化建设问题,强调建设有中国特色社会主义事业,不仅要求物质文明有一个大的发展,而且要求精神文明有一个大的发展。江泽民指出,一个具有强大生命力的民族、一个有凝聚力的民族,必须是"物质和精神都富有"[1]的民族。如果我们以牺牲精神文明为代价去换取经济的一时发展[2],是不值得的。2011年通过的《中共中央关于深化文化体制改革、推动社会主义文化大发展大繁荣若干重大问题的决定》更是强调,我们要走坚持物质文明和精神文明两手抓的文化发展道路。

再次,"富起来"的中国特色社会主义现代化是精神文明与物质文明全面发展的现代化。党的十七届六中全会提出,建设社会主义文化强国,就是要推动"社会主义精神文明和物质文明全面发展",这是从"全面发展论"高度强调精神文明发展的极端重要性。全会强调,要"着力推动社会主义先进文化更加深入人心",要致力于"建设中华民族共有精神家园",以满足人民精神文化需求为出发点和落脚点,努力建设社会主义文化强国。胡锦涛指出:"我国进入了文化消费的快速增长期,人们精神文化需要更加旺盛,文化已经成为衡量社会文明程度和人民生活质量的显著标志。"[3]

---

[1] 《江泽民论有中国特色社会主义(专题摘编)》,中央文献出版社2002年版,第382页。
[2] 《江泽民文选》第1卷,人民出版社2006年版,第474页。
[3] 胡锦涛:《扎扎实实做好新形势下的宣传思想工作 为全面建设小康社会提供思想文化保证》,《人民日报》2008年1月23日。

此外,"富起来"的中国特色社会主义现代化需要发挥精神文明这一真正优势。就文化与发展的关系而言,"有文化的发展"是中国共产党的真正优势。我们的革命为什么能取得伟大胜利?邓小平强调,"光靠物质条件"不行。那么,靠什么呢?邓小平给出的答案是:靠精神文化。他说:"因为我们有马克思主义和共产主义的信念。有了共同的理想,也就有了铁的纪律。无论过去、现在和将来,这都是我们的真正优势。"①邓小平指出,延安时期我们物质条件很差,但什么困难都能克服,就是靠精神文明。靠有理想,靠坚强的信念。他说,在某种情况下"这种精神有决定意义"②。

最后,没有精神文明的现代化就会有很大危险。邓小平指出,经济发展了,如果不重视精神文明建设,"就有很大危险"③。这些危险包括物质文明走弯路的危险,包括物质文明受破坏的危险,也包括腐败的危险、亡党亡国的危险等。党的十二届六中全会强调了加强精神文明建设的紧迫性和长期性,指出社会主义精神文明建设是关系社会主义兴衰成败的大事,必须坚持不懈地抓上去,否则就会贻误全局。一定意义上讲,中国的改革开放是从解放思想开始的。正是从正反两个方面的历史经验教训中,中国共产党人深刻地阐述了思想文化对于顺利实现当代中国现代化的极端重要性。邓小平在《解放思想,实事求是,团结一致向前看》中指出,只有解放思想才能实现现代化。④邓小平强调,如果一切从本本出发,如果思想僵化,如果迷信

---

① 《邓小平文选》第 3 卷,人民出版社 1993 年版,第 144 页。
② 中共中央文献研究室编:《邓小平年谱(1975—1997)》(下),中央文献出版社 2004 年版,第 838 页。
③ 中共中央文献研究室编:《邓小平年谱(1975—1997)》(下),中央文献出版社 2004 年版,第 813—814 页。
④ 《邓小平文选》(修订版)第 2 卷,人民出版社 1994 年版,第 143 页。

盛行，不管是政党、国家，还是民族，都不可能有发展前途，不但生机活力会停止，更会导致亡党亡国。1996年党的十四届六中全会指出，精神文明搞不好，物质文明也要受破坏，甚至社会也会变质。

（二）引领人的全面发展的先进文化

20世纪末，中国共产党提出了"三个代表"重要思想。"三个代表"重要思想指出，"中国共产党在革命、建设、改革的各个历史时期，总是代表着中国先进文化的前进方向"[①]，并指出，"努力促进人的全面发展"是"马克思主义关于建设社会主义新社会的本质要求"[②]。先进文化与人的全面发展是什么关系？先进文化是如何成全人的全面发展的？在回答这些问题的过程中，中国共产党不断丰富文化与发展关系的理论，深刻阐述了先进文化在促进人的全面发展中的价值。

首先，确认了人的全面发展是建设社会主义新社会的本质要求。在庆祝中国共产党成立80周年大会上的讲话中，江泽民指出，建设中国特色社会主义事业的一切工作"既要着眼于人民现实的物质文化生活需要，同时又要着眼于促进人民素质的提高，也就是要努力促进人的全面发展。这是马克思主义关于建设社会主义新社会的本质要求"[③]。指出人的全面发展是建设社会主义新社会的本质要求，这是"三个代表"重要思想对马克思主义关于人的全面发展理论的继承和创新，并推动了人的全面发展的实践展开。同时，也是对社会主义本质理论的丰富和发展。

[①] 《江泽民文选》第3卷，人民出版社2006年版，第2页。
[②] 《江泽民文选》第3卷，人民出版社2006年版，第294页。
[③] 《江泽民文选》第3卷，人民出版社2006年版，第294页。

其次，明确了要通过建设社会主义先进文化来实现人的全面发展。① 实际上，中国共产党自从成立那天起，就是中国先进文化的积极倡导者和发展者。而我们要建设的先进文化是以马克思主义为指导思想的文化，是以马克思主义关于人的全面发展理论为指导，致力于在中国特色社会主义现代化实践中推进当代中国人的自由全面发展的文化；是面向现代化、面向世界、面向未来的文化，是致力于培养具有现代化素质、世界眼光、国际视野、未来意识、创新意识和创新能力的全面发展的人的文化；是民族的科学的大众的文化，是致力于培养具有爱国主义精神、科学精神、人文精神的全面发展的人的文化。

最后，强调要通过文化创新推动人的全面发展。党的十七届六中全会特别指出，文化引领时代风气之先，是最需要创新的领域。没有文化创新就没有人的全面发展。为此，胡锦涛指出："一个没有文化底蕴的民族，一个不能不断进行文化创新的民族，是很难发展起来的，也是很难自立于世界民族之林的。"②

（三）成全和谐发展的和谐文化

这里讲的"和谐文化"是指社会主义和谐文化。建设和谐文化是党的十六届六中全会提出的战略任务。和谐文化是以马克思主义为指导思想，以社会主义核心价值观为灵魂的文化。和谐文化是崇尚和谐、追求和谐的文化，是倡导和谐发展理念、培育和谐发展精神、践行和谐发展实践的文化。和谐文化所追求的"和谐"不是要取消矛

---

① 《江泽民文选》第3卷，人民出版社2006年版，第400页。
② 中共中央宣传部、中共中央文献研究室编：《论文化建设——重要论述摘编》，学习出版社2012年版，第10页。

盾、取消差异、取消斗争、取消对立，而是要在矛盾、斗争、对立中寻求和解、和谐、平衡，是尊重差异、包容多样的和谐，是一元性与多样性相统一的和谐，是主导性与多样性相统一的和谐，是民族性与现代性相统一的和谐。这种和谐文化合乎人类文化发展规律，是追求物质文明与精神文化协调共进发展，促进人的全面发展，面向现代化、面向世界、面向未来的文化。

和谐文化的提出，是中国共产党文化自觉、文化自信的重要表现，是中国共产党对文化的发展价值确认上的进一步深化，是中国人民在文化的发展价值自觉、文化的发展价值自信方面的重要体现。这种文化的发展价值自觉，就是和谐文化引领和谐社会建设的发展价值自觉，就是坚信和谐文化可以成全中国和谐发展的发展价值自觉。

这种文化的发展价值自觉是建立在对21世纪人类发展趋势和规律把握基础之上的。建设和谐社会、追求和谐发展是21世纪人类发展的必然趋势和要求，和谐文化顺应了这种趋势和要求。一是和谐文化引领和谐社会建设。党的十六届六中全会的一个重大理论创新，就是提出了"社会和谐是中国特色社会主义的本质属性"的重要论断。我们要建设的和谐社会是人与自身和谐、人与人和谐、人与社会和谐、人与自然和谐的社会，是充满活力、团结和睦的社会，是政党关系和谐、民族关系和谐、阶层关系和谐、海内外同胞关系和谐的社会。这样的和谐社会需要和谐文化引领。没有和谐文化引领，没有和谐理念指引，没有和谐精神渗透，不可能建成这样的和谐社会。二是和谐文化引领和谐发展。和谐文化所引领的发展，是人与自身和谐发展、人与人和谐共处、人与社会和谐共赢、人与自然和谐共生的发展，是民族和谐、社会和谐、国家和谐、人类和谐的发展。和谐文化所引领的和谐发展是现代和谐发展，不是传统和谐发展。传统和谐发展是静态的和谐发展,现代和谐发展是动态的和谐发展。动态的和谐发展是在协调发展中实现的。和谐文化引领协调发展,体现在引领社会建设与经济建设的协调发展,引领社会建设与政治建设的协调发展,引领社会建设与文化建设的协调发展。和谐文化在引领协调发展过程中,不断化解社会矛盾,最大限度地增加和谐因素,最大限度地减少不和谐因素。和谐文化引领和谐发展,并不是不要经济发展,相反,经济发展是绝对必要的基础,因为"如果没有这种发展,那就只会有贫困的普遍化;而在极端贫困的情况下,就必须重新开始争取必需品的斗争,也就是说,全部陈腐的东西又要死灰复燃"[1]。

这种文化的发展价值自觉还建立在对中华优秀传统文化的继承和弘扬基础之上。正是继承和创新了中华优秀传统文化,和谐文化是一种追求"天人合一"的文化,主张"和为贵"的文化,追求"和而不同"的文化,主张"仇必和而解"的文化。21世纪人类发展的现实是,既有对抗和冲突,又有合作与和平,以中华文化为根基的和谐文化正视了这样的人类发展现实。也因此,和谐文化并不是无视文化冲突的文化,并不是无视文化安全的文化,而是正视文化冲突的文化,正视文化安全的文化,在这个基础上追求人类和谐发展。这种和谐文化追求发展的公平主义,尊重发展多样性,尊重世界各国发展权益,尊重世界各国人民对自己发展道路的自主选择。这种和谐文化尊重人类文化的多样性,反对文化霸权主义、文化帝国主义、文化殖民主义,反对文化保守主义、文化闭关锁国,反对"文明冲突论",主张文明之间沟通交流、互学互鉴,尊重世界各国人民对自己核心价值观的自主选择。

---

[1] 《马克思恩格斯文集》第1卷,人民出版社2009年版,第538页。

（四）文化发展也是硬道理

随着改革开放的不断深入，在文化与发展关系的新认识上，在文化的发展价值新确认上，中国共产党提出了"文化发展也是硬道理""文化综合国力""文化软实力""文化发展制高点""兴国之魂"等新论断。也正因为充分认识到文化是发展的力量源泉，党的十七届六中全会提出要进一步兴起社会主义文化建设新高潮。

首先，文化发展也是硬道理，这是中国共产党对文化发展价值认识和确认的深化。党的十七届六中全会指出，文化繁荣发展也是硬道理，也是第一要务的重要内容。[1]一部人类社会发展史，既是物质文明发展史，更是精神文明发展史，"人类社会每一次跃进，人类文明每一次升华，无不镌刻着文化进步的烙印"[2]。正因为文化繁荣发展也是硬道理，党的十七届六中全会提出要努力把我国建设成为社会主义文化强国。

其次，文化发展也是硬道理，体现在文化越来越成为综合国力竞争的重要因素上。党的十七届六中全会指出，当今世界正处在大发展大变革大调整时期，文化在综合国力竞争中的地位和作用更加凸显，越来越成为综合国力竞争的重要因素。江泽民指出："中国特色社会主义文化是综合国力的重要标志"[3]，"精神力量也是综合国力的重要组成部分"[4]。胡锦涛指出：提高文化软实力已成为越来越多的国

---

[1] 党的十七届六中全会指出，要把文化繁荣发展作为坚持发展是硬道理、发展是党执政兴国第一要务的重要内容，作为深入贯彻落实科学发展观的一个基本要求。
[2] 中共中央文献研究室编：《十六大以来重要文献选编》（下），中央文献出版社2008年版，第751页。
[3] 《江泽民文选》第2卷，人民出版社2006年版，第33页。
[4] 中共中央文献研究室编：《十五大以来重要文献选编》（上），人民出版社2000年版，第549页。

家的重要发展战略，对我国而言，这"既是全面增强我国综合国力的必然要求，也是实现我国和平发展的战略之举"[①]。

再次，文化发展是硬道理，体现在占据文化发展制高点的极端重要性上。由于文化在综合国力竞争中的地位越来越凸显，为了在激烈的国际竞争中掌握主动权，必须占据文化发展制高点。胡锦涛指出："谁占据了文化发展的制高点，谁就能够更好地在激烈的国际竞争中掌握主动权。"[②]而要占据文化发展制高点，就必须有先进文化。以先进文化引领文化发展制高点的占据，以先进文化武装全民族的思想文化素质，以先进文化塑造全民族的精神世界，以先进文化引领全民族文化创新，这样才能让整个民族屹立于世界先进民族之林。

最后，文化发展是硬道理，更体现在文化是兴国之魂上。文化是兴国之魂，文化是发展之魂。文化越来越成为发展的力量源泉，或者说，我们要追求的发展是"有灵魂的发展"，这是中国共产党对文化的发展价值确认上的巨大飞跃。党的十七届六中全会提出："社会主义核心价值体系是兴国之魂，是社会主义先进文化的精髓，决定着中国特色社会主义发展方向。"[③]文化的本质是价值体系，把社会主义核心价值体系作为兴国之魂，也就是把文化作为兴国之魂，作为发展之魂。这是中国共产党在文化的发展价值确认上一种新的理论自觉和理论自信。

[①] 胡锦涛：《扎扎实实做好新形势下的宣传思想工作　为全面建设小康社会提供思想文化保证》，《人民日报》2008年1月23日。
[②] 中共中央文献研究室编：《十六大以来重要文献选编》（下），中央文献出版社2008年版，第752页。
[③] 胡锦涛：《中共中央关于深化文化体制改革、推动社会主义文化大发展大繁荣若干重大问题的决定》，《人民日报》2011年10月26日。

（五）让人民共享文化发展成果

随着人类文明的不断迈进，随着我国现代化进程的推进，文化越来越成为衡量人民生活质量的显著标志，让人民共享文化发展成果成为中国共产党的重要使命。

在深入贯彻科学发展观，全面建设小康社会的过程中，胡锦涛指出，我国发展已经呈现出一系列阶段性特征，其中，文化发展新的阶段性特征是："我国进入了文化消费的快速增长期，人们精神文化需要更加旺盛，文化已经成为衡量社会文明程度和人民生活质量的显著标志。"[①] 并强调，要提高当代中国发展水平，增强当代中国发展后劲，提高群众生活质量，必须高度重视文化发展，全面推进文化建设。[②]

首先，要让人民共享文化发展成果，必须以高度的文化自觉和文化自信进行文化创造。通过文化创造，创造更多更好的文化成果让人民共享。为此，在庆祝中国共产党成立90周年大会上的讲话中，胡锦涛提出，我们要"以高度的文化自觉和文化自信，大力推进文化改革，大力推进文化发展，大力进行文化创造，让人民共享文化发展成果"[③]。这是在文化的发展价值问题上，中国共产党提出的"文化自觉""文化自信""文化创造""文化共享"，这些论断极大地推动了文化与发展相融合，推动当代中国实现"有文化的发展"。特别是中国共产党第一次比较明确地提出了"文化自信"的论断。

其次，要让人民共享文化发展成果，必须着眼于促进人的全面发展。党的十七届六中全会指出，正是因为我们走出了中国特色社

---

① 胡锦涛：《扎扎实实做好新形势下的宣传思想工作　为全面建设小康社会提供思想文化保证》，《人民日报》2008年1月23日。
② 中共中央宣传部、中共中央文献研究室编：《论文化建设——重要论述摘编》，学习出版社2012年版，第10页。
③ 胡锦涛：《在庆祝中国共产党成立90周年大会上的讲话》，《人民日报》2011年7月2日。

主义文化发展道路，大力推进文化改革发展，所以显著地促进了人的全面发展。中国特色社会主义文化发展道路，就是"两手抓"（坚持物质文明和精神文明两手抓）、"两结合"（实行依法治国和以德治国相结合）、"同发展"（促进文化事业和文化产业同发展）的文化发展道路，这是一条显著促进人的全面发展的文化发展道路。

最后，要让人民共享文化发展成果，还必须抵御腐朽落后的思想观念对人民的侵蚀和危害。胡锦涛强调，文化是民族的血脉，是人民的精神家园。建设先进文化，就是要改造落后文化，抵制腐朽文化。一个人的头脑，如果先进的思想文化不去占领，落后的思想文化就会占领，腐朽的思想文化就会占领。为了抵御落后腐朽的思想文化、精神文化、观念文化对人民的侵蚀和危害，我们必须用先进的思想文化、进步的精神文化、现代的观念文化不断丰富人民的精神世界，武装人民的头脑，不断增强人民的精神力量，不断让发展获得正向的价值引领。

四、为了"强起来"的文化：文化自信是最基本最深沉最持久的力量

党的十八大以来，中国共产党站在实现中华民族伟大复兴中国梦的高度，站在中国"强起来"的新时代高度，对文化的发展价值的认识提高到了前所未有的高度，在不断深化"文化自觉""文化自信""文化创造""文化共享"理论的基础上，全面深刻地阐述了文化自信思想。习近平总书记关于文化自信的重要论述蕴含着关于"文化的发展价值是什么""文化的发展价值如何实现"等丰富内涵，对我们深刻理解和把握当代中国文化的发展价值及其实现路径具有

重大指导意义。

（一）没有高度的文化自信，就没有中华民族伟大复兴

在党的十九大上，习近平总书记指出："中国特色社会主义进入新时代，意味着近代以来久经磨难的中华民族实现了从站起来、富起来到强起来的伟大飞跃。"[①]

"强起来"需要文化自信。没有高度的文化自信，没有文化的繁荣兴盛，就没有中华民族伟大复兴。道路自信、理论自信、制度自信，其本质是建立在5000多年文明传承基础上的文化自信。[②] 文化自信是更基础、更广泛、更深厚的自信，是一个国家、一个民族发展中最基本、最深沉、最持久的力量。可以说，"强起来"的时代既是文化自信的时代，又是能够文化自信的时代；既是需要坚定文化的发展价值自信的时代，又是能够坚定当代中国的文化发展价值自信的时代。

这种"高度的文化自信"源于对人类文明发展规律的把握。文化是文明升华的力量，人类社会每一次跃进，人类文明每一次升华，无不伴随着"文化的历史性进步"[③]，都离不开"知识变革和思想先导"[④]。因为，文运同国运相牵，文脉同国脉相连，文化自信是社会繁荣、国家兴盛的根基。"坚定文化自信，是事关国运兴衰、事关文化安全、事关民族精神独立的大问题"[⑤]。正因为文化自信事关国运国

[①] 习近平：《决胜全面建成小康社会 夺取新时代中国特色社会主义伟大胜利》，《人民日报》2017年10月28日。
[②] 《习近平谈文化自信》，《人民日报》（海外版）2016年7月13日。
[③] 习近平：《在文艺工作座谈会上的讲话》，《人民日报》2014年10月15日。
[④] 习近平：《在哲学社会科学工作座谈会上的讲话》，《人民日报》2016年5月19日。
[⑤] 《习近平谈治国理政》第二卷，外文出版社2017年版，第349页。

脉、国家兴盛，事关国家存亡、国家安全，事关民族精神独立，我们需要"高度的文化自信"。

"强起来"所需要的"高度的文化自信"，主要包括中华优秀传统文化自信、革命文化自信和先进文化自信。

其一，"强起来"需要有高度的中华优秀传统文化自信。习近平总书记指出，当今世界，中华民族最有理由自信，中华人民共和国最有理由自信，中国共产党最有理由自信。这种"最有理由自信"，首先体现在对中华优秀传统文化的时代价值的自信。中华优秀传统文化蕴藏着丰富的人生智慧、治国智慧、发展智慧，这些智慧体现在中华文化的精神追求和精神标识之中。中华优秀传统文化自信，就是对中华文化"讲仁爱、重民本、守诚信"具有永恒的发展价值的自信，就是对中华文化"崇正义、尚和合、求大同"具有不竭的发展力量的自信，就是对中华文化涵养社会主义核心价值观进而具有强大生命力的发展价值自信。习近平总书记指出，今天，我们提倡和弘扬社会主义核心价值观，必须从中华文化中"汲取丰富营养，否则就不会有生命力和影响力。比如，中华文化强调'民惟邦本'、'天人合一'、'和而不同'；强调'天行健，君子以自强不息'、'大道之行也，天下为公'；强调'天下兴亡，匹夫有责'……'扶贫济困'、'不患寡而患不均'；等等。像这样的思想和理念，不论过去还是现在，都有其鲜明的民族特色，都有其永不褪色的时代价值"[1]。在发展成为时代主题和时代课题的今天，这种文化自信特别表现在对中华文化能够为破解人类发展难题提供"中国智慧""中国价值""中国力量""中国方案"的自信。

---

[1] 《习近平谈治国理政》第一卷，外文出版社2014年版，第170页。

其二,"强起来"需要高度的中国革命文化自信,特别是中国革命精神文化的自信。中国革命精神文化,不仅仅是革命年代形成的革命精神文化,还包括建设、改革、开放年代形成的革命精神文化。这些精神文化自信包括井冈山精神文化自信、长征精神文化自信、红船精神文化自信、延安精神文化自信、西柏坡精神文化自信,包括雷锋精神文化自信、大庆精神文化自信、两弹一星精神文化自信,包括航天精神文化自信、北京奥运精神文化自信、抗震救灾精神文化自信等。而坚持真理、坚守理想,践行初心、担当使命,不怕牺牲、英勇斗争,对党忠诚、不负人民的伟大建党精神,是这些革命精神文化之源。这些精神文化是中国人民攻坚克难的精神力量,是追求美好生活的精神力量,是民族伟大复兴的精神力量,是实现中国式现代化的精神力量。

其三,"强起来"需要高度的社会主义先进文化自信。社会主义先进文化自信主要是马克思主义指导思想的自信、社会主义核心价值观的自信、社会主义意识形态的自信,尤其是对新发展理念的发展价值自信,对社会主义核心价值观的发展价值自信。关于这一点,将在下文进行集中阐述。

(二)文化的发展价值自信:更基本更深沉更持久的力量

"强起来"需要坚定的文化自信,核心是文化的发展价值自信。文化自信归根到底是文化的价值自信,文化自信是一种价值力量,一种发展价值力量。这种发展价值力量,保证了我们追求现代化的社会主义方向,保证了我们追求发展能始终坚持以人民为中心,始终让人民共享发展成果。

首先,"强起来"需要坚定文化的发展价值自信,就是坚信中华文化能够为破解人类发展难题提供"中国智慧""中国价值"的发展价值自信。也就是说，坚信中华文化在处理人与物的关系、人与人的关系、人与社会的关系、人与自身的关系过程中，可以发挥其超越时空、跨越国度的发展价值，在破解21世纪人类发展难题中可以发挥不可替代的作用和独特的价值。在西方现有的发展模式下，人类遭遇了世所罕见的发展难题，造成人与自然、人与人、人与社会、人与自身关系的紧张和冲突。破解当代人类发展难题，需要中华民族文化智慧。也因此，习近平总书记指出，包括儒家思想在内的中国优秀传统文化中蕴藏着解决当代人类面临的难题的重要启示。诸如天人合一、道法自然；己所不欲，勿施于人；以民为本、仁者爱人；和而不同、求同存异等，可以为21世纪破解人类发展难题提供中华文化智慧。

其次，"强起来"需要坚定文化的发展价值自信，就是坚信中国道路具有中华文化独特基因进而具有独特优势的发展价值自信。为什么中国选择了自己的发展道路？对此，习近平总书记指出："独特的文化传统，独特的历史命运，独特的基本国情，注定了我们必然要走适合自己特点的发展道路。"[1] 正是中华文化的独特性影响了中国发展道路的独特性。深沉的中华民族精神追求、富有特色的中华民族思想体系，都让中国发展道路打上了深深的中华文化印记，都承载着中华文化的最基本的基因，体现着中华民族几千年凝练的发展智慧，体现着中华民族独特的理性思辨。习近平总书记认为"这是我国的独特优势"[2]。

最后，"强起来"需要坚定文化的发展价值自信，就是坚信中华

---

[1] 习近平：《胸怀大局把握大势着眼大事　努力把宣传思想工作做得更好——在全国宣传思想工作会议上的讲话》，《人民日报》2013年8月21日。

[2] 习近平：《在哲学社会科学工作座谈会上的讲话》，《人民日报》2016年5月19日。

文化可以为构建人类命运共同体提供"中国智慧""中国方案"的发展价值自信。中华文化是倡导人类文明和谐共存共处的文化。习近平总书记指出，要推动全球治理理念创新发展，就要发掘中华文化中积极的处世之道，积极发掘中华文化的治理理念同当今时代的共鸣点，不断丰富打造人类命运共同体等主张，"弘扬共商共建共享的全球治理理念"①。其中，"大道之行也，天下为公"就是中国推动全球治理理念创新的集中体现，也是中华文明在推动全人类共同发展的价值追求。

（三）国家之魂：文以化之，文以铸之

在纪念马克思诞辰200周年大会上，习近平总书记指出："理论自觉、文化自信，是一个民族进步的力量；价值先进、思想解放，是一个社会活力的来源。国家之魂，文以化之，文以铸之。"②这一经典论断，蕴含丰富的关于文化的发展价值的哲理。具有发展价值的文化，必须是价值先进的文化，必须是思想解放的文化。文化是发展之魂，是国家之魂，用先进文化之"文"化发展之魂，化国家之魂，用思想解放之"文"铸国家之魂，铸发展之魂。中国要实现"强起来"，必须实现"有灵魂的发展"，必须铸造国家之魂、发展之魂。或者说"强起来"需要整体"铸魂"。

一是整体"铸魂"事关民族精神独立。人无精神则不立，国无精神则不立。习近平总书记指出，民族精神独立是文化自信问题，或

---

① 习近平：《推动全球治理体制更加公正更加合理 为我国发展和世界和平创造有利条件——在主持中共中央政治局第二十七次集体学习时讲话》，《人民日报》2015年10月14日。

② 习近平：《在纪念马克思诞辰200周年大会上的讲话》，人民出版社2018年版，第19页。

者说,坚定文化自信是事关民族精神独立性的大问题。每一个国家、每一个民族,都有自己的灵魂,这个灵魂,就是民族精神,就是自己的思想文化。没有了民族精神,没有了自己的思想文化,就没有了灵魂,这个国家就失去了精神脊梁,这个民族就没有了精神脊梁,就永远立不起来。没有了精神脊梁的民族,就是"以洋为尊"的民族,就是"以洋为美"的民族,就是"唯洋是从"的民族,甚至是热衷于"去思想化"的民族,执念于"去价值化"的民族,更有甚者,就是"去历史化"的民族、"去中国化"的民族、"去主流化"的民族,这样的民族,是"绝对是没有前途的"①。不但没有前途,很可能会出现历史悲剧。因此,"文化是一个国家、一个民族的灵魂。历史和现实都表明,一个抛弃了或者背叛了自己历史文化的民族,不仅不可能发展起来,而且很可能上演一幕幕历史悲剧"②。

二是整体"铸魂"需要核心价值观。核心价值观是文化软实力的灵魂。没有灵魂的民族精神也是"立不起来"的。民族精神独立,就是文化软实力坚硬,就是核心价值观具有强大生命力、凝聚力、感召力。也因此,习近平总书记指出,文化软实力的灵魂是核心价值观,核心价值观是决定文化性质和方向的最深层次要素。一个国家的文化软实力,从根本上说,取决于其核心价值观的生命力、凝聚力、感召力。当代中国价值观念,就是中国特色社会主义价值观念,代表了中国先进文化的前进方向。③总之,核心价值观"强起来",民族精神才能"立起来"。

---

① 习近平:《在文艺工作座谈会上的讲话》,《人民日报》2014年10月15日。
② 《习近平谈治国理政》第二卷,外文出版社2017年版,第349页。
③ 习近平:《建设社会主义文化强国 着力提高国家文化软实力 —— 在十八届中央政治局第十二次集体学习时的讲话》,《人民日报》2014年1月1日。

三是整体"铸魂"需要精神上有群众基础。习近平总书记指出，巩固党的群众基础和执政基础包括物质和精神两方面，"精神上丧失群众基础，最后也要出问题"[1]。人民的需求包括物质需求和精神文化需求，"人类社会与动物界的最大区别就是人是有精神需求的，人民对精神文化生活的需求时时刻刻都存在"[2]。精神文化是"我们的真正优势"。习近平总书记以长征精神为例，说明了理想信念等精神文化是我们革命、建设、改革、开放、发展取得成功的真正优势。伟大长征的胜利，就靠中国共产党人和红军将士用生命和热血铸就的伟大长征精神。[3]

需要指出的是，整体"铸魂"还为了"以德服人"。"强起来"不是拳头强起来、拳头硬起来，"强起来"需要"以德服人"。如前所述，习近平总书记在文艺工作座谈会上的讲话提到了"轴心时代"，雅斯贝尔斯的思想"很深刻，很有洞察力"。他说，古往今来，中华民族之所以在世界有地位、有影响，"不是靠穷兵黩武，不是靠对外扩张，而是靠中华文化的强大感召力和吸引力"[4]，靠"远人不服，则修文德以来之"[5]的和平发展智慧，靠"以德服人、以文化人"[6]的文化发展智慧。

总之，"强起来"需要增强当代中国文化自信，特别是增强当代中国文化的发展价值自信。增强当代中国文化的发展价值自信，就是

---

[1] 习近平：《胸怀大局把握大势着眼大事　努力把宣传思想工作做得更好——在全国宣传思想工作会议上的讲话》，《人民日报》2013年8月21日。
[2] 习近平：《在文艺工作座谈会上的讲话》，《人民日报》2014年10月15日。
[3] 习近平：《在纪念红军长征胜利80周年大会上的讲话》，《人民日报》2016年10月22日。
[4] 习近平：《在文艺工作座谈会上的讲话》，《人民日报》2014年10月15日。
[5] 习近平：《在文艺工作座谈会上的讲话》，《人民日报》2014年10月15日。
[6] 习近平：《在文艺工作座谈会上的讲话》，《人民日报》2014年10月15日。

增强当代中国文化能够成全创新发展、绿色发展、协调发展、开放发展、共享发展的自信；就是增强当代中国文化能够成全人类整体发展、人的自由全面发展的自信；就是增强当代中国文化能够成全"有灵魂的发展""有尊严的发展""有文化的发展"的自信；就是增强当代中国文化在破解人类发展难题中能够做出独特贡献的自信；就是增强当代中国文化能够为人类整体发展提供"中国智慧"、为人类创新发展提供"中国价值"、为人类绿色发展提供"中国力量"、为构建人类命运共同体提供"中国方案"的自信。

第六章　当代中国文化的发展价值：聚焦人类发展的探析

聚焦人类发展，当代中国文化在破解21世纪人类发展难题迫切需要的"整体发展""创新发展""绿色发展""共享发展"等方面，具有独特的发展价值，主要体现是：为人类整体发展提供"中国智慧"，为人类创新发展提供"中国价值"，为人类绿色发展提供"中国力量"，为构建人类命运共同体提供"中国方案"等。

一、为人类整体发展提供"中国智慧"

人类文明发展到了21世纪，一个重要的共识开始形成：人类新文明迈进需要整体发展。或者说，解决人类发展过程中出现的人与人、人与社会、人与自然之间紧张关系问题，人类需要整体发展。如果延续目前的非整体发展的工业文明，不可能缓解人与人、人与社会、人与自然之间的紧张关系。人类迫切需要迎接人类整体发展的新文明的到来。这是能够正确处理人与人、人与社会、人与自然之间紧张关系的新文明。问题是，如何创造促进人类整体发展的新文明？何种文化可以创造促进人类整体发展的新文明？我们认为，当代中国文化可以创造促进人类整体发展的新文明，可以为人类整体发展提供"中国智慧"。

(一)为人类整体发展创造"新文明"

在现代化进程中,人类遭遇到的发展问题很多,其中一个迫切需要解决的是人类整体发展问题。就整体发展而言,人类发展问题是一个文化问题,是一个文明问题。正如德尼·古莱所指出的,发展"不可分割地,既是经济问题又是政治问题,既是社会问题又是文化问题,既是资源与环境管理问题又是文明问题"[1]。或者说,"发展的核心问题"是"界定美好生活、公正社会以及人类群体与大自然关系的问题"[2]。解决人类整体发展问题,需要一种新文明,即一种促进人类整体发展的新文明。

21 世纪人类发展难题的破解,呼唤整体发展新范式,需要整体发展观。彼得·威斯利指出,一种"优先致力于发展福祉"的新范式将以强劲的势头出现。这种发展福祉,既包括人民、国家、利益相关者的福祉,更包括更为广阔的生态与社会系统的福祉。在这种发展福祉中,更为广阔的生态福祉和社会系统福祉,支持着人民、国家或利益相关者的福祉。而新发展范式的出现,需要有三个推动力:一是生态系统和自然资源不断增长的抗压力和抗干扰能力;二是新的更高的商业和社会组织形式的出现,取代失灵的系统和机构;三是人类价值的演变。他认为,在过去的一百年时间里,人类价值出现了巨大的变化,而未来几十年,变化的速度会更快。而要促成这样的新发展范式到来,需要系统思维。"只有技术高超的系统思考者,才可能做出改善人民福祉的决策"[3];要促成这样的新发展范式到来,需要共享发

---

[1] 〔美〕德尼·古莱:《发展伦理学》,高铦、温平、李继红译,社会科学文献出版社 2003 年版,导论第 3 页。
[2] 〔美〕德尼·古莱:《发展伦理学》,高铦、温平、李继红译,社会科学文献出版社 2003 年版,导论第 3 页。
[3] 〔挪威〕乔根·兰德斯:《2052:未来四十年的中国与世界》,秦雪征、谭静、叶硕译,译林出版社 2013 年版,第 195 页。

展理念。在 21 世纪被"发展"毁坏了的世界中,"没有一个群体能够以牺牲周边系统的代价来保证自己一直享受福祉"[①];要促成这样的新发展范式到来,需要整体发展观。总之,21 世纪的今天,20 世纪的"我"时代开始受到全球化的"我们"文化的挑战。也就是说,如果只注重"我"而不注重"我们",人类就很难克服发展危机。"解决方法不能只服务于体系中的一小部分人——整个体系是最重要的,人们必须考虑整个体系。"[②]

"有文化的发展"是一种整体发展。关于这一点,我们不能不提及赫伊津哈。赫伊津哈(1872—1945)是荷兰杰出的文化史家,在文化力量研究方面,可以与韦伯、斯宾格勒齐名,或者说,他是"斯宾格勒式"的西方文化诊断者。赫伊津哈曾指出,文化只存在于整体之中。整体发展不是各个发展部分的总和,而是由各个发展部分之间独特的组合和相互联系产生的新发展。整合强度不够,整合得不足,就不是整体发展。简言之,整体发展是"有文化的发展"的必然要求。问题是,何种文化能够成全人类整体发展?资本主义文化能否成全人类整体发展?答案是否定的。因为,资本主义主导下的工商文明,是一种"精神病态"发展的文明。对这种"精神病态"发展,赫伊津哈进行过如下的诊断:这是一种无责任的发展状态,把世界仅仅当成自己的"猎获物(oyster)"的精神状态;这是一种没有真理标准的发展状态;这是一种滥用科学的发展状态,是注重科学强权的精神状态;这是一个人类潜力被错估的发展状态,是个人英雄主义急

---

① 〔挪威〕乔根·兰德斯:《2052:未来四十年的中国与世界》,秦雪征、谭静、叶硕译,译林出版社 2013 年版,第 196 页。
② 〔挪威〕乔根·兰德斯:《2052:未来四十年的中国与世界》,秦雪征、谭静、叶硕译,译林出版社 2013 年版,第 196 页。

剧膨胀的精神状态；是一种迷信"进步"神话的发展状态，是沉湎于"进步主义"的精神状态。面对这样的"精神病态"发展，赫伊津哈指出，人类需要一种文化力量，一种道德力量，需要文化推进人类的整体发展，需要一套规范来制约人们的发展行为，否则，人类可能会进入颓废堕落、精神愚蠢的蒙昧时代。哪种文化可以成全人类整体发展？赫伊津哈认为，资本主义文化是文化中的"奥吉亚斯牛圈"[①]，也就是文化中最肮脏的地方，这种文化不可能成全人类整体发展。

当代中国文化是成全人类整体发展的文化，是致力于解决发展中的人与物、人与自然、人与社会、人与人、人与自身的关系问题的文化，或者说，是能够正确解决生态保护与经济发展之间的价值冲突问题的文化，是能够正确解决人类自由与大自然完整性之间的价值冲突问题的文化。当代中国文化在马克思主义指导下，在吸收中华优秀传统文化的精华、借鉴人类文明的一切优秀成果基础上，重新思考人与物、人与自然、人与社会、人与人、人与自身的关系，具有实现基于生态智慧的整体发展价值，具有基于生态智慧推进人类实现整体发展以迎接人类新文明的发展智慧。

事实证明，中国共产党已经领导中国人民创造了促进人类整体发展的中国式现代化道路，创造了促进人类整体发展的人类文明新形态。正如党的十九届六中全会通过的《中共中央关于党的百年奋斗重大成就和历史经验的决议》所指出：党的百年奋斗深刻影响了世界历史进程，"党领导人民成功走出中国式现代化道路，创造了人类文明新形态，拓展了发展中国家走向现代化的途径，给世界上那些希望加

[①] 卡尔·J. 温特劳布：《文化视野》（Karl J. Weintraub, *Visions of Culture*, University of Chicago Press, 1966），第220页，转引自《史学：文化中的文化》，第382页注释。

快发展又希望保持自身独立性的国家和民族提供了全新选择"[①]。中国式现代化道路，是一条追求人类整体发展的现代化道路。这条现代化道路，是以人的现代化为核心，实现经济现代化、政治现代化、文化现代化、社会现代化、生态现代化五位一体的现代化，是实现经济富强、政治民主、文化文明、社会和谐、生态美丽的现代化，是满足人民日益增长的全维度美好生活需要的现代化，是发展全过程人民民主的现代化，是推动人的全面发展、全体人民共同富裕的现代化。中国共产党领导人民创造的人类文明新形态是一种物质文明、政治文明、精神文明、社会文明、生态文明协调发展的人类文明新形态，是克服了资本主义文明片面发展、失调发展弊端的人类文明新形态，是可以促进人类整体发展的人类文明新形态。

（二）促进基于生态智慧的人类整体发展

基于生态智慧的人类整体发展，是绿色发展、公正发展、自由发展有机统一的发展。当代中国文化以马克思主义为指导，坚持从中华优秀传统文化中汲取丰富的资源和营养，具有促进基于生态智慧的人类整体发展的"中国智慧"。

首先，当代中国文化具有把绿色、公正、自由三种价值统一于发展价值之中的"中国智慧"。绿色、公正、自由是基于生态智慧的人类整体发展的三个价值维度。我们知道，在马克思恩格斯那里，绿色、公正、自由发展是不可分割的有机整体，这是一种超越资本主义发展的未来发展，是实现了人与自然和解的整体发展，是人类与自然

[①] 《中共中央关于党的百年奋斗重大成就和历史经验的决议》，人民出版社2021年版，第64页。

和谐共生的发展。人类要实现公正发展，每个人要实现自由发展，一个重要前提就是人与自然实现和解，以及人类实现绿色发展。

人类在现代化进程中遭遇到了这样的发展价值难题：如何解决生态保护与经济发展之间的价值冲突问题？如何解决人类自由与大自然完整性之间的价值冲突问题？如何才能同时实现自由、公平、尊重大自然这三种不同的价值目标？在对现代化实践反思过程中，我们已经认识到，要解决这些发展价值难题，我们没有其他选择，只有推动人类实现整体发展，或者说，推动实现基于生态智慧的整体发展。正如德尼·古莱给出的答案："整体发展"[1]。这种"整体真正的发展"[2]"把关心环境责任联系到力求普遍经济公平"，并"使三种不同的伦理价值观要求——公平、自由和尊重大自然——都能相对化"，[3] 也就是说，公平发展价值、自由发展价值和尊重大自然的发展价值，都没有绝对的优先权，每一种发展价值只能在关系到其他两种发展价值时，才能确定这种发展价值是否正确。这是一种着眼全局、着眼全景、着眼整体的新发展。这种整体发展强调，人类自由或大自然完整都不能作为绝对价值观。因为，为了人类自由发展，需要长期、持续、强化平等的反贫困斗争，而这种反贫困斗争需要资源开发的智慧，如果人类受到贫困恶化或者灭绝的威胁，保护物种就不能作为优先价值提出来。而人类处于不自由、不发达状态时，大自然的完整性本身就受到削弱；同时，"如果大自然完整性受到破坏，人类也

---

[1] 〔美〕德尼·古莱：《发展伦理学》，高铦、温平、李继红译，社会科学文献出版社2003年版，第145页。
[2] 〔美〕德尼·古莱：《发展伦理学》，高铦、温平、李继红译，社会科学文献出版社2003年版，第142页。
[3] 〔美〕德尼·古莱：《发展伦理学》，高铦、温平、李继红译，社会科学文献出版社2003年版，第143页。

不可能真正自由、真正发达"①。以往的更多的文化都只能重点解决好某一部分的发展价值问题。或实现了自由发展价值，却损害了公平发展价值，也损害了大自然完整性的价值；或实现了公平发展价值，却损害了自由发展价值，大自然完整性也或多或少受到损害。而当代中国文化是有利于促进整体发展的整体性文化，这种整体性文化是追求人与人和谐共处、人与社会和谐共赢、人与自然和谐共生的整体性文化。

其次，当代中国文化具有为实现人的解放与自然的解放相统一提供价值引导的"中国智慧"。这种"中国智慧"首先源于马克思主义。当代中国文化是以马克思主义指导思想为灵魂的文化。马克思主义认为，人是一个整体性存在，人是社会存在和自然存在的统一。"人直接地是自然存在物"②。"自然界是人的无机的身体。人靠自然界生活，人是自然界的一部分"③。自然界是"人的精神的无机界"；人的社会存在是在改造自然的过程中得到确证的，人的自然存在又只有在社会存在中才能得到体现。"人与自然的和解"是基于生态智慧的整体发展的价值追求，或者说，人与自然生命共同体是基于生态智慧的整体发展的价值目标。马克思恩格斯指出，未来发展是消除了人与人关系的异化，也消除了人与自然关系异化的发展，是人与人之间和解的发展，也是人与自然之间和解的发展，是人与人和谐共处的发展，是人与自然和谐共生的发展。而实现人与自然的和解就必须合理地调节和自然之间的物质交换；这种"中国智慧"更源于中华优秀传

---

① 〔美〕德尼·古莱：《发展伦理学》，高铦、温平、李继红译，社会科学文献出版社2003年版，第146页。
② 《马克思恩格斯文集》第1卷，人民出版社2009年版，第209页。
③ 《马克思恩格斯文集》第1卷，人民出版社2009年版，第161页。

统文化。当代中国文化是继承和弘扬中华优秀传统文化的文化。正因为继承了中华优秀传统文化的独特基因，当代中国文化是一种成全"万物各得其和以生，各得其养以成"整体发展的文化，成全"天人合一"整体发展的文化，成全"人与自然生命共同体"整体发展的文化。这种成全人类整体发展的文化，可以追溯到组成"轴心时代"的中华文化源头。在"轴心时代"，中国的智者创造了灿烂的中华优秀传统文化，就如何正确处理人与人、人与社会、人与自然之间的关系问题，提出了至今还具有深远影响的思想体系，提出了已经成为当代中国文化独特基因的"中国智慧"。正如习近平总书记所指出："老子、孔子、墨子等思想家上究天文、下穷地理，广泛探讨人与人、人与社会、人与自然关系的真谛，提出了博大精深的思想体系。"[①]

最后，当代中国文化具有为人类整体发展提供"自由人联合体"价值引领的"中国智慧"。马克思主义认为，发展是一种整体现象、一种整体实践。发展不是一个单一的经济概念，而是一个集经济、政治、社会、文化、生态、科技于一体的整体发展现象。发展涉及了人与自然、人与人、人与社会、人与自身的关系，发展是"每个人的自由发展成为一切人的自由发展的条件"的发展，是人与自然和谐共生、人与人和谐共处、人与社会和谐共赢的"自由人联合体"的发展。在《共产党宣言》中，马克思恩格斯提出了每个人自由发展、所有人自由发展的"自由人联合体"[②]的人类发展价值目标。而"每个人"自由发展、"所有人"自由发展，蕴含着公平公正发展的价值追求。不能实现"每个人"自由发展、"所有人"自由发展的社会，不

---

① 习近平：《在布鲁日欧洲学院的演讲》，《人民日报》2014年4月2日。
② 《马克思恩格斯文集》第5卷，人民出版社2009年版，第892页。

是公正发展的社会；不能实现公正发展的社会，不可能是"每个人"自由发展、"所有人"自由发展的社会。特别是在资本主义社会，"在自由竞争中自由的并不是个人，而是资本"①。消灭了私有制的未来社会的发展，才能实现自由发展与公正发展的统一，"真正的自由和真正的平等"才有可能实现。②正是以"自由人联合体"为发展价值引领，党的十八大以来，中国共产党提出了构建人类命运共同体的理念，提出了弘扬和平、发展、公平、正义、民主、自由的全人类共同价值，以促进人类实现整体发展，为促进人类整体发展提供了独特的"中国智慧"。

总之，人类发展应该是绿色发展、公正发展、自由发展的有机统一，这是一种基于生态智慧的整体发展。在这种整体发展中，人成为社会的主人，成为自然界的主人，成为自己的主人，最终获得了自由发展。正如恩格斯所指出："人终于成为自己的社会结合的主人，从而也就成为自然界的主人，成为自身的主人——自由的人。"③正是在为实现绿色发展、公正发展、自由发展有机统一的人类整体发展提供"中国智慧"的过程中，当代中国文化的发展价值不断得以实现。

（三）"和合"文化促进整体发展

"和合"是中华优秀传统文化的精神追求，这个精神追求体现在中华优秀传统文化各派思想文化之中。正因为中华文明是一种延续性文明，使得"和合"精神积淀为当代中国文化的时代精神，当代中国文化具有了促进"和合"整体发展的"中国智慧"。

---

① 《马克思恩格斯文集》第 8 卷，人民出版社 2009 年版，第 179 页。
② 《马克思恩格斯全集》第 3 卷，人民出版社 2002 年版，第 482 页。
③ 《马克思恩格斯文集》第 3 卷，人民出版社 2009 年版，第 566 页。

首先，当代中国文化是具有整体性特质的"和合"文化。当代中国文化传承着中华优秀传统文化的独特基因。正因为中华优秀传统文化具有的整体性特质，使当代中国文化具有促进整体发展的价值。谈到中华优秀传统文化的整体性特质，我们不能不谈文明的延续性和断裂性问题。一般说来，一种文明一旦出现断裂或变异，文明初期的价值观就很难持久深远地影响现代文明。与西方文明出现了"全盘的质的决裂"① 不同，中华文明是一种绵延不绝的文明，具有整体性、持久性、连续性的特质。正是中华文明的整体性、持久性、连续性的特征，决定了在"轴心时代"开始形成的中国传统文化核心价值观会持久深远地影响着中国人的思想方式和价值取向。没有发生断裂性的文明，其核心价值的影响是持久深远的、稳定连续的。或者说，其哲学基础是稳定的、连续的。关于这一点，陈来曾对中华文明的哲学基础进行过阐述。他指出，中华文明强调宇宙是一个相互依存、相互联系的有机整体，每一事物都有存在的价值、意义和理由，人与人、人与自然、文化与文化都应建立和谐共生的关系。而西方机械论的宇宙观强调自我中心，"重视静止、孤立、实体、客体二分"②。而正是西方文明的这一哲学基础，"最终造成了人与人、人与自然、文化与文化的紧张"③。另外，杜维明在谈到中国人的宇宙观时也指出，要从连续性、动态性、整体性三个要点把握中国的宇宙观。在中国人的宇宙观中，宇宙万事是整体有机的统一体，宇宙是相依相生的生命过程，"宇宙是一个动态的宇宙，有机体的宇宙，而宇宙的实体就是气，

---

① 〔美〕史华慈：《古代中国的思想世界》，程钢译，江苏人民出版社2004年版，导言第2页。
② 陈来：《中华文明的核心价值：国学流变与传统价值观》，生活·读书·新知三联书店2015年版，第1页。
③ 陈来：《中华文明的核心价值：国学流变与传统价值观》，生活·读书·新知三联书店2015年版，第1页。

气是宇宙的生命力,是宇宙空间连续的物质力量,也就是宇宙的生命力"①。

其次,当代中国文化是注重关联性的"和合"文化。关于关联性问题,法国社会人类学家葛兰言(Marcel Granet)认为关联性是中国人思维的主要特性,他曾指出,"中国人把各种事物看成了一种关联性的存在"②。李约瑟也曾指出,中华文明有一种特性,就是有机主义。也就是强调事物各个部分的相互关联、相互协调,强调事物具有不可分的统一性。所有事物都是相互联系的,都依赖于整个世界而存在,而不是相互对立、相互排斥的组成部分,也因此,在中华文明的世界观中,"和谐是世界秩序的一种基本原则,宇宙各组成部分自发地协调着、合作着、共鸣着,没有任何机械的强制"③。陈来指出:"虽然其他文明也存在过关联思维,但与其他文明不同,中华文明的关联性思维在中国的战国后期把神话时代的关联思维发展为哲学的关联性宇宙建构,成为了中国宇宙观的一个特色。"④ 中华文明把天地人万物都看成互动、协调、和谐、共生关联的整体。"关注事物的普遍联系,关注事物的相互依存、相互关系、相互作用、相互影响、相互感通,关注整体与部分间的相互包容,早已成为中国思维的重要特征"⑤。注重关联性反映了中华文明的价值取向,这种价值取向为"轴

---

① 杜维明:《试谈中国哲学中的三个基础》,载郭齐勇、郑文龙编:《杜维明文集》第五卷,武汉出版社2002年版,第4页。
② 〔美〕安乐哲:《和而不同:中西哲学的会通》,温海明译,北京大学出版社2009年版,第202页。
③ 〔英〕李约瑟:《中国科学技术史》第二卷,何兆武等译,科学出版社、上海古籍出版社1990年版,第304—308、531页。
④ 陈来:《中华文明的核心价值:国学流变与传统价值观》,生活·读书·新知三联书店2015年版,第1页。
⑤ 陈来:《中华文明的核心价值:国学流变与传统价值观》,生活·读书·新知三联书店2015年版,第34页。

心时代"以后中华文明的基本价值奠基。也正是中华文明的连续性、动态性、整体性、关联性思维和基本价值取向,影响了当代中国文化追求整体性价值,进而有利于促进人类整体发展。

最后,当代中国文化是一种追求人与自然和谐共生的"和合"文化。中华优秀传统文化的天人合一思想追求人与自然的和谐共生。天人合一思想与西方主客二分对立的思想截然不同,它强调人与自然的和谐统一,这是一种大智慧,追求整体和谐的大智慧。天人合一思想认为,天地万物是一个不可分割的和谐共生的统一体。天地交合有了世界,天地又孕育了万物,包括人类,万物与人类都是天地所生,天地就是父母,人与人都是同胞兄弟姐妹,万物一体,人与自然共生共存。正如宋代思想家张载所言:"天人异用,不足以言诚。天人异知不足以尽明。所谓诚明者,性与天道不见乎大小之别也。"[1]也就是说,要做到"诚""明",就不能区分天之用与人之用、天之知与人之知。"儒者则因明致诚,因诚致明,故天人合一,致学而可以成圣,得天下而未始遗人"[2]。陈来指出:"'万物一体'的思想是宇宙关联性最高的伦理体现,它既指示出个人对关联整体的义务,也指示出追求整体的和谐是人的根本目标。"[3] 在追求整体和谐共生的过程中,体现了一种"亲亲""仁民""爱物"的价值追求,体现了"和而不同"的价值追求。正如西周史伯所言,"夫和实生物,同则不继,以他平他谓之和,故能丰长而物归之"[4],他认为多样性才是事物生长繁荣的前提,"和"即不同事物之间的调和、融合、协调、协同才是事物生生

---

[1] 张载:《正蒙·诚明》。
[2] 张载:《正蒙·诚明》。
[3] 陈来:《中华文明的核心价值:国学流变与传统价值观》,生活·读书·新知三联书店2015年版,第32—33页。
[4] 《国语·郑语》。

不息的必要条件。

二、为人类创新发展提供"中国价值"

如何才能破解 21 世纪人类发展难题？一个关键抉择是：创新发展。问题是，创新发展何以可能？创新发展的动力源是什么？或者说，创新发展需不需要一种持久深远的价值力量？人类的实践证明，创新发展需要价值力量牵引，需要发展价值力量引领。而当代中国文化可以成为推动人类创新发展的一种持久深远的价值力量，也就是说，当代中国文化可以为人类创新发展提供"中国价值"。

（一）从"李约瑟难题"说起

当代中国文化能够提供创新发展所需要的价值引领吗？在这里，我们不能不提到"李约瑟难题"，或者说，讨论当代中国文化与创新发展的关系，无法回避"李约瑟难题"。

在英国学者李约瑟（1900—1995）编著的《中国科学技术史》中，有这样的发问："尽管中国古代对人类科技发展做出了很多重要贡献，但为什么科学和工业革命没有在近代的中国发生？"李约瑟指出："从公元 1 世纪到 15 世纪，没有经历过'黑暗时代'的中国人总体上遥遥领先于欧洲。直到文艺复兴晚期发生科学革命，欧洲才迅速领先。"[1] "为什么科学和工业革命没有在近代中国发生？""为什么最终欧洲迅速领先中国？"这些问题，美国经济学家肯尼思·博尔丁称

---

[1] 〔英〕李约瑟：《文明的滴定：东西方的科学与社会》，张卜天译，商务印书馆 2016 年版，第 1 页。

之为"李约瑟难题"。

"李约瑟难题"曾经成为中国科技发展史研究的热门话题。学者们纷纷提出自己的见解,包括"综合因素论、科学内部结构论、文化模式论、儒家思想论、系统论、思维方式论、无科学论、无意义论"[①]。其中,与本书相关的有"文化模式论""儒家思想论"等。有学者从文化方面探寻了种种原因:以礼为核心培植出来的中国文化系统,与追求真理的科学思想不相吻合;中国传统文化服从于政治,依附于政治,科学的相对独立性和自主性被取消;中国传统文化追求"格物、致知、诚意、正心",以"修、齐、治、平"为基本目标;中国古代有技术没有科学(梁漱溟、冯友兰、吴大猷都持这种观念),古代中国超越西方大多是技术而不是科学。由于没有科学作为基础,没有科学精神,科技发展是有限度的,有技术没有科学是近代以来中国科技发展落后的重要原因,等等。

"李约瑟难题"引发我们深入思考的是:近代以来中国科学技术的落后,其根源是不是中国传统文化?或者说,近代以来中国创新发展的滞后,其根源是不是中国传统文化?中国传统文化是否有利于创新发展?当代中国文化是否有利于创新发展?

不可否认,任何一种传统文化,都有其历史局限性。中国传统文化也不例外。就创新发展而言,中国传统文化确实存在不利于创新发展的因素,确实存在不利于科学精神培养的地方。对此,李约瑟也指出过:"我认为中国文明中存在着抑制现代科学生长的因素,而西方文明中则存在着有利于现代科学生长的因素。"[②]

---

① 王钱国忠:《李约瑟研究的回顾与瞻望》,载李约瑟文献中心编:《李约瑟研究》第 1 辑,上海科学普及出版社 2000 年版,第 196—222 页。
② 〔英〕李约瑟:《文明的滴定:东西方的科学与社会》,张卜天译,商务印书馆 2016 年版,第 140 页。

事实上，李约瑟对中国传统文化的优点是有过赞赏的。如在人与自然关系方面，他指出，"古代中国人在整个自然界寻求秩序与和谐，并将此视为一切人类关系的理想"[1]，而中国人在面对各种发展难题时所表现出来的"合作精神"，将是影响世界的"非常中国式的特点"[2]。李约瑟还预言，中华文化、中国人的精神气质等方面"将对日后指引人类世界做出十分重要的贡献"[3]。

李约瑟不赞同西方文明能统摄其他一切文明[4]的观点，因为人类文化的基石"不只是欧洲人，而是全世界绝大多数人民所共同镌刻和奠定的"[5]，认为中国文化和其他各国文化一样，"有突飞猛进的时期，也有相对静止的时期"[6]。他还指出，"如果真正要说具有历史价值的文明的话，那么，光荣应属于中国"[7]，"事实上，中国文明从未像今天这样富有生命力"[8]。"我对另一个半球另一种文明的热爱不亚于对自己文明的热爱，而对那种文明的体验又异常亲近"[9]。同时，李约瑟批评了西方科学史家的傲慢和偏见，指出，这些"西方科学史家不断谈到'我们的现代文化'、'我们的高度文明'"[10]。李约瑟指出，现代

---

[1] 潘吉星：《李约瑟文集》，辽宁科学技术出版社1986年版，第338页。
[2] 潘吉星：《李约瑟文集》，辽宁科学技术出版社1986年版，第333页。
[3] 潘吉星：《李约瑟文集》，辽宁科学技术出版社1986年版，第341页。
[4] 〔英〕李约瑟：《四海之内》，劳陇译，生活·读书·新知三联书店1987年版，第18页。
[5] 〔英〕李约瑟：《四海之内》，劳陇译，生活·读书·新知三联书店1987年版，第6页。
[6] 〔英〕李约瑟：《四海之内》，劳陇译，生活·读书·新知三联书店1987年版，第6页。
[7] 〔英〕李约瑟：《四海之内》，劳陇译，生活·读书·新知三联书店1987年版，第4页。
[8] 〔英〕李约瑟：《文明的滴定：东西方的科学与社会》，张卜天译，商务印书馆2016年版，第44页。
[9] 〔英〕李约瑟：《文明的滴定：东西方的科学与社会》，张卜天译，商务印书馆2016年版，第141页。
[10] 〔英〕李约瑟：《文明的滴定：东西方的科学与社会》，张卜天译，商务印书馆2016年版，第42页。

科学"是现代的普遍科学！不是西方科学"[①]。确实，把现代科学与西方科学等同，是一种傲慢，更是一种偏见。我们应该看到，在中国传统文化的特质中存在有利于创新发展的基因，需要我们激活，这是一种创新文化的基因。

"李约瑟难题"告诉人们，文化影响创新发展，价值观影响创新发展。文化对创新发展的影响，可以从文艺复兴时期找到证明。恩格斯指出，文艺复兴是人类历史上在思维能力、知识渊博方面的"巨人的时代"[②]。文艺复兴时期，文化对创新起到促进作用，这才产生了布鲁诺、开普勒等伟大的创新学者。文化对创新的影响，也可以在16世纪到19世纪的英国找到证明。正是英国当时具备了尊重知识、尊重创造、尊重劳动的创新文化等社会条件，培根、牛顿、瓦特、法拉第、焦耳、麦克斯威尔等杰出人物才不断出现，才有了牛顿发现的万有引力定律，有了瓦特发明的蒸汽机。正如默顿所指出，"十七世纪英格兰的文化土壤对于科学的成长与传播是特别肥沃的"[③]。前文提到的塞缪尔·亨廷顿、劳伦斯·哈里森等著名学者，还专门探讨了文化特别是其中的价值观是如何影响发展包括创新发展的。1987年，德国柏林科学技术研究院以"文化因素在技术创新中的作用"为题，通过跨学科研究，他们提出，文化因素在创新过程的每个阶段都有影响，"在早期阶段，创造力较为重要；在后期阶段，则是影响人们积极性的文化因素会起更大作用"[④]。中国学者也指出，"技术创新是在

[①] 〔英〕李约瑟：《文明的滴定：东西方的科学与社会》，张卜天译，商务印书馆2016年版，第43页。
[②] 《马克思恩格斯全集》第20卷，人民出版社1971年版，第533页。
[③] 〔美〕罗伯特·金·默顿：《十七世纪英格兰的科学、技术与社会》，范岱年等译，商务印书馆2000年版，第295页。
[④] 柏林科学技术研究院：《文化VS技术创新：德美日创新经济的文化比较与策略建议》，知识产权出版社2006年版，第5页。

一定的精神文化土壤上产生和进行的""社会精神文化在技术创新过程中发挥多方面的、基础性的作用""价值观是精神文化的核心,正是精神文化的价值观规定了技术创新的价值原则、价值理想和评价标准"。[1]当然,文化影响创新发展是非常复杂的系统过程,不能简单地对某种文化是否有利于创新发展作出主观的判断。我们应该看到,中国传统社会是一个"慢变"的社会,传统的小农文化对创新确实起到了阻碍作用,而现代中国社会,是一个已经发生"巨变"的社会。中国特色社会主义已经进入了新时代,当代中国文化对创新发展具有重大的推动作用,具有不可替代的发展价值。正因为文化特别是其中的价值观影响创新发展,改革开放以来,我们高度重视发展价值观的变革,先后提出了科学发展观、新发展理念,推动了人类在发展方面的价值观革命。通过发展价值观革命,不断推动创新发展。

没有正确的价值引领的创新发展等于自我毁灭。受马克思创新理论影响,熊彼特在《资本主义、社会主义与民主》中指出,马克思"断言资本主义发展将毁灭资本主义社会基础"是正确的。[2]马克思创新思想是熊彼特创新理论的重要渊源。熊彼特曾指出的,关于创新问题,他的新陈述"同马克思的陈述更加接近",他的结构只包括马克思的"研究领域的一小部分"。[3]受马克思创新发展思想影响,熊彼特也认为,创新发展对资本主义社会来说是一个自我毁灭的过程。根据马克思的创新思想,资本主义如果不创新必然走向毁灭,但创新最终会被新的社会所取代。为什么会出现这种资本主义创新发展的悖

---

[1] 夏保华:《论技术创新的哲学研究》,中国社会科学出版社2004年版,第132—133页。
[2] 〔美〕约瑟夫·熊彼特:《资本主义、社会主义与民主》,吴良健译,商务印书馆1999年版,第95页。
[3] 〔美〕约瑟夫·熊彼特:《经济发展理论》,何畏等译,商务印书馆1991年版,第68页。

论？主要原因是其创新发展的价值取向出现了问题。资本主义的创新发展是为了利润的创新发展，而不是以人民为中心的创新发展，也就是说，资本主义的创新发展是为了少数人享有的创新发展，而不是为了人民共享发展成果的创新发展。

创新的本质就是发展，是一种高质量发展。这种高质量发展需要在价值上回答：创新发展为了谁？创新发展为了什么？什么样的创新发展才是高质量发展，如何实现这样的创新发展？我们认为，要实现这样的高质量发展，需要先进文化引领，需要先进价值引领。中国特色社会主义文化就是一种引领以人民为中心的创新发展的文化，引领以实现共享发展为目的的创新发展的文化，引领以实现公平正义发展为目标的创新发展的文化。

（二）先进文化引领创新发展

创新是人类的创造性实践活动行为。实践是创新的根本，实践的无止境，决定了创新的无限性。创新的无限性决定了人类发展的无限性，人类不断超越自我，不断完善自我，不断从低级向高级方向发展，不断迈向人类的自由解放。可以说，创新是一个民族进步的灵魂，是一个国家兴旺发达的不竭动力，是人类进步和发展的动力源泉。

创新的本质是现实的人能动的、有目的的、创造性的实践活动。创新是人类特有的认识能力、实践能力，是人的本质力量彰显。创新主体是根据自身发展需要而进行创新的"现实的人"。正如马克思所指出，"现实的、活生生的人"[1]懂得按照"任何一个种的尺度"来

---

[1] 《马克思恩格斯文集》第1卷，人民出版社2009年版，第295页。

进行生产，懂得把"内在的尺度"①运用于对象，通过"有目的的"②生产活动创造出来。而"这个目的"是由"现实的人""活生生的人"的生存、发展、享受需要决定的。"这个目的"既围绕"生存资料"进行，更围绕着"享受资料和发展资料"③进行。创新是"为了人"的有价值的实践活动。这是有文化的创新，是有价值的创造活动，这种价值不仅仅是经济价值，更是人的发展价值。创新的过程、创新的结果都指向人的发展，指向"每个人""所有人"的自由全面发展，是"属人"的创新。而资本主义发展过程中，在强大的资本逻辑之下，创新的价值取向出现了问题，不断创新的生产成为"为了价值和剩余价值而进行的生产"④，少数人的物质财富的获取，甚至是极少数人的贪婪成为创新的目的。纠正这种创新的价值偏差，需要先进文化的价值引领。

先进文化引领创新发展，首先体现在通过核心价值观引领创新发展。在相当长的时期内，文化与创新被视为两种相互没有联系的活动，创新只被认为是一种经济实践。实际上，创新本质上是一种文化选择。没有适宜的价值引领，没有适合的文化环境，不可能出现创新行为。特别是创新实践成为人类普遍的实践活动之后，创新越来越成为一种文化选择。特别是当我们追问"创新发展为了谁？创新发展为了什么？什么样的创新发展才是好的发展"的时候，创新发展实际就是一种文化选择、一种价值选择。可以说，文化特别是其中的价值观，对创新发展的目标和方向起到了引领作用。在以社会主义核心价

---

① 《马克思恩格斯文集》第1卷，人民出版社2009年版，第163页。
② 《马克思恩格斯文集》第5卷，人民出版社2009年版，第55页。
③ 《马克思恩格斯文集》第9卷，人民出版社2009年版，第548页。
④ 《马克思恩格斯文集》第7卷，人民出版社2009年版，第997页。

值观为内核的先进文化引领下,创新文化与创新发展深度融合。创新发展是与人的自由解放相一致的,人的自由解放是文化进步的价值尺度。本质上说,创新发展是人类的生存方式和发展方式,是对人类自身价值和命运的关怀。创新发展的价值就是人的发展价值。创新发展不仅仅是为了物质充裕,为了经济的增长,更是为了美好生活,为了幸福生活,为了人类精神世界的丰富,为了人类精神家园的建构,为了人的自由全面发展。当代中国文化本质上是中国特色社会主义文化,是在批判资本主义文化的基础上发展起来的先进文化,这种先进文化的使命就是克服科技创新过程中出现的人的异化、消费异化、生态危机,实现创新发展与人的自由发展相融合,实现创新发展与人的全面发展相融合,实现创新发展与共享发展相融合。

先进文化引领创新发展,还体现在通过新发展理念引领创新发展。没有科学精神,不可能有创新发展,没有人文精神,不可能有创新发展,真正的创新发展是科学精神与人文精神相互作用的结果。没有科学信仰,不可能有创新发展,因为创新发展过程中充满着不确定性,是一个有风险甚至是高风险的实践活动,需要有坚定的信念。没有包容精神,就不可能有创新发展。正因为创新发展充满着不确定性,充满着各种各样的风险,随时面临着各种各样的失败,需要有容错纠错的文化环境和文化氛围。马克思指出:"人类始终只提出自己能够解决的任务,因为只要仔细考察就可以发现,任务本身只有在解决它的物质条件已经存在或者至少在生成过程中的时候,才会产生。"[1] 受传统发展观影响,"创新发展"以最大限度促进经济增长为目的,这种"创新发展"使人变得越来越贪得无厌,人们越来越满足

---

[1] 《马克思恩格斯文集》第 2 卷,人民出版社 2009 年版,第 592 页。

于对技术产品的占有。这种"创新发展"既没有"自然"在场,也没有"人"在场。由于传统发展观是主客二分思维方式下的发展观,是人与自然二元对立的发展观,在创新发展过程中,人们只关注"怎样做",而不关注"是否应该做",势必造成人与自然之间的紧张和对立,导致人与自然之间的关系成了征服与被征服的关系,最终出现了生态危机。在反思批判传统发展观的过程中,人类先后提出了新发展观、可持续发展观、科学发展观、新发展理念等。其中,法国学者佩鲁提出了新发展观,布伦特兰委员会提出了可持续发展观。可持续发展观强调发展既"满足当代人的要求",又"不损害子孙后代满足其需求能力"。[①] 中国共产党先后提出了科学发展观和新发展理念。

新发展理念引领创新发展。从人与物的关系方面,新发展理念强调创新发展是为了人的自由全面发展,是以人民为中心的创新发展,是为了满足人民美好生活需要的创新发展。从人与自然的关系方面,新发展理念通过反思传统发展观导致的"黑色发展",引领人们追求为了人与自然和谐共生的创新发展。在人与人、人与社会关系方面,新发展理念更有利于引领人类"集体创新"。所谓"集体创新",主要是指注重集体力量、汇聚集体智慧,特别是利用互联网汇聚集体力量、集体智慧所进行的创新活动。当前,集体创新已经成为人类创新发展的必然趋势。在互联网时代,网络使人类的创新发展如虎添翼。兰德斯以维基百科的信息爆发式增长为例,说明网络是如何成全人类的创新发展的。创立维基百科的是组织非常松散、没有多少预算、没有管理体系的一群自我招募的人,但他们利用互联网聚集集体的智慧,将个人自发努力汇成庞大的体系,进而爆发出无穷的创造力。网

[①] 世界环境与发展委员会:《我们共同的未来》,吉林人民出版社 1977 年版,第 52 页。

络使通过集体智慧进行集体创新成为人类未来发展的必然选择。兰德斯指出:"当创新者学会与无穷无尽的信息交流,并选择性地利用这些信息时,其创新速度就会加快。"[1] 同时,应对气候变化,打破经济增长与能源消费同步增长的态势,在减少物质财富的同时又能够提高人类福祉,等等,必须利用集体智慧。兰德斯指出:"2052年,开放、集体的创新将成为新的范式。"[2] 这种新的范式能够让企业采取更健康的方式,采取经济调适手段而不是竞争手段谋求持续发展,能够成为"适者""存活者"的企业将是那些能够把合作能力整合到管理之中的企业。这需要创新,而这种促进企业可持续发展的创新不仅仅是技术创新,而是一种超越了技术创新的创新,更多的是"软创新"[3]。集体创新有利于促进社会参与、社会协作,并使其朝着共同的目标努力。兰德斯以海地地震救援为例来说明这一点:在海地地震发生的两天之内,约两千志愿者绘制了完整的太子港电子地图并用于地震救援行动中,让人们看到了集体力量、集体智慧的重要作用。正如兰德斯所说:"现在我们知道,在创造力与智慧方面,集体的力量的确可以超过个人的总和。集体的智慧超过了个人的认知能力。"[4] 我们完全有理由相信集体创新的革命性活动将改变这个世界。集体创新不仅是可行的,也是有效率的。特别是集体协作设计复杂系统,这种协作可以是数千人,可以是数万人,每个人都在其中发挥自己的作用,

---

[1] 〔挪威〕乔根·兰德斯:《2052:未来四十年的中国与世界》,秦雪征、谭静、叶硕译,译林出版社2013年版,第206页。
[2] 〔挪威〕乔根·兰德斯:《2052:未来四十年的中国与世界》,秦雪征、谭静、叶硕译,译林出版社2013年版,第207页。
[3] 〔挪威〕乔根·兰德斯:《2052:未来四十年的中国与世界》,秦雪征、谭静、叶硕译,译林出版社2013年版,第207页。
[4] 〔挪威〕乔根·兰德斯:《2052:未来四十年的中国与世界》,秦雪征、谭静、叶硕译,译林出版社2013年版,第208页。

做出自己的贡献。数万人同时试验某种产品并给予反馈或建议,最终使开发者不断改进产品。火狐软件免费开源浏览器、使用人数全球第二的成功例子,维基百科基于网络、协作、开源、免费的百科全书的成功例子,都说明了集体创新的绝对效率。在这两个成功例子中,组织方法新颖,目的非营利,是基于非资本主义价值的创新发展。按照欧洲可持续战略权威专家伊丽莎白·拉威尔的观点,这种集体创新将使对知识产权的严格控制退出历史舞台,最终将"彻底颠覆资本主义","公司越来越成为集体想法的实现者,将成果提供给个人用户,并且引导个人用户的力量,使之帮助改善产品,提高集体福祉"。[①]

(三)"生生"文化促进创新发展

文化促进创新发展是需要条件的,是需要环境的,是需要体制创新的。比如,中国传统文化在中国特色社会主义制度条件下,其有利于创新发展的基因,就会被激活。一定意义上,当代中国文化是一种"生生"文化,这种"生生"文化使当代中国文化能够促进创新发展。

首先,"生生"宇宙观能够促进创新发展。"生生"宇宙观实质上是一种创新发展观。这种"生生"宇宙观,包含着创新、革新、日新、月新的创新精神。这种"生生"宇宙观把宇宙看成一个变易不息的大流、生生不息的运动过程。《易经·系辞》指出,"天地之大德曰生""富有之谓大业,日新之谓盛德,生生之谓易"[②]。周敦颐、程颢继承了这种"生生"宇宙观,认为万物生生,是天道,是天理,生

[①] 〔挪威〕乔根·兰德斯:《2052:未来四十年的中国与世界》,秦雪征、谭静、叶硕译,译林出版社2013年版,第209页。

[②] 《系辞上》。

生化育是一个变化无穷的过程。所谓"万物生生而变化无穷"①,"生生之谓易,是天之所以为道也。天只是以生为道"②。"天地之化,自然生生不穷"③。"生生"宇宙观认为,宇宙是生生不息、运动不止的,充满着创造活力。世界是永恒变化、转化、流动、变易、运动的,变化、转化、流动、变易、运动是事物存在的基本方式。同时,天地万物的变化发展是一个自然的过程,生成是自己的生成,而不是自然界之外的主宰者推动或创造的产物。正是由于自生自化的生成论是中国世界观的主流,当代中国文化主张生生日新,通过不断革新创新实现自身的发展和变化,也因此,"天行健,君子以自强不息"这种创新自强精神成为当代中国文化精神的真实写照。

其次,"革故鼎新"文化能够促进创新发展。什么是创新?《易经》中有"革,去故也;鼎,取新也"。《诗经》中有"周虽旧邦,其命维新"。可以说,中华优秀传统文化蕴含着一种特有的创新精神。中国改革开放以来所形成的创新精神,是中华民族最深沉的精神追求之一,是中华民族独特的精神标识之一。王安石的"三不足"精神,即"天变不足畏,祖宗不足法,人言不足恤"④,就是一种大无畏的创新精神,一种基于朴素唯物主义思想的创新精神,一种致力于制度"废改立"的创新精神,一种尊重客观规律的创新精神。这种"革故鼎新"的文化,也体现在"治世不一道,便国不法古"的变革文化中。在庆祝改革开放40周年大会上的讲话中,习近平总书记指出:"中国人民具有伟大梦想精神,中华民族充满变革和开放精神。几千

---

① 《太极图说》。
② 《二程遗书》卷二上。
③ 《二程遗书》卷十五。
④ 《宋史·王安石列传》。

年前，中华民族的先民们就秉持'周虽旧邦，其命维新'的精神，开启了缔造中华文明的伟大实践。自古以来，中国大地上发生了无数变法变革图强运动，留下了'治世不一道，便国不法古'等豪迈宣言。"①"治世不一道，便国不法古。"此出自《史记·商君列传》，也就是说，治国之路有很多条，只要有利于国家，只要有利于人民，就不一定非要拘泥于旧制古法。正是这种具有人文情怀的"革故鼎新"文化，这种追求"日新月异"②的文化，才可以成全破解人类发展难题的创新发展。

最后，"人最为天下贵"的价值能够促进创新发展。中国文化与西方文化不同，在西方文化那里，存在着一个外在于宇宙的创造者即上帝，天地是被上帝创造出来的，人也是上帝创造的，宇宙时空也是上帝创造的。而中华文化认为，天地不是被创造的，而是自生化生出来的，人也不是上帝创造的。正因为人不是上帝创造的，就人的地位而言，中华文明的"人"的地位高于基督教文明的"人"。在中国文化中，人、天、地三者并立并行，被称为"三才"。人与天之间，天人相感、天人相应、天人相通，"天人合一"。人与天、地之间，人可以"与天地参"，人可以参与天地化育，可以参与大化流行，而且"人最为天下贵"③。这样的一种人与天地的"参与"论是"十分中国"的，在西方人看来是"多么奇特的思想啊"④。陈来指出，中国文化的基本气质在西周开始定型，经过轴心时代的发展而形成。周代的文化

---

① 习近平：《在庆祝改革开放40周年大会上的讲话》，人民出版社2018年版，第39页。
② 汤之《盘铭》曰："苟日新，日日新，又日新。"月牙山人对曰："彼月异，月月异，再月异。"横批："日新月异。"
③ 《荀子·王制》。
④ 陈来：《中华文明的核心价值：国学流变与传统价值观》，生活·读书·新知三联书店2015年版，第26页。

气质集中体现为"重孝、亲人、贵民、崇德"①,"人最为天下贵"体现了一种积极的、社会性的、热忱的、人道的价值追求。在创新发展过程中,"人最为天下贵"更加强调创新发展为了人,创新发展依靠人,创新发展尊重人,尊重人的生命,尊重人的价值,尊重人的发展。更加强调创新发展为了人民,创新发展依靠人民,创新发展成果由人民共享。正如习近平总书记指出:"改革要于法有据,但也不能因为现行法律规定就不敢越雷池一步,那是无法推进改革的,正所谓'苟利于民,不必法古;苟周于事,不必循旧'。"②"苟利于民,不必法古;苟周于事,不必循旧"出自《淮南子·氾论训》,意思是说,只要对人民有好处,就不必一定要效法古人的制度;只要有助于事情的成功,就不必沿袭旧有的规矩,体现了以"人最为天下贵"引领制度创新的中华文化智慧。

总之,当代中国文化是可以成全创新发展的文化。习近平总书记在中国科学院第十七次院士大会、中国工程院第十二次院士大会上的讲话中指出,中华民族是富有创新精神的民族。创新精神是中华民族最鲜明的禀赋。③中华民族有"周虽旧邦,其命维新"的创新文化基因,有"天行健,君子以自强不息"的创新文化基因,有"苟日新,日日新,又日新"的创新文化基因。在 5000 多年文明发展进程中,中华民族创造了高度发达的文明,为世界贡献了无数科技创新成果,对世界文明进步影响深远、贡献巨大。在未来发展中,也必将对人类创新发展做出更大的贡献。

---

① 陈来:《中华文明的核心价值:国学流变与传统价值观》,生活·读书·新知三联书店 2015 年版,第 38 页。
② 习近平:《加快建设社会主义法治国家》,《求是》2015 年第 1 期。
③ 习近平:《在中国科学院第十七次院士大会、中国工程院第十二次院士大会上的讲话》,《人民日报》2014 年 6 月 10 日。

三、为人类绿色发展提供"中国力量"

工业文明以来,随着科学技术的进步,人们创造了巨大物质财富,同时,随着物欲的不断膨胀、消费主义的盛行,人类不断加速对自然资源的攫取,打破了地球生态系统平衡,引发了人与自然的深层次矛盾。进入 21 世纪,这种深层次矛盾不但没有得到缓解,反而日益凸显。生物多样性正在丧失,气候变化形势严峻,沙漠化石漠化不断加剧,极端气候事件频发,给人类生存和发展带来严峻挑战。

要解决 21 世纪人类生存和发展难题,实现人类永续发展,我们需要一种新文化指引人类实现绿色发展,需要一种持久深远的价值力量指引人类谋求可持续发展。而当代中国文化就是一种指引人类实现绿色发展的持久深远的价值力量。正如习近平总书记所指出:"中华民族向来尊重自然、热爱自然,绵延 5000 多年的中华文明孕育着丰富的生态文化。"[1]"中华文明历来崇尚天人合一、道法自然,追求人与自然和谐共生。"[2] 正是这种中华文明所特有的生态文化,可以指引人类走一条人与自然和谐共生的绿色发展道路。

(一)"天人合一"的生态情怀

中华文化追求"仁民爱物",追求"天人合一",追求"天地人"协调统一的发展,具有独特的敬畏自然、尊重自然、感恩自然的生态情怀。正是这些独特的生态情怀,使当代中国文化可以指引人类走绿色发展的"中国道路"。

---

[1] 习近平:《坚决打好污染防治攻坚战 推动生态文明建设迈上新台阶——在全国生态环境保护大会上的讲话》,《人民日报》2018 年 5 月 20 日。
[2] 习近平:《共同构建人与自然生命共同体》,《人民日报》2021 年 4 月 23 日。

一是"仁民爱物"的生态情怀。《孟子》有言:"君子之于物也,爱人而弗仁;于民也,仁之而弗亲,亲亲而仁民,仁民而爱物。"① 主张爱心普及大众,推及万物,主张对人亲善,并普遍生物,这是一种博大的生态情怀。《周易》有曰:"天地之大德曰生。"② 认为天地最大的美德,就是孕育出生命,并且承载生命,维持生命的延续,这是何等的生命伦理。董仲舒指出:"仁之美者在于天,仁也。天覆育万物,既化而生之,有养而成之,事功无已,终而复始,凡举归之以奉人。察于天之意,无穷极之仁也。"③ 强调"天,仁也",主张"天覆育万物"。《周易》有曰:"天行健,君子以自强不息;地势坤,君子以厚德载物"④,强调"容载万物"。《吕氏春秋》有言:"圣人之虑天下,莫贵于生"⑤,主张"尊生""重生""贵生"。总之,中华文化突出"仁"的核心理念,认为"仁"是大自然的根本德性,主张人与自然共处共生共荣、同体同源同构,进而将仁者爱人的"人之伦""人之理",推及自然万物,演化为"生命之伦""生命之理"。最终,"仁"的最高境界就是"天人合一":"学者须识仁。仁者,浑然与物同体"⑥。

二是"天人合一"的生态情怀。"天人合一"主张天、地、人协调统一。在孟子那里,就是"尽其心者,知其性也;知其性则知天矣。存其心,养其性所以事天也"⑦,孟子把心、性、天联系起来、统

---

① 《孟子·尽心上》。
② 《周易·系辞传》。
③ 《春秋繁露·王道通三》。
④ 《周易·坤卦》。
⑤ 《吕氏春秋·贵生》。
⑥ (宋)程颢、程颐:《河南程氏遗书》卷二上,中华书局1981年版,第16页。
⑦ 《孟子·尽心上》。

一起来；在程颢那里，就是"所以谓万物一体者，皆有此理，只为从那里来"①，也就是人与自然是不可分割的整体，人与天地万物生于"理"、合于"理"，就是"天人本无二，不必言合"②。在张载那里，就是"儒者则因明至诚，因诚至明，故天人合一"③，也就是人与万物是自然宇宙的有机组成部分，是合为一体的；在朱熹那里，"天即人，人即天，人之始生，得之于天也；即生此人，则天又在人矣"④，主张人与天不分不离不弃；在王阳明那里，"风、雨、露、雷、日、月、星、辰、禽、兽、草、木、山、川、土、石，与人原只一体"⑤；《周易》有言："有天地然后有万物，有万物然后有男女"⑥，主张"有天道焉，有人道焉，有地道焉"，天、地、人三者协调统一，人与天、地并列合称"三才"；在荀子那里，"天职既立，天功既成，形具而神生"⑦，也就是人是自然之子，无论肉体还是精神均是自然的有机组成部分；在董仲舒那里，"天地人万物之本也。天生之，地养之，人成之。天生之以孝悌，地养之以衣食，人成之以礼乐。三者相为手足，合以成体，不可一无也"⑧，天、地、人分工合作、协调互助，形成一个人类发展整体。

三是敬畏、尊重、感恩自然的生态情怀。尊重自然、感恩自然，就要合理合时有节制地利用自然，按自然规律办事。对此，孟子有言："不违农时，谷不可胜食也。数罟不入洿池，鱼鳖不可胜食也。

---

① （宋）程颢、程颐：《河南程氏遗书》卷二上，中华书局1981年版，第33页。
② （宋）程颢、程颐：《河南程氏遗书》卷六，中华书局1981年版，第81页。
③ （宋）张载：《张载集》，中华书局1978年版，第65页。
④ （宋）黎靖德编：《朱子语类》卷十七，中华书局1986年版，第387页。
⑤ （明）王守仁：《王阳明全集》卷三，上海古籍出版社1992年版，第107页。
⑥ 《周易·序》。
⑦ 《荀子·天论》。
⑧ 《春秋繁露·立元神》。

斧斤以时入山林，材木不可胜用也。谷与鱼鳖不可胜食，材木不可胜用，是使民养生丧死无憾也。养生丧死无憾，王道之始也"①，强调要合理合时利用自然，节制取用自然之物，按自然规律办事；荀子有言："天行有常，不为尧存，不为桀亡。应之以治则吉，应之以乱则凶"；"大天而思之，孰与物畜而制之！从天而颂之，孰与制天命而用之！望时而待之，孰与应时而使之！因物而多之，孰与骋能而化之！思物而物之，孰与理物而勿失之也！愿于物之所以生，孰与有物之所以成！故错人而思天，则失万物之情"。②主张"制天命而用之"，也就是要尊重自然规律，利用自然规律造福人类；董仲舒主张"天之道，有序而时，有度而节。循天之道以养其身，谓之道也"③。《淮南子》主张"故先王之法，畋不掩群，不取麛夭；不涸泽而渔，不焚林而猎"④，反对"焚林而猎""涸泽而渔"。

（二）"道法自然"的生态智慧

中华文化具有"万物与我为一"的生态情怀，具有"道法自然"的生态智慧，具有"贵生"的生命智慧。正是这些独特的生态智慧，使当代中国文化成为可以指引人类走绿色发展的"中国力量"。

一是"万物与我为一"的生态情怀。老子曰："道生一，一生二，二生三，三生万物"⑤，庄子曰："天地与我并生，而万物与我为一。"⑥此意思是，天地和我同生，万物和我一体，人与自然是生命共

---

① 《孟子·梁惠王上》。
② 《荀子·天论》。
③ 《春秋繁露·天容》。
④ 《淮南子·主术训》。
⑤ 《老子》第四十二章。
⑥ 《庄子·齐物论》。

同体，理应和谐相处。道家从宇宙生成论出发，认为人与自然同源同生，天下万物均从"道"来，天、地、人均是如此，也因此，天、地、人是一个统一的发展整体。在这个整体中，天、地、人一视同仁，也就是"道大，天大，地大，人亦大。域中有四大，而人居其一焉"①，天、地、人相比没有哪个更高贵，也就是"以道观之，物无贵贱。以物观之，自贵而相贱。以俗观之，贵贱不在己"②，万物是平等的，也就是"万物齐"③。主张人与自然的平等地位，反对人类凌驾于自然之上，反对把自然作为掠夺、主宰、征服、统治的对象，追求"天地与我并生，而万物与我为一"的发展，追求"万物各得其和以生"的发展。也因此，习近平总书记指出："人与自然是生命共同体。生态环境没有替代品，用之不觉，失之难存。'天地与我并生，而万物与我为一。''天不言而四时行，地不语而百物生。'"④"坚持人与自然和谐共生。'万物各得其和以生，各得其养以成。'大自然是包括人在内一切生物的摇篮，是人类赖以生存发展的基本条件。大自然孕育抚养了人类，人类应该以自然为根，尊重自然、顺应自然、保护自然。"⑤其中，"万物各得其和以生，各得其养以成"出自《荀子·天论》，意思是说，万物各自得到自然的调和而生长，各自得到自然的滋养而成熟。

二是"道法自然"的生态智慧。老子曰："人法地，地法天，天法道，道法自然。"⑥主张尊重自然规律、顺应自然规律、善用自然规

---

① 《老子》第二十五章。
② 《庄子·秋水》。
③ 《庄子·秋水》。
④ 习近平：《推动我国生态文明建设迈上新台阶》，《求是》2019年第3期。
⑤ 习近平：《共同构建人与自然生命共同体》，《人民日报》2021年4月23日。
⑥ 《老子》第二十五章。

律，反对违背自然规律的行为，也就是"辅万物之自然而不敢为"①，自觉遵循万物的自然本性，对大自然不掠夺、不侵害、不妄加干预，也就是"道之尊，德之贵，夫莫之命而常自然"②，尊重自然、顺应自然、善待自然，只有这样，大自然才会无私地给予人类生存和发展以馈赠，否则就会遭到大自然的无情报复和惩罚。

三是"贵生"的生命智慧。老子曰："道生之，德畜之；长之育之；亭之毒之；养之覆之"③，也就是说，"道"生万物，"德"养万物，"道"之所以受尊崇，"德"之所以被重视，是因为生了万物而不据为己有，养了万物而不自以为主宰，不干涉万物生长，让万物顺应自然。这是一种贵生、尊生、达生、遂生、养生等的生命智慧，包括珍爱生命、尊重生命、乐观生命、顺应生命、护养生命等的生命智慧。这种生命智慧强调生命是宝贵的、是神圣的，不管是人类的生命，还是自然万物的生命，我们都要贵之、尊之、达之、遂之、养之，珍爱自己生命，珍爱万物生命。这种"贵生"的生态智慧，是建基于"道通为一"宇宙观。这种宇宙观认为人与万物共生共荣，人与天和谐共处、协同进化，也因此，人类应该以慈悲之心善待一切生命。

（三）"人与自然和谐共生"的价值追求

为了让中华大地天更蓝、山更绿、水更清、环境更优美，为了建设美丽中国，为了实现中华民族永续发展，在继承"仁民爱物""天人合一""万物与我为一""万物各得其和以生"等中华优秀传统文化精华的基础上，中国共产党提出了要站在人与自然和谐共生

---

① 《老子》第六十四章。
② 《老子》第五十一章。
③ 《老子》第五十一章。

的高度来谋划人类永续发展，明确了中国式现代化是人与自然和谐共生的现代化，为人类走绿色发展道路提供了"中国力量"。

第一，"生态兴则文明兴"，这是人与自然和谐共生的文明逻辑。可以说，人类文明的发展历史，就是人与自然关系的发展历史。自然生态的好坏决定着人类文明的兴衰。在把握人类文明发展规律的基础上，通过总结人类文明兴衰成败的历史经验，习近平总书记强调生态文明建设是关系中华民族永续发展的根本大计，主张"生态兴则文明兴，生态衰则文明衰"[1]。为此，我们积极倡导各国人民共谋全球生态文明建设，深度参与全球环境治理，携手共建生态良好的地球美好家园。[2]积极促进应对气候变化的国际合作，让中国成为全球生态文明建设的重要参与者、贡献者、引领者。[3]实施积极应对气候变化的国家战略，推动和引导建立公平合理、合作共赢的全球气候治理体系，彰显中国负责任大国的形象，不断推动构建人类命运共同体。[4]

第二，"绿水青山就是金山银山"，这是人与自然和谐共生的实践逻辑。人类发展实践证明，保护生态环境就是保护生产力，改善生态环境就是发展生产力，或者说，保护生态环境就是发展，改善生态环境就是发展。为了正确处理好经济发展与保护生态环境的关系，遵循人与自然和谐发展的规律，习近平总书记指出："绿水青山和金山银山决不是对立的，我们既要绿水青山，也要金山银山，绿水青山就

---

[1] 习近平：《坚持节约资源和保护环境基本国策 努力走向社会主义生态文明新时代——在十八届中央政治局第六次集体学习时的讲话》，《人民日报》2013年5月25日。
[2] 习近平：《携手共建生态良好的地球美好家园——致生态文明贵阳国际论坛2013年年会的贺信》，《人民日报》2013年7月21日。
[3] 习近平：《决胜全面建成小康社会 夺取新时代中国特色社会主义伟大胜利》，《人民日报》2017年10月28日。
[4] 习近平：《坚决打好污染防治攻坚战 推动生态文明建设迈上新台阶——在全国生态环境保护大会上的讲话》，《人民日报》2018年5月20日。

是金山银山。"① "保护生态环境就是保护生产力，改善生态环境就是发展生产力，这是朴素的真理。"② "绿水青山就是金山银山"深刻揭示了自然生态系统的多维价值属性，既具有生态价值，也具有经济价值、人文价值；反映了人与自然之间物质变换的客观规律，反映了生态环境保护与经济发展的辩证统一关系，为人类绿色发展提供了价值遵循和行动指南。通过绿色转型，以创新为驱动，大力推进经济结构、能源结构、产业结构转型升级，让良好生态环境成为人类永续发展的坚实支撑，通过持续推动经济社会发展绿色化、低碳化，让绿色低碳发展成为实现更高质量、更有效率、更加公平、更可持续、更为安全发展的关键。

第三，"良好生态环境是最普惠的民生福祉"，这是人与自然和谐共生的民生逻辑。人类发展实践证明，资源过度开发、资源粗放利用、资源奢侈消费，既不惠民利民，更会害民伤民。良好的生态环境，是让人民过上幸福生活的基础，是让子孙后代过上更加美好生活的根基。在总结人类追求民生幸福实践经验的基础上，习近平总书记指出，"良好生态环境是最公平的公共产品，是最普惠的民生福祉"③，"建设生态文明，关系人民福祉，关乎民族未来"④。他还强调，生态环境出问题就会让"老百姓的幸福感大打折扣"，绿色发展问题

---

① 2013年9月7日，在哈萨克斯坦纳扎尔巴耶夫大学回答学生问题时；2014年3月7日，在参加十二届全国人大二次会议贵州代表团审议时；2018年5月，在全国生态环境保护大会上的讲话，习近平总书记都强调了同样的观点。
② 习近平：《共同构建人与自然生命共同体》，《人民日报》2021年4月23日。
③ 习近平：《加快国际旅游岛建设 谱写美丽中国海南篇——在海南考察工作结束时的讲话》，《人民日报》2013年4月11日。
④ 习近平：《坚持节约资源和保护环境基本国策 努力走向社会主义生态文明新时代——在十八届中央政治局第六次集体学习时的讲话》，《人民日报》2013年5月25日。

"这里面有很大的政治"①,是"关系党的使命宗旨的重大政治问题","也是关系民生的重大社会问题"。②为此,我们主张绿色发展就是民生发展,强调要积极回应人民所想、所盼、所急,为人民提供更多更优质的生态产品,以满足人民日益增长的美好生活需求。通过推动绿色低碳循环发展,不断满足人民日益增长的优美生态环境的需要,走一条生产发展、生活富裕、生态良好的文明发展道路。

第四,"人与自然是生命共同体",这是人与自然和谐共生的现实逻辑。人类发展的现实越来越凸显人与自然是生命共同体。基于时代发展和文明实践提出的重大问题,在深刻反思人与自然关系的基础上,习近平总书记创造性地提出了"人与自然是生命共同体"的科学判断。在提出"人与自然是生命共同体"之前,他多次强调,山水林田湖草沙是生命共同体。并指出,"山水林田湖是一个生命共同体,人的命脉在田,田的命脉在水,水的命脉在山,山的命脉在土,土的命脉在树"③,"山水林田湖草是生命共同体",我们要"全方位、全地域、全过程开展生态文明建设"。④在这个基础上,在党的十九大报告中,习近平总书记进一步指出,"人与自然是生命共同体,人类必须尊重自然、顺应自然、保护自然"⑤。人与自然是生命共同体,意味着如果我们无止境地向自然索取甚至破坏自然,必然会遭到大自然的

---

① 习近平:《研究当前经济形势和经济工作——在十八届中央政治局常委会会议上的讲话》,《人民日报》2013年4月26日。
② 习近平:《坚决打好污染防治攻坚战 推动生态文明建设迈上新台阶——在全国生态环境保护大会上的讲话》,《人民日报》2018年5月20日。
③ 习近平:《习近平谈治国理政》第一卷,外文出版社2014年版,第85页。
④ 习近平:《坚决打好污染防治攻坚战 推动生态文明建设迈上新台阶——在全国生态环境保护大会上的讲话》,《人民日报》2018年5月20日。
⑤ 习近平:《决胜全面建成小康社会 夺取新时代中国特色社会主义伟大胜利》,《人民日报》2017年10月28日。

报复，意味着21世纪人类发展再也不能以破坏生态环境来换取发展，意味着中国式现代化是人与自然和谐共生的现代化，我们要实现的发展是和谐、美丽、幸福的发展。为此，2021年4月22日，习近平总书记在领导人气候峰会上发表题为《共同构建人与自然生命共同体》的重要讲话时，再次强调要坚持人与自然和谐共生，强调万物各得其和以生，各得其养以成。大自然是包括人在内一切生物的摇篮，是人类赖以生存发展的基本条件。大自然孕育抚养了人类，人类应该以自然为根，尊重自然、顺应自然、保护自然。如果人类不尊重自然，违背自然规律，只会遭到自然报复。如果自然遭到系统性破坏，人类生存发展就成了无源之水、无本之木。习近平总书记向世人呼吁："我们要像保护眼睛一样保护自然和生态环境，推动形成人与自然和谐共生新格局。"[①]

四、为构建人类命运共同体提供"中国方案"

中国是构建人类命运共同体的主导者和首倡者。2017年2月，"构建人类命运共同体"理念被写入了联合国决议。如何才能推动构建人类命运共同体？在这个方面，当代中国文化为构建人类命运共同体提供了"中国方案"。或者说，"和而不同""美美与共""天下为公"等共同体理念，为构建人类命运共同体提供了"中国方案"。

（一）从"文明冲突论"说起

当代中国文化能够为构建人类命运共同体提供"中国方案"吗？

---

① 习近平：《共同构建人与自然生命共同体》，《人民日报》2021年4月23日。

关于这个问题，我们不能回避亨廷顿等学者提出的"文明冲突论"。

"文明冲突论"认为，未来的世界将是有许多不同的文化和文明并存的世界，其中构成世界格局的决定性因素表现为七大或者八大文明：中华文明、日本文明、印度文明、伊斯兰文明、东正教文明、西方文明、拉丁文明以及可能存在的非洲文明。并认为，随着冷战的结束，不同的文化和文明将取代意识形态和经济而成为未来全球政治冲突的根源，文明的冲突将成为对世界和平的最大威胁。这就是所谓的"文明冲突论"。"文明冲突论"内在地包含着这样一个预设前提：即"差异性意味着冲突"。也就是说，文化差异、文明差异会导致冲突，拥有不同文化的国家之间，最可能会出现相互疏远、冷淡甚至高度敌对的关系，不同文明之间更可能是一种竞争性共处关系，而不是和平性共处关系，这种竞争性共处关系最后会导致冲突。

我们认为，"文明冲突论"实际上是一个伪命题。因为不同文明之间的冲突，不同文化之间的冲突，本质上是一种利益冲突，是利益集团之间的冲突，是利益集团打着文明旗号发生的冲突。历史上出现的种种战争，不少是同一文明中不同国家、不同地区之间的冲突。比如欧洲国家之间曾经发生的战争冲突，都是同一文明内部国家和地区之间的冲突。人类历史的实践证明，不同文明既可能出现敌对冲突，更可能和谐共处。不可否认，西方文化确实不利于不同文明和谐共处，而中华文化确实有利于不同文明和平共处。关于西方文化不利于不同文明和谐共处，在对西方文化进行预言和诊断的斯宾格勒等学者那里有过论述，在这里就不赘述。

中华文化是一种"和"文化，中华文化尚"和"，强调"差异"中的"和谐"，西方学者亨廷顿强调"同"，认为只有"同"才没有冲突。实际上，在人类文化史、人类文明发展史中，文化之间、文明之间的"和"远大于"同"。正是这种"和"促成了不同文明之间的交流交往共生共赢共进,人类文明也才绵延不绝、生生不息。中华文化作为一种"和"文化,可以促进 21 世纪人类不同文明的和谐共处。这种"和"文化,是追求"以和邦国""以和为贵"的文化。正如习近平总书记在联合国日内瓦总部的演讲中所指出:"中华文明历来崇尚'以和邦国'、'和而不同'、'以和为贵'。中国《孙子兵法》是一部著名兵书,但其第一句话就讲:'兵者,国之大事,死生之地,存亡之道,不可不察也',其要义是慎战、不战。几千年来,和平融入了中华民族的血脉中,刻进了中国人民的基因里。"① 在联合国教科文组织总部发表的演讲中,习近平总书记强调:"文明差异不应该成为世界冲突的根源","只要秉持包容精神,就不存在什么'文明冲突',就可以实现文明和谐"。② 在和平共处五项原则发表 60 周年纪念大会上的讲话中,习近平总书记指出:"文明多样性是人类社会的基本特征。当今世界有 70 亿人口,200 多个国家和地区,2500 多个民族,5000 多种语言。不同民族、不同文明多姿多彩、各有千秋,没有优劣之分,只有特色之别。""'万物并育而不相害,道并行而不相悖。'我们要尊重文明多样性,推动不同文明交流对话、和平共处、和谐共生,不能唯我独尊、贬低其他文明和民族。人类历史告诉我们,企图建立单一文明的一统天下,只是一种不切实际的幻想。"③

正因为当代中国文化是有利于不同文明和谐共处的文化,才让我们有理由有底气倡导构建人类命运共同体。2017 年,习近平总书记在新年贺词中再次向世界发出构建人类命运共同体的呼吁:"中国

---

① 《习近平谈治国理政》第二卷,外文出版社 2017 年版,第 545 页。
② 习近平:《在联合国教科文组织总部发表的演讲》,《人民日报》2014 年 3 月 28 日。
③ 习近平:《论坚持推动构建人类命运共同体》,中央文献出版社 2018 年版,第 133 页。

人历来主张'世界大同，天下一家'。中国人民不仅希望自己过得好，也希望各国人民过得好。""我真诚希望，国际社会携起手来，秉持人类命运共同体的理念，把我们这个星球建设得更加和平、更加繁荣。"①

（二）"和而不同"的"中国方案"

"和而不同"既是21世纪人类文明共生共荣的价值取向，也是人类命运共同体构建的价值取向。中华文化主张"和"则"生生不息"，亦即"和实生物""丰长而物归之"；"同"即"以同裨同"，"同"则走向衰亡，亦即"同则不继"；"和"即人与人平等相待，亦即"他平他之谓和"。②也就是说，只有具有多样性差异性，事物才能持续发展，才能有新事物的产生，只有尊重"差异"，包容"多样"，才能"生生不息"。或者说，没有"各美其美"，就不会有"美人之美"，没有"美人之美"，就不会有"美美与共"，没有"美美与共"，就不可能有"天下大同"，就不可能构建人类命运共同体。在构建人类命运共同体过程中，我们既要反对文化保守主义，更要反对文化霸权主义，反对文化殖民主义，警惕"文明冲突论"的别有用心。

首先，"和而不同"注重"贵和"。中华文化讲求"君子和而不同"，"小人同而不和"，也就是说，君子追求"和而不同"，小人追求"同而不和"。"同"就是"一"，就是消灭差异、去除多样，就是无原则的调和，就是同流合污；"和"就是尊重差异，包容多样，就是"各美其美，美人之美，美美与共，天下大同"；"和"强调海纳

---

① 习近平：《国家主席习近平发表二〇一七年新年贺词》，《人民日报》2017年1月1日。
② 《国语·郑语》。

百川,有容乃大,强调"道并行而不相悖",崇尚文明"并育而不相害",注重"五色交辉,相得益彰",追求"八音合奏,终和且平";"和而不同"强调"和"是发展的动力,"和"是文明的动力。正如习近平总书记所指出,人类文明多样性"是人类进步的源泉",文明差异"应该成为人类文明进步的动力"。

其次,"和而不同"强调"不同"。"不同"就是尊重差异、包容多样。在联合国教科文组织总部演讲中,习近平总书记引用了《古今贤文》中"一花独放不是春,百花齐放春满园"的谚语,说明中华文化是一种"和而不同"的文化,是尊重差异、包容多样的文化。"百花齐放"意味着尊重人类文明的多元化、多样性,意味着推进人类文明互鉴共享共进,意味着创造人类文明的多彩性、丰富性,意味着让世界人民共享人类多彩多样的精神生活。"和"是多样性的"和",差异性的"和"。主张"礼之用,和为贵",强调"和实生物,同则不继"。主张单一性会导致不可持续性,而多样性就会产生新的事物,就能生生不息,持续发展。"和"追求"协和万邦""有容乃大",主张"和为贵",主张"人和",主张"天时不如地利,地利不如人和",主张"万物并育而不相害,道并行而不相悖"①,主张万物竞相生长共生共荣。

最后,在主张"和而不同"的同时,中华文化在处理社会矛盾时讲求"中庸之道"。所谓"中也者,天地之大本也。和也者;天下之达道也。致中和,天地位焉,万物育焉"。"中庸之道"即"不偏之谓中,不易之谓庸"。中者,天下之正道。庸者,天下之定理。"中庸"不是无原则的调和,中庸更不是同流合污。肖永明曾经在

---

① 《在中法建交五十周年纪念大会上的讲话》中,习近平引用了《礼记·中庸》这句传世名言,《人民日报》2014年3月29日。

《中庸考》中比较深入地考察了中庸的概念，认为中庸是最高的道德，是比仁义礼智信还高的道德。中庸还是思考问题的方法。"叩其两端而执中，执中无权，犹执一也"。另外，英国著名学者、剑桥大学发展研究中心主任彼得·诺兰在其近著《十字路口：疯狂资本主义的终结和人类的未来》中指出，在人类试图在当下这个危险时期摸索出一条前进之路方面，西方与中国的关系是重中之重。中国文化中关于实现和谐、稳定以及"中庸"式动态平衡的思想，有可能在解决资本主义全球化的内在矛盾方面做出巨大贡献。

21世纪的今天，中国特色社会主义文化正在融入"一带一路"建设之中，把"一带一路"建设成为"和而不同"的人类发展之路。习近平总书记指出，"一带一路"建设就是文明交流互鉴共存发展之路，就是文明"和而不同"之路，就是尊重差异、包容多样之路，就是以文明交流超越文明隔阂的发展之路，就是以文明互鉴超越文明冲突的发展之路，就是以文明共存超越文明优越的发展之路，就是以对话代替冲突、以利益共享代替利益独享的发展之路，以文化之"和"、文明之"和"为基础，建设人类命运共同体的发展之路。

（三）"美美与共"的"中国方案"

这里的"美美"，是指不同的"美"，多种的"美"，是指多样的文化、不同的文明，是指多种向善的力量，是指人们对美好生活的多维度向往。这里的"与共"，是指友好、在一起、不分开，是指交流、沟通、合作，是指共生、共享、共赢。人类文化因"美美与共"而丰富多彩，人类文明因"美美与共"而绵延进步，人类社会因"美美与共"而共生共赢。"美美与共"是人类文明进步的重要动力，也是世界和平发展的重要动力。

"美美与共"的人类发展方案。第一,"美美与共"主张"命运与共",倡导共建人类美好家园。"美美与共"意味着相互尊重、平等相待、和合与共。主张照顾彼此重大关切,尊重各自发展道路选择,通过真诚沟通增进相互之间的理解和信任,求同存异妥善处理相互之间的分歧和问题。意味着合作共赢、和平发展、融合发展。主张共同聚焦人民幸福和发展主题,共商共建共享,共建和平家园、安宁家园、繁荣家园、美丽家园、友好家园,共同促进人类美好生活的发展。第二,"美美与共"主张"文明与共",倡导文明交流互鉴。只有"文明与共"才能"命运与共"。构建人类命运共同体,需要以文明交流超越文明隔阂,需要以文明互鉴超越文明冲突,通过"文明与共"促进各国人民相知相亲,共建美美与共的文明百花园,正如习近平总书记所言:"文明因交流而多彩,文明因互鉴而丰富。文明交流互鉴,是推动人类文明进步和世界和平发展的重要动力。"[①] 第三,"美美与共"主张"文化与共",尊重文化多样性。文化多样性意味着文化差异的多样性、文化价值的多样性、文化精神的多样性、文化风格的多样性。文化多样性既是人类的共同遗产,也是人类的基本特性。人类生活因为文化多样性而变得丰富多彩,人类因为文化多样性才有了创新发展的活力,人类因为文化多样性才有了和平发展的动力。"文化与共"鼓励和促进不同文化间的相互尊重、相互学习、相互交流、相互融合。其实,正是在中华民族的各民族之间文化对话、文化交流、文化互动、文化融合过程中,中华民族共同创造了尊重差异、包容多样的中华文化。第四,"美美与共"主张"价值与共",倡导全人类共同价值。这个全人类共同价值就是"和平、发展、公

[①] 习近平:《在联合国教科文组织总部发表的演讲》,《人民日报》2014年3月28日。

平、正义、民主、自由"的全人类共同价值,这个全人类共同价值不是为了维护西方主导的国际秩序的"普世价值",不是让发展成为"少数人的特权",让不发达成为"多数人的命运"的"普世价值",而是为了推动构建新型国际关系的全人类共同价值,为了推动构建人类命运共同体的全人类共同价值,为了共同创造世界更加美好的未来的全人类共同价值。也因此,在庆祝中国共产党成立一百周年的大会中,习近平总书记再次强调:"中国共产党将继续同一切爱好和平的国家和人民一道,弘扬和平、发展、公平、正义、民主、自由的全人类共同价值,坚持合作、不搞对抗,坚持开放、不搞封闭,坚持互利共赢、不搞零和博弈,反对霸权主义和强权政治,推动历史车轮向着光明的目标前进!"[①]

如何才能做到"美美与共"?"美美与共"的前提是"美人之美"。"美人之美"强调"老吾老以及人之老,幼吾幼以及人之幼",主张"出入相友、守望相助",强调"己所不欲,勿施于人",主张"己欲立而立人,己欲达而达人",强调"亲仁善邻,国之宝也",主张"四海之内皆兄弟"。正是这种"美人之美",成就了"美美与共"的人类发展方案。更为重要的是,要做到"美美与共",当代中国文化主张要有正确的义利观。这就是"计利当计天下利"的义利观。在印度尼西亚国会的演讲中,习近平总书记引用了"计利当计天下利"的古训,阐明了人类命运共同体正确的义利观。这种义利观是"美美与共""四海一家"的基本遵循,也是构建人类命运共同体的利益准则。"计利当计天下利"之"天下利",就是"人类整体发展"这个"根本利益",就是"世界人民和平发展""世界人民幸福生活"这个

---

① 习近平:《在庆祝中国共产党成立100周年大会上的讲话》,《人民日报》2021年7月2日。

"大利",我们要从这个"大利"出发来"计利""谋利""分利",这样才能做到"美美与共"。中华文化崇尚"君子义以为上"(孔子),追求"舍生而取义"(孟子),讲求"义,利也"(墨子),这是一种义利兼得、义重于利的正确义利观,是重视道义与责任的义利观,是有利于"美美与共"的义利观。也因此,习近平总书记强调:"我们要在国际和区域层面建设全球伙伴关系,走出一条'对话而不对抗,结伴而不结盟'的国与国交往新路。大国之间相处,要不冲突、不对抗、相互尊重、合作共赢。大国与小国相处,要平等相待,践行正确义利观,义利相兼,义重于利。"①

在具体的人类发展实践中,中国特色社会主义文化正在融入"一带一路"建设,把"一带一路"建设成为"美美与共"的人类发展之路。首先,"一带一路"是"文化与共"之路。"一带一路"是文化交流之路、文化互鉴之路、文化共存之路,打造文化共同体进而打造人类命运共同体之路。也因此,在"一带一路"国际合作高峰论坛开幕式上,习近平总书记大力倡导"一带一路"的文化交流、文化互鉴、文化共存②;其次,"一带一路"是"文明与共"之路。"一带一路"是文明交流、文明互鉴、文明共存之路,是"美美与共"文明发展观、文明进步观之路。在"一带一路"建设过程中,彰显不同文明的独特魅力,主张"你美你的美,我美我的美",尽管我的美与你的美不一样,但"我也美你的美,你也美我的美",不同的美"美美与共",这就是中华文化的文明包容之路;最后,"一带一路"是"命

---

① 《习近平出席第七十届联合国大会一般性辩论并发表重要讲话》,《人民日报》2015年9月29日。
② 《习近平出席"一带一路"国际合作高峰论坛开幕式并发表主旨演讲》,《人民日报》2017年5月15日。

运与共"之路。"一带一路"是和平、繁荣、开放、创新、文明之路，是政策沟通、设施联通、贸易畅通、资金融通、民心相通之路，是政治互信、经济融合、文化包容、共建共享共生的命运与共之路。通过将近10年的共建，"一带一路"成为了深受欢迎的国际公共产品和合作平台，已经有151个国家和32个国际组织与中国签署了共建"一带一路"合作文件，推动落地3000多项基础设施项目、产业项目、民生项目，"命运与共"之路越走越宽广越光明。

（四）"天下为公"的"中国方案"

首先，当代中国文化是主张"天下为公"的文化。在《礼记·礼运》中，提出了"大道之行也，天下为公"的主张。什么是"天下为公"？"天下为公"就是这样的一种社会状态："选贤与能，讲信修睦"，"人不独亲其亲，不独子其子"，"老有所终，壮有所用，幼有所长，矜寡孤独废疾者皆有所养"，[①]在这样的社会中，货"不必藏于己"，力"不必为己"，这是一个"盗窃乱贼而不作""外户而不闭"的"大同"世界。"公"的世界，就是"公平正直"的世界，即所谓"公者，为言平也，公平正直"[②]。有了"公"，才有"万邦和谐""万国咸宁"的世界。"大道之行也，天下为公"，这里的大道，今日之所指便是发展之道，"为公"便是追求公平正义，意指发展之"道"就在于追求人类发展的公平正义。诺兰指出，要克服西方主导的经济全球化所带来的发展矛盾和发展弊端，唯一出路就是切实借鉴和运用中国文化"天下为公"的智慧。也因此，在世界经济论坛

[①] 《礼记·礼运》。
[②] 《春秋元命苞》。

开幕式上的演讲中,习近平总书记强调:"坚持公平包容,打造平衡普惠的发展模式。'大道之行也,天下为公。'发展的目的是造福人民。"[①] "'大道之行也,天下为公。'和平、发展、公平、正义、民主、自由,是全人类共同价值,也是联合国的崇高目标。"[②]

其次,当代中国文化是主张"天下兴亡,匹夫有责"的文化。"天下兴亡,匹夫有责"是人们熟知的名言,但我们不能把这句名言简单地理解为一种爱国情怀,其更多体现的是中华文化对人类发展的责任和担当精神。正如有学者所指出的那样,把"天下兴亡,匹夫有责"说成"国家兴亡,匹夫有责",一词之改,看似无伤于原意,其实丢掉了原话的根本精神。"天下兴亡,匹夫有责"[③]语出顾炎武《日知录》,"有亡国,有亡天下。……易姓改号,谓之亡国;仁义充塞,而至于率兽食人,人将相食,谓之亡天下。……知保天下,然后知保其国。保国者,其君其臣,肉食者谋之;保天下者,匹夫之贱,与有责焉耳矣!"中华文化的这种"天下兴亡,匹夫有责"的人类发展责任和担当,正是构建人类命运共同体的重要精神力量和价值支撑。

最后,当代中国文化是追求"共享发展"的文化。只有实现了共享发展,才能真正构建人类命运共同体。但是,21世纪的世界却是一个人类发展问题凸显的世界:世界经济增长乏力,动力不足;金融危机阴云不散,反全球化倾向日益突出;发展危机重重,发展鸿沟日益突出;弱肉强食未除,兵戎相见时有发生;冷战思维还在,强权政治阴魂不散;恐怖主义威胁加大,难民危机加重;人类健康难题重重,重大传染性疾病时有发生;人类的生存危机加大,气候变化等非

---

① 《习近平谈治国理政》第二卷,外文出版社2017年版,第482页。
② 《习近平谈治国理政》第二卷,外文出版社2017年版,第522页。
③ 钱逊:《"天下兴亡,匹夫有责"的真精神》,《学习时报》2016年10月13日。

传统安全威胁持续蔓延；等等。① 这是一个还没有做到共建共治共享的世界。联合国发展规划署1996年《人类发展报告》中提出的"五大有增长无发展"的发展现象中就有"无情增长"的共享发展问题。也就是在一些国家乃至整个人类发展中，出现了发展、发达成为少数人的特权，不发展、不发达成为多数人的命运的发展现象。在一些国家，少数人"获得感"增强是以多数人的"被剥夺感"增强为代价的，少数人"富的越富"，多数人"穷的越穷"，最终造成了社会的对立、国家的内斗、民族的纷争、政党的内耗。在反思"无情增长"的基础上，一些新发展理念纷纷被提出来，诸如"包容性增长""分享型增长""亲穷人的增长""基础广泛的增长"等，这些理念被付诸实践之后，一定程度上推动了社会公平正义，提高了人民的生活水平。吸收借鉴人类发展的经验教训，习近平总书记强调，人类的命运应该由各国人民"共同掌握"，国际秩序、国际规则应该由各国人民"共同书写"，人类事物、全球事务应该由各国人民"共同治理"，人类发展成果应该由各国人民"共同分享"，这是一种21世纪新的"共享发展"主张。这是既要"做大蛋糕"，更要"分好蛋糕"，是着力解决公平公正问题以引导经济全球化健康发展，推动建设开放、包容、普惠、平衡、共赢的经济全球化的主张。

---

① 《习近平谈治国理政》第二卷，外文出版社2017年版，第538页。

第七章 当代中国文化的发展价值之实现

新时代要不断实现当代中国文化的发展价值，至少要在以下几个方面持续发力：增强当代中国文化的发展价值自信，这是实现当代中国文化发展价值的主体性前提；推进中华优秀传统文化的创造性转化和创新性发展，这是实现当代中国文化发展价值的根基性前提；走文化与发展深度融合的发展道路，这是实现当代中国文化发展价值的必由之路；全面改善文化民生以满足人民日益增长的美好生活需要，全面动员实现当代中国文化发展价值的人民力量；讲好中华文化故事，不断壮大实现当代中国文化发展价值的国际力量。

一、增强文化的发展价值自信：实现当代中国文化发展价值的主体性前提

增强当代中国文化的发展价值自信，这是实现当代中国文化发展价值的主体性前提。我们必须超越文化自卑，走向文化自信；必须打破"西方中心论"，消除"普世价值"的影响；并在实现物质文明与精神文明协调发展中，不断增强当代中国文化的发展价值自信。

（一）超越文化自卑走向文化自信

文化自卑是由于没有正确认识自身文化，总觉得自己的文化不

如人家的文化，总觉得自己的文化低人一等，其他文化比自己的文化有优势。鸦片战争以来，中国积贫积弱，中国现代化晚发于西方，工业文明落后于西方，这种现代化的差距、文明进步的差距，最终导致了部分国人的文化自卑心理。长期以来，这种文化自卑心理以不同的形式根植在国人内心世界里。

只有超越文化自卑，走向文化自信，发自内心认同自己的文化，对自己文化的发展潜质充满信心，对自己文化的发展价值充满自信，才能真正形成一个民族整体向上的精神力量。

当前，部分国人的文化自卑既表现为对中华文化的自卑，还表现为对革命文化的自卑，更表现为对先进文化的自卑，对当代中国文化的发展价值自卑。这种"文化自卑"是文化主体性丧失的表现，也是文化虚无主义的表现。这种"文化自卑"信奉"西方中心论"，崇拜"普世价值"，迷信西方现代化模式。这种"文化自卑"质疑革命文化，消解先进文化，侵蚀社会主义核心价值观。这种"文化自卑"不相信中华文化有什么发展价值，不认同革命文化还有时代价值，怀疑先进文化能解决时代发展难题，质疑社会主义核心价值观可以引领人类发展难题的破解。可以说，只要存在当代中国文化自卑，存在当代中国文化的发展价值自卑，就不可能实现当代中国文化的发展价值。

超越文化自卑，走向文化自信，必须首先破除"西方中心论"。"西方中心论"是一种文化优越论，是一种文明优越论，是一种发展模式优越论。这种"西方中心论"认为西方文化优于、高于非西方文化；认为西方文明优于、高于非西方文明；认为西方发展模式优于、高于非西方发展模式；认为西方"普世价值"优于、高于非西方价值。

早在1949年9月16日，毛泽东在《唯心史观的破产》中就揭露并破除过这种"西方中心论"。这种"西方中心论"认为，正是西方的"高度文化"突破了中国孤立的墙壁，带来了"新思想"并激起了中国的骚动和不安。对此，毛泽东揭露："艾奇逊所说的'西方的影响'是什么呢？就是马克思恩格斯在《共产党宣言》（一八四八年）中所说的西方资产阶级按照自己的面貌用恐怖的方法去改造世界。""不是什么西方思想的输入引起了'骚动和不安'，而是帝国主义的侵略引起了反抗。"① 而实际上，"被艾奇逊们傲视为'高度文化'的那种西方资产阶级的文化，一遇见中国人民学会了的马克思列宁主义的新文化，即科学的宇宙观和社会革命论，就要打败仗"②。毛泽东不迷信"西方中心论"，并指出，自从中国人学会了马克思列宁主义以后，中国人在精神上就由被动转为主动，也从这时起，伟大的中国人民的文化，"就其精神方面来说，已经超过了整个资本主义的世界"③。

新时代，习近平总书记在不同的重要场合对"文化自卑"等文化虚无主义现象进行了深刻揭示。2014年10月13日，在中共中央政治局第十八次集体学习时的讲话中，习近平总书记指出："我们不是历史虚无主义者，也不是文化虚无主义者，不能数典忘祖、妄自菲薄。"④ 2014年10月15日，在文艺工作座谈会上的讲话中，习近平总书记指出："如果'以洋为尊'、'以洋为美'、'唯洋是从'，把作品在国外获奖作为最高追求，跟在别人后面亦步亦趋、东施效颦，热衷于'去思想化'、'去价值化'、'去历史化'、'去中国化'、'去主流

---

① 《毛泽东选集》第4卷，人民出版社1991年版，第1513页。
② 《毛泽东选集》第4卷，人民出版社1991年版，第1514—1515页。
③ 《毛泽东选集》第4卷，人民出版社1991年版，第1516页。
④ 习近平：《论党的宣传思想工作》，中央文献出版社2020年版，第90页。

化'那一套,绝对是没有前途的!"①2016年5月17日,在哲学社会科学工作座谈会上讲话中,习近平总书记指出:"有的认为马克思主义已经过时,中国现在搞的不是马克思主义;有的说马克思主义只是一种意识形态说教,没有学术上的学理性和系统性。实际工作中,在有的领域马克思主义被边缘化、空泛化、标签化,在一些学科中'失语'、教材中'失踪'、论坛上'失声'。这种状况必须引起我们高度重视。"②以习近平总书记这些讲话为根本遵循,我们可以对当前"文化自卑"的表现进行这样的概括:"以洋为尊",凡是"洋"文化都是追求美好生活的文化;"以洋为美",凡是"洋"文化都是追求幸福生活的文化;"唯洋是从",凡是"洋"文化就是符合人类发展趋势的文化。在具体的实际工作中,出现了"去思想化",即不提甚至放弃马克思主义指导思想;"去价值化",即不提甚至否定社会主义核心价值观;"去历史化",即对中华优秀传统文化采取历史虚无主义的态度,或者采用"软性历史虚无主义"的态度。这种"文化自卑"如果任其发展,不仅会出现"失声"的发展——论坛没有了"马克思主义之声",更会出现"失魂"的发展——发展没有了"马克思主义指导思想"之魂,没有了社会主义核心价值观之魂,还会出现"失根"的发展——发展失去中华优秀传统文化的根基。

实际上,导致"文化自卑"的"西方中心论"是自私、狭隘、错误的。人类发展的历史表明,人类文化具有多样性,人类文明具有多彩性,人类文化是百花齐放的百花园,不是一花独放的孤独地。如前所述,为了打破长期以来的"西方中心论",德国哲学家雅斯贝尔

---

① 习近平:《论党的宣传思想工作》,中央文献出版社2020年版,第114页。
② 习近平:《论党的宣传思想工作》,中央文献出版社2020年版,第221页。

斯在《历史的起源与目标》一书中创造性地提出了"轴心时代"这个概念,用以论证在这个塑造人类精神与世界观的大转折时代,不仅仅是西方文明做出了贡献,其他文明都同时做出了贡献。在"轴心时代",古希腊文明、古印度文明、中国古代文明创立了各自的思想体系,这些思想体系不约而同思考了人类发展难题,共同构建了人类文明的精神根基,共同构建了人类文明的精神大厦,直到今天"人类一直靠轴心时期所产生的思考和创造的一切而生存,每一次新的飞跃都回顾这一时期,并被它重燃火焰"①。

总之,21世纪的今天,我们要增强当代中国文化的发展价值自信,就必须突破"西方中心论",必须超越当代中国文化自卑,走向当代中国文化自信。特别是在人类大发展、社会大变革、经济全球化的当今时代,每一种文明都有自己出彩的地方,都有自己存在的价值,都彰显着创造之美,通过交流互鉴,取长补短,就一定能出现21世纪新文明的飞跃。而在新文明的飞跃过程中,当代中国文化可以做出更卓越更杰出的贡献。

为此,我们需要重新确认当代中国文化的发展价值。在超越当代中国文化自卑,走向当代中国文化自信的过程中,我们要反对文化虚无主义。在我们的词典中,不应该有"以洋为尊"的概念,不应该有"以洋为美"的字样,我们要拒绝"唯洋是从"的理念,拒绝"东施效颦"的笑话;在我们的实践中,不应该有"去思想化"的"文化自卑",不应该有"去价值化"的"文化自贱",不应该有"去历史化"的"文化自残",不应该有"去中国化"的"文化自杀",不应

---

① 〔德〕卡尔·雅斯贝斯:《历史的起源与目标》,魏楚雄、俞新天译,华夏出版社1989年版,第14页。

该有"去主流化"的"文化迷茫"。唯有如此，才能真正超越当代中国文化自卑，走向当代中国文化自信，才能真正超越当代中国文化的发展价值自卑，走向当代中国文化的发展价值自信。

（二）增强核心价值观的发展价值自信

文化的内核即核心价值观。核心价值观决定着文化的性质和文化的方向。增强文化自信归根到底是增强核心价值观自信，增强文化的发展价值自信本质上是增强核心价值观的发展价值自信。

在当代中国，增强核心价值观的发展价值自信，就是对社会主义核心价值观的发展价值的充分肯定和积极践行，对社会主义核心价值观能够成全科学发展的充分肯定和高度认同，能够成全创新发展、协调发展、绿色发展、开放发展、共享发展的充分肯定和高度认同。就人类发展而言，增强社会主义核心价值观的发展价值自信，就是增强社会主义核心价值观能够助推人类整体发展的自信，坚信社会主义核心价值观能够为人类整体发展提供"中国智慧"；能够助推人类创新发展的自信，坚信社会主义核心价值观能够为人类创新发展提供"中国价值"；能够助推人类绿色发展的自信，坚信社会主义核心价值观能够为人类绿色发展提供"中国力量"；能够助推重塑人类新文明、推动新创造的自信，坚信社会主义核心价值观能够为构建人类命运共同体提供"中国方案"。

增强核心价值观的发展价值自信，这种自信的底气从何而来？从历史逻辑和现实逻辑看，这种自信的底气，既源于中国共产党的百年奋斗从根本上改变了中国人民的前途命运，也源于中国共产党的百年奋斗开辟了实现中华民族伟大复兴的正确道路，更源于中国共产党的百年奋斗展示了马克思主义的强大生命力。正如习近平总书记所指出的:"马克思主义的科学性和真理性在中国得到充分检验,马克思主义的人民性和实践性在中国得到充分贯彻,马克思主义的开放性和时代性在中国得到充分彰显。"[①]这种自信的底气更源于中国共产党的百年奋斗深刻影响了世界历史进程。一百年来,中国共产党领导人民成功走出中国式现代化道路,创造了人类文明新形态,拓展了发展中国家走向现代化的途径,给世界上那些既希望加快发展又希望保持自身独立性的国家和民族提供了全新选择。一百年来,中国共产党推动构建人类命运共同体,为解决人类重大发展问题,建设持久和平、普遍安全、共同繁荣、开放包容、清洁美丽的世界贡献了中国智慧、中国价值、中国方案、中国力量,成为推动人类发展进步的重要力量。归根到底,这种自信的底气源于中国共产党的百年奋斗锻造了走在时代前列的中国共产党。

增强核心价值观的发展价值自信,我们要高度警惕"普世价值"对当代中国文化的侵蚀,对社会主义核心价值观的消解。"普世价值"具有极大的迷惑性和欺骗性,它对核心价值观的发展价值自信的消解作用不能低估。

"普世价值"论者认为,西方国家倡导的"民主、自由、平等、人权"等就是人类共同追求的价值观。因为我们也把民主、自由、平等、公正等作为社会主义核心价值观的内容。西方讲民主,我们也讲民主;西方讲自由,我们也讲自由;西方讲平等,我们也讲平等;西方讲人权,我们也讲人权。如果我们反对或否定"普世价值",就是口是心非,就是言不由衷,就是站在人类共同价值追求的

---

① 《中共中央关于党的百年奋斗重大成就和历史经验的决议》,人民出版社2021年版,第63—64页。

对立面。

要澄清对"普世价值"的错误认识,我们"需要分清三个层面的问题:一些西方国家宣扬和推行'普世价值'的实质是什么?西方国家在对内对外实践中是怎样推行其'普世价值'的?西方的所谓'普世价值'是否适用于中国?"[1]

要抵御"普世价值"入侵,我们要深刻认识西方宣扬和推行"普世价值"的实质和危害。正如卫兴华所指出,西方宣扬"普世价值",实质是推销西方的所谓"民主国家体系"和"自由体制",也就是推销其多党制和"三权分立"制度。"普世价值"论者认为,只要不搞多党制,只要不实行"三权分立",就不可能有真正的民主、自由、平等、人权。也因此,美国毫不掩饰地、不遗余力地要把西方的"民主国家体系"和"自由体制"推向世界、推向中国。而其最终目的是要对非西方国家进行"和平演变",通过推销西方价值观即"普世价值"来演变与自己价值观不同的国家,通过推销"普世价值"来"重塑世界面貌"。在中国推销"普世价值",最终目的是否定马克思主义指导思想,否定中国共产党的领导,否定中国特色社会主义制度,否定发展公有制为基础的中国特色社会主义市场经济,否定中华优秀传统文化,达到"乱我中华"的目的。

实际上,就是在西方资本主义国家,其所谓的"普世价值"在实践上也是南辕北辙的。资本主义制度条件下一直存在的"异化"发展、"非生存性"发展、"无尊严"发展、"伪自由"发展等现象,就是对西方所谓"民主、自由、平等、人权"等"普世价值"的极大讽刺。21世纪的今天,资本主义国家的这些"异化"发展、"非生存

---

[1] 卫兴华:《掀开西方"普世价值"的面纱》,《人民日报》2015年11月30日。

性"发展、"无尊严"发展、"伪自由"发展并没有发生实质性的变化,只是更加隐蔽一些而已。正如美国经济学家斯蒂格利茨所指出,美国民主的实质就是"1%所有和1%统治,1%享用"。2011年爆发的"占领华尔街"运动,也正是99%与1%的对立。同时,美国等西方国家从来没有对非西方国家实行了什么"民主、自由、平等、人权"的"救世主"实践,反而是战争、战争、再战争,侵略、侵略、再侵略,掠夺、掠夺、再掠夺,导致相关国家政治动荡、经济衰退、社会混乱、民不聊生、国无宁日、灾难深重、家破人亡。

"普世价值"并不适用于中国。正如习近平总书记所指出的:"鞋子合不合脚,自己穿着才知道。一个国家的发展道路合不合适,只有这个国家的人民才最有发言权。"中国共产党领导中国人民的百年奋斗历程告诉我们,中国特色社会主义道路才是人间正道。我们讲的自由,是"人的自由全面发展"的自由,是能力、自由、责任三位一体的社会主义自由;我们讲的民主,是中国共产党的领导、依法治国、人民当家做主三者有机统一的民主;我们讲的平等,是基于正义的社会主义平等,是真正的劳动人民的平等,是劳动人民逐步实现物质共同富裕和精神共同富裕的平等。

抵御"普世价值"的侵蚀,我们要高度重视意识形态安全,筑牢意识形态安全防线。意识形态决定文化前进方向和发展道路。意识形态影响时代的发展。对此,马克思曾指出:"如果从观念上来考察,那么一定的意识形式的解体足以使整个时代覆灭。"[1] 意识形态影响政治的兴替。对此,习近平总书记指出:"一个政权的瓦解往往是从思想领域开始的,政治动荡、政权更迭可能在一夜之间发生,但思想演

---

[1] 《马克思恩格斯全集》第46卷下,人民出版社1980年版,第35页。

化是个长期过程。思想防线被攻破了,其他防线就很难守住。"①意识形态影响国家安全。对此,亨廷顿曾指出:"苏联败在了意识形态上,败在了对马列主义、对社会主义的信仰、信念上。"

什么是"安全"?安,危之对,安全与危险相对应,而"没有危险"的绝对安全,只是一种理想状态,或者说是传统意义上的安全。在现代社会,在经济全球化、人们依赖互联网生活的今天,绝对安全几乎不存在。有危险但危险可控,就是安全的。因此,危险处于可控状态,这是现代社会真实的安全状态。所谓"意识形态安全",就是指一个国家的主流意识形态(包括理论体系、思想体系、价值体系、信念体系、信仰体系、观念体系)处于没有危险的状态,或是受到外部威胁时处于可控状态,或是出现内部疾患时处于可控状态,或是同时受到外部威胁和出现内部疾患时处于可控状态。我们认为,当一个国家主流意识形态受到外部威胁时,处于不可控状态;或出现内部疾患时处于不可控状态;或同时受到外部威胁和出现内部疾患时,处于不可控状态,这个时候意识形态就处于不安全之中。或者说,一旦在思想领域出现威胁、侵袭、干扰、危害、疾患等,意识形态就有可能处于不安全之中。如果成为殖民地,原有的意识形态就不可能是安全的;如果自身出现了问题并处于不可控状态,原有的主流意识形态、核心价值观就可能不安全。

当代中国意识形态安全,就外部威胁来说,主要包括:来自西方文化霸权、西方文化殖民、西方文化侵略的威胁,来自"普世价值"、西方宪政民主、新自由主义等社会思潮的威胁,或者说来自"颜色革命"的威胁;还有来自宗教信仰复杂态势特别是极端宗教主

---

① 中共中央文献研究室编:《习近平关于社会主义文化建设论述摘编》,中央文献出版社2017年版,第21页。

义的威胁。就内部疾患来说，习近平总书记曾指出："实际工作中，在有的领域中马克思主义被边缘化、空泛化、标签化，在一些学科中'失语'、教材中'失踪'、论坛上'失声'。"一旦马克思主义被边缘化，或者被容泛化，或者被标签化，都有可能出现意识形态安全问题。历史虚无主义会导致意识形态安全疾患。历史虚无主义的目的是从根本上否定党的历史和新中国历史，否定宪法确立的中国特色社会主义道路、理论和制度的发展成果。通过歪曲党史国史，把党史国史描绘成一部罪恶史、权斗史、阴谋史，贬损革命前辈，诋毁党的领袖，甚至不惜编造事实，极尽攻击、丑化、污蔑之能事。此外，文化保守（"文化自大"）也会导致自身文化衰落。文化保守主义阻隔文化交流，会导致国家文化衰败、衰落、衰亡，最终导致意识形态安全疾患；前面论及的"文化自卑"也会导致自身文化衰败，最终出现意识形态安全疾患。特别是政治文化的自卑最终必然导致主流意识形态安全疾患。另外，文化民生没有改善也可能导致意识形态衰败。一旦人民没有感受到核心价值观的好处，文化民生没有得到改善，核心价值观最终会被人民所抛弃。只有让社会主义核心价值观融入生活、生产、社会实践之中，让人民真正感受到其带来的好处，得到发展利益，人民才会真正做到入耳、入脑、入心和践行，用实际行动来护卫文化安全和意识形态安全。可以说，人民才是意识形态安全的真正铜墙铁壁。此外，网络成为意识形态安全的最大变量，互联网直接关系到我国意识形态和政权安全，没有网络安全就没有国家安全。

针对以上这些可能出现的意识形态安全的外部威胁和内部疾患，如何有效开展当代中国意识形态安全的风险防控？我们认为，首先是"各美其美"。也就是从文化自卑、价值自卑走向文化自信、价值自信，增强文化自觉、文化自信，增强价值自觉、价值自信。我们要美自己的中华优秀传统文化,美当代中国文化,美社会主义核心价值观。这是文化认同、价值认同问题。但我们要避免文化自恋、文化自大、文化保守。其次是"美人之美"。也就是从文化保守走向文化开放,增强文化交流、文化理解、文化合作。这是文化认异、价值认异问题。但我们不能美违背历史发展潮流的文化和价值、不能美搞"文化霸权""文化侵略""文化殖民"的文化和价值;再次是"美美与共"。也就是从文化排斥走向文化包容,促进文化共荣、文化共享。这是文化包容、价值包容,文化共生、文化共享问题。但我们不与搞"价值霸权""文化侵略"的文化与共,不与违背人民立场、违背历史唯物主义的文化与共。另外,针对外部威胁的防控,我们要做好战略防控、动态防控,不断巩固马克思主义在意识形态领域的指导地位,掌握意识形态的话语权、主导权,并使之处于领导地位。正如习近平总书记所强调的:"我们必须把意识形态工作的领导权、管理权、话语权牢牢掌握在手中,任何时候都不能旁落,否则就要犯无可挽回的历史性错误。"[1]

增强核心价值观的发展价值自信,我们还要增强核心价值观"中华文化基因"的发展价值自信。这里的"中华文化基因"就是指中华优秀传统文化的基因。正如习近平总书记所指出:"富强、民主、文明、和谐,自由、平等、公正、法治,爱国、敬业、诚信、友善,传承着中国优秀传统文化的基因。"[2] 我们的道路自信、理论自信、制度自信,"其本质是建立在5000多年文明传承基础上的文化自信"[3]。

---

[1] 中共中央文献研究室编:《习近平关于社会主义文化建设论述摘编》,中央文献出版社2017年版,第21页。
[2] 习近平:《论党的宣传思想工作》,中央文献出版社2020年版,第73—74页。
[3] 《阔步走在中华民族伟大复兴的历史征程上》,《人民日报》2016年1月5日。

"我们要坚守中华文化立场、传承中华文化基因"①。可以说，增强核心价值观"中华文化基因"的发展价值自信，就是对核心价值观之深厚中华文化底蕴、中华文化特质、独特的价值体系的自信。具体说来，就是对中华文化"讲仁爱、重民本"的发展价值自信，对中华文化"守诚信、崇正义"的发展价值自信，对中华文化"尚和合、求大同"的发展价值自信，对中华文化"礼义廉耻"的发展价值自信，对中华文化"仁义礼智信"的发展价值自信。中华民族创造了源远流长的中华文化，中华民族也一定能够创造出中华文化新的辉煌。独特的文化传统，独特的历史命运，独特的基本国情，注定了我们必然要走适合自己特点的发展道路。

牢固的核心价值观，都有其固有的根本。就社会主义核心价值观而言，这个根本就是中华优秀传统文化。"中华优秀传统文化是中华民族的精神命脉，是涵养社会主义核心价值观的重要源泉，也是我们在世界文化激荡中站稳脚跟的坚实根基。"②

增强核心价值观的发展价值自信，我们还要澄清对主流价值观培育的一些错误认识。西方古典概念的"文化"一般指人类才能的发展和提升过程、人类智力发展过程以及人类精神发展的过程。在这个过程中，学术、艺术作品起到了推动作用，文化是一个进步过程，是"更高"或者是"主流"价值观的培养过程，与时代的进步性相联系。把"文化"当作"更高"或者是"主流"价值观的培养过程，后来被认为是有局限性的，认为这样一来，就会导致"把某些作品和价值观凌驾于其他之上"，"把这些作品和价值观作为人们培育修养即提升

---

① 习近平：《论党的宣传思想工作》，中央文献出版社2020年版，第114页。
② 习近平：《论党的宣传思想工作》，中央文献出版社2020年版，第114页。

心灵的手段"。① 这种反对主流价值观培养的观点，是基于西方具体国情，基于不同的政党制度、不同的治理模式的考量。我们走的是中国特色社会主义道路，增强社会主义核心价值观自信，发挥社会主义核心价值观对发展的引领作用，是符合中国国情的，是中国治理体系和治理能力现代化的核心内容之一。

总之，增强核心价值观的发展价值自信，归根到底是增强"有灵魂的发展"的价值自信。没有核心价值观引领的发展，是没有灵魂的发展。而"失魂"的发展不可能是美好生活的发展，不可能是幸福生活的发展。增强"有灵魂的发展"的价值自信，就是坚信社会主义核心价值观是中华民族赖以维系的精神纽带，是中华民族的精神追求，是当代中国发展最深沉最持久的价值力量，是当代中国发展最根本的价值标准，是中华民族顽强生存和不断发展的不竭动力。

（三）在实现发展平衡中增强文化的发展价值自信

这里讲的"发展平衡"主要指物质文明与精神文明的均衡发展，经济力量与文化力量的均衡发展。而"失去的发展平衡"主要指在资本主义主导下出现经济力量与文化力量的失衡发展。

中国特色社会主义进入了新时代。新时代是实现"中国梦"的时代。"实现中国梦，是物质文明和精神文明均衡发展、相互促进的结果。""实现中国梦，是物质文明与精神文明比翼双飞的发展过程。"② 可以说，新时代是"发展平衡"的时代，是物质文明与精神文明比翼双飞的时代，是经济力量与文化力量均衡发展的时代。增强当

---

① 〔英〕约翰·B. 汤普森：《意识形态与现代文化》，高铦等译，译林出版社 2012 年版，第 140 页。
② 习近平：《在联合国教科文组织总部发表的演讲》，《人民日报》2014 年 3 月 28 日。

代中国文化的发展价值自信，就是增强当代中国文化可以引领我们实现经济力量与文化力量均衡发展的自信，可以引领我们实现物质文明与精神文明均衡发展的自信。

资本主义主导下的"经济时代"是"失去发展平衡"的时代。寻找失去的发展平衡已经成为21世纪人类发展的迫切需要。正如保罗·谢弗所指出的，我们生活生存其中的"经济时代"已经延续两个世纪了。这个时代给人类带来了诸多的利益和实惠，但是无法解决人类最复杂最棘手的难题。要解决21世纪人类发展难题，我们要迎接"发展平衡"的"文化时代"的到来。"文化时代"取代"经济时代"是人类发展的必然趋势和选择。这个选择关系人类未来生存环境的可持续性，关系人类的幸福，关系地球生态的健康发展，关系全球发展与人类进步的复兴。

反思批判资本主义的失衡发展，必须提及荷兰杰出的文化史家赫伊津哈。在西方文化研究方面，赫伊津哈可以与韦伯、斯宾格勒齐名，或者说，他是"斯宾格勒式"的西方文化诊断者。面对法西斯主义所带来的社会发展危机，面对日益加深的欧洲病态社会，面对日益增长的发展野蛮性，他对西方文化进行了深刻反思，对人类未来发展或者说对现代社会发展进行文化反思，对西方文化现象或者人类文化现象进行整体上的探究，并对什么是文化，什么样的发展才是有文化的发展，做出了独具特色且对当今人类发展具有重要参考价值的思考。什么是"有文化的发展"？或者说，我们要追求什么样的发展状态？赫伊津哈指出，当一个社会的物质力量、道德力量、精神领域的力量出现比现存状态"更高级、更完善的状态"时，当这种存在状态"被赋予一种物质和精神价值的和谐均衡的特性"时，当这个社会的各种行为为"理想所引导"，这个社会就处于"文化状态"之中。①也就是说，一个更高级、更完善的社会发展状态，或者说，是物质力量、道德力量、精神力量比现存社会更高级、更完善、更完美的社会，是物质价值和精神价值和谐均衡地体现在社会发展特性的社会，是一个有理想的社会、有指导思想的社会，并且这种理想或指导思想为全体社会成员所接受进而成为社会各种行为引导的社会，这样的社会就是物质力量与精神力量均衡地处于"文化状态"的社会。赫伊津哈既肯定了物质力量对社会发展的重要性，更肯定了文化力量在社会发展的极端重要性。一个处于"文化状态"的社会是一个有文化力量、精神力量、道德力量存在的社会，是物质力量与道德力量和谐均衡发展、物质力量与精神力量和谐均衡发展、物质价值与精神价值和谐均衡存在的社会，是完善、和谐的社会。一旦这种和谐均衡被打破，社会就会出现危机，发展就会出现危险，进而出现发展的野蛮状态。赫伊津哈警告，一旦物质力量的巨大发展伴随精神力量的失衡，现代社会就会受到巨大威胁。赫伊津哈认为，文化的价值既要体现在维护人们的精神利益，也要体现在维护人们的物质利益。对物质利益的关心与维护必须通过精神领域，才能成为一种文化力量，社会发展才能成为有文化的发展。理想的社会发展状态是强大物质力量与强大精神力量均衡发展的状态，是经济生活、政治生活、技术活动与精神活动保持和谐均衡的状态，这样的社会状态，可以避免权力的无制约、强权的无节制、道德的无约束的野蛮状态，可以避免有物质无精神或有精神无物质的畸形状态、混乱状态。

赫伊津哈所处的时代，是一些西方国家权力无制约、强权无节制、道德无约束的时代，是世界处于野蛮状态、混乱状态的时代。

---

① 参见卡尔·J.温特劳布：《文化视野》（Karl J. Weintraub, *Visions of Culture*, University of Chicago Press, 1966），转引自《史学：文化中的文化》，第284—285页。

1929年开始的席卷全球的经济危机,导致整个资本主义世界处于野蛮状态、动荡状态、混乱状态。这是资本主义"没有文化的发展"的典型图景之一。赫伊津哈对资本主义这种"精神病态"进行了诊断,并开出了救治这种病态社会的药方。赫伊津哈指出,只有物质力量与精神力量保持和谐均衡的发展,才是有"文化状态"的发展,才是理想的发展。而要达成这样的发展,还需要政治秩序安定,需要社会秩序安定,同时要对自由进行最低限度的约束。当然,赫伊津哈这种药方是有其资产阶级思想家的阶级局限的,而且,在资本主义制度条件下,不可能实现这种理想的发展。

针对资本主义"精神病态"式的发展,以及经济与文化分离导致的发展危机,法国著名学者图海纳曾指出,我们正在经历一场危机,这场危机是一种深重的危机,是比恐惧的到来或幻想破灭更深重的危机。这是一个受金钱、竞争和技术统治的经济世界的危机,这是现代化危机、现代性危机。图海纳指出,现代性从它开始形成以来,它所起的作用就一直是使自然规律的宇宙与主体的世界相分离。用笛卡尔的话表述就是,使空间与灵魂相分离[1],也就是技术世界与文化世界的分离,市场世界与文化世界的分离,工具主义的理性世界与集体记忆世界的分离,符号世界与感觉世界的分离,或者说,是空间与精神的分离,经济与文化的分离。图海纳称这种分离是一种"逆现代化"现象。"所谓逆现代化,就是经济与文化的分离和由此而直接造成的经济与文化的衰退。"[2] 乌尔里希·贝克也曾指出,现代化愈向前

---

[1] 〔法〕阿兰·图海纳:《我们能否共同生存?》,狄玉明、李平沤译,商务印书馆2003年版,第26—28页。
[2] 〔法〕阿兰·图海纳:《我们能否共同生存?》,狄玉明、李平沤译,商务印书馆2003年版,第49页。

发展，工业社会的基础就愈瓦解，愈遭破坏和改变，并愈受到威胁。如果我们的工业社会不转变为另一种类型的社会，就会走上自我毁灭的道路，而且对走在自我毁灭的道路上的情况一无所知，毫无思想准备，领导机关包括政党、工会等已变得软弱无力。图海纳指出，我们所说的生态危机是工业社会自己造成的危机。我们的社会很可能自己拆自己的台，或者受到一种由它自身的运转所酿成的灾祸的袭击。图海纳还指出："我们需要更多的应付各种可能会导致社会自身灭亡的危险的能力。"[①]

实质上，这是资本主义的发展危机。人类现代化发展实践已经证明，在寻找失去的发展平衡中，在资本主义制度条件下已经无解。也正因此，我们迫切需要在马克思主义指导下，寻找失去的发展平衡。而为了寻找失去的发展平衡，为了破解21世纪人类发展难题，迫切需要凸显当代中国文化在发展平衡中的独特价值和独特贡献。

如前所述，在寻找失去的发展平衡方面，谢弗认为，中国完全有能力做出极具创新的贡献。中国特色社会主义现代化的实践不断深化的过程，就是当代中国文化的发展价值不断得到确认的过程，就是当代中国文化的发展价值之理论自觉和实践开拓的过程，就是有效发展自身经济和文化并处理好经济与文化之间复杂关系的过程，就是中国发展不断惠及全世界，造福人类发展的过程。当代中国文化是马克思主义为指导的现代文化，是成全"人的自由全面发展"的文化，当代中国文化的每一个进步，都是迈向自由的一大步。当代中国文化成全"有文化的发展"，并在发展中扮演了"第一小提琴"的角色，不

[①] 〔法〕阿兰·图海纳：《我们能否共同生存？》，狄玉明、李平沤译，商务印书馆2003年版，第41—42页。

断发挥着引领当代中国物质力量与精神力量均衡发展的"伟大影响和作用"。中国共产党在伟大的现代化实践中先后提出"文化生命力论""文化灵魂论""文化和谐论""文化熔铸论""文化自信论""文化创造论""文化共享论"等重要论题,在中国化马克思主义特别是21世纪中国化马克思主义指引下,致力于人的自由全面发展,追求和谐发展,追求公平正义的发展,不断成全"有尊严的发展",成全"有灵魂的发展",不断成就经济力量与文化力量均衡的发展。

当然,我们不能无限扩大文化的作用,更不能从"决定性"意义上沦为"文化决定论者"。文化的发展价值是在物质生产、物质交往的基础上凸显并实现的,正如马克思指出的,精神交往、精神生产都是人们物质行动的直接产物。现实的、从事活动的人们是自己的思想观念的生产者。"不是意识决定生活,而是生活决定意识。"[①]文化的发展价值受经济结构制约,正如马克思所指出的:"权利决不能超出社会的经济结构以及由经济结构制约的社会的文化发展。"[②]为此,要真正增强当代中国文化的发展价值自信,我们还需要大力发展生产力,全面深化改革,不断改善民生包括文化民生,走文化与发展深度融合的发展道路。

二、中华优秀传统文化创造性转化和创新性发展:实现当代中国文化发展价值的根基性前提

要实现当代中国文化的发展价值,我们要激活中国传统文化资

---

① 《马克思恩格斯文集》第1卷,人民出版社2009年版,第525页。
② 《马克思恩格斯文集》第3卷,人民出版社2009年版,第435页。

源，推动中华优秀传统文化的创造性转化和创新性发展，以避免其发展价值流失，增量当代中国文化的发展价值，这是实现当代中国文化的发展价值之根基性前提。习近平总书记强调："传承中华文化，绝不是简单复古，也不是盲目排外，而是古为今用、洋为中用，辩证取舍、推陈出新，摒弃消极因素，继承积极思想，'以古人之规矩，开自己之生面'，实现中华文化的创造性转化和创新性发展。"[1]

（一）文化：贵有自知之明

这里讲的文化自知之明，是指生活在一定文化之中的人，对其所拥有的文化有清醒的认知，明白其文化是从哪里来的、要干什么、要到哪里去，或者说，知道其形成发展过程、丰富内涵、鲜明特色，知道其独特的发展价值，明白其未来发展趋向。正如费孝通指出："文化自觉是指生活在一定文化中的人对其文化有'自知之明'，明白它的来历，形成过程，所具的特色和它发展的趋向。"[2]

文化的自知之明，作为一种文化自觉，它反对"全盘西化"或"全盘他化"，是不断增强文化转型之"自主能力"的过程，不断增强获取文化选择之"自主地位"[3]的过程，也是文化"各美其美，美人之美，美美与共"[4]的过程。这种文化自觉，首先是一种自知，自知中华优秀传统文化具有破解人类发展难题的密码，自知中华优秀传统文化具有治国理政的基因。这种文化自觉，更是一种创造，是对中华优秀传统文化中适合于处理人与自然、人与人、人与社会、人与自身关系

---

[1] 习近平：《论党的宣传思想工作》，中央文献出版社2020年版，第114—115页。
[2] 费孝通：《文化与文化自觉》，群言出版社2010年版，第195页。
[3] 费孝通：《费孝通文集》第14卷，群言出版社1999年版，第197页。
[4] 费孝通在他八十岁生日时，讲了一句名言："各美其美，美人之美，美美与共，天下大同。"

的内容,具有向上向善的内容,结合人类发展实际和时代发展条件,加以继承和弘扬,并"赋予其新的涵义"①。

在新时代,对中华文化的自知之明,就是对中华文化的历史渊源的主动了解和全面掌握,就是对中华文化的发展规律的正确把握和自主运用,就是对中华文化的独特创造的精准把握和主动理解,就是对中华文化的发展责任的主动担当和积极实践,就是对中华文化的发展价值的充分肯定和积极践行。

对中华文化的自知之明,影响着当代中国文化自信和核心价值观自信。正如习近平总书记所指出的:"要讲清楚中华优秀传统文化的历史渊源、发展脉络、基本走向,讲清楚中华文化的独特创造、价值理念、鲜明特色,增强文化自信和价值观自信。"② 在这里,习近平总书记强调,我们对中华优秀传统文化,要有这样的文化自觉、文化的自知之明:讲清楚中华优秀传统文化的历史渊源、发展脉络、基本走向,讲清楚中华优秀传统文化的独特创造、价值理念、鲜明特色。有了这样的文化自觉,有了这样的文化自知之明,就可以增强文化自信,增强价值观自信,就可以增强当代中国文化自信,增强社会主义核心价值观自信。

对中华文化的自知之明,就是了解中华文化的博大精深,学习和掌握其中的各种思想精华;知晓中国古代贤者所说的"先天下之忧而忧,后天下之乐而乐"的政治抱负,"位卑未敢忘忧国""苟利国家生死以,岂因祸福避趋之"的报国情怀,"富贵不能淫,贫贱不能移,威武不能屈"的浩然正气,"人生自古谁无死,留取丹心照汗青""鞠

---

① 习近平:《在纪念孔子诞辰2565周年国际学术研讨会暨国际儒学联合会第五届会员大会开幕会上的讲话》,《人民日报》2014年9月25日。
② 习近平:《论党的宣传思想工作》,中央文献出版社2020年版,第56页。

躬尽瘁,死而后已"的献身精神等;懂得它们体现了中华民族的优秀传统文化和民族精神,值得我们好好继承和弘扬,明白它们对我们树立正确的世界观、人生观、价值观具有独到的时代价值。

对中华文化的自知之明,就是知道中华文化积淀着中华民族最深沉的精神追求,代表着中华民族独特的精神标识;懂得中华文化是中华民族生生不息、发展壮大的丰厚滋养;懂得中华传统美德是中华文化精髓,蕴含着丰富的思想道德资源;知晓中华优秀传统文化是中华民族的突出优势;知道中华优秀传统文化是我们最深厚的文化软实力;明白中国特色社会主义植根于中华优秀传统文化沃土,有着深厚历史文化渊源;知道对中国传统文化要有鉴别地加以对待,有扬弃地予以继承,努力用中华民族创造的一切精神财富来以文化人、以文育人。

对中华文化的自知之明,就是知道国家治理体系和治理能力与中华文化传统密切相关;懂得解决中国的问题只能在中国大地上探寻适合自己的道路和办法;明白数千年来中华民族走着一条不同于其他国家和民族的文明发展道路,这主要是由中华文化的传统决定的;明白中华民族创造了独树一帜的灿烂文化,积累了丰富的治国理政经验,包括民惟邦本、政得其民,礼法合治、德主刑辅,为政之要莫先于得人、治国先治吏,为政以德、正己修身,居安思危、改易更化,等等。

有了中华文化的自知之明,才有可能超越中华文化自卑。中华文化自卑是在文化交流、交融、交锋的过程中,对中华文化所具有的价值特别是发展价值的怀疑、轻视甚至全盘否定,对中华文化的发展价值不认同、对中华文化的发展价值不信任;有了中华文化的自知之明,才有可能超越中华文化自负。文化自负是在文化交流、交融、交锋的过程中,对中国传统文化所具有的不符合时代发展要求的东西盲目相信、全盘肯定。同时,对他者文化的发展价值不认同、对他者文化的发展价值不信任。对中华文化的自负势必会导致文化保守主义，最终窒息中华文化的发展前途和命运，导致文化的排外，最终造成中华文化与时代发展的疏离，造成中华文化的发展价值的流失。中华文化自负不是一种文化自信，因为文化自信既不是通过贬低他人的文化来抬高自己的文化，也不是通过抬高中华文化的地位来增强当代中国文化的价值。只要存在对中华文化的自负，对中华文化进行创造性转化和创新性发展就无从谈起。

超越对中华文化的自卑和自负过程，就是对中华优秀传统文化的创造性转化和创新性发展的过程。文化兴衰决定国家兴衰，决定社会兴衰，决定民族兴衰。近代以来中国社会进步的过程、民族复兴的过程、国家发展的过程，就是中华文化的自知之明的过程，就是中华优秀传统文化的创造性转化和创新性发展过程。或者说，中华优秀传统文化的创造性转化和创新性发展过程，就是先进文化的发展过程，就是中国价值的崛起过程。正是这种崛起，中华文化为中国社会的进步和发展提供了内生力量，提供了持久、深远的价值动力。

（二）文化：从"固化"到"活化"

"固化"一般指对事物形成某种固定看法、观点的过程。人们常常借用"固化"谈"阶层固化"，所谓"阶层固化"是指各阶层之间流动受阻的情况。这里借用"固化"谈谈"文化固化"问题。所谓"文化固化"，这里特指文化交流之间受阻、文化没有与时俱进，固守成规，尤其是传统文化没有执着于实现创造性转化和创新性发展。这里讲的"活化"，特指文化交流之间畅通，与时俱进，结合时代发展要求，不断创新发展，尤其指传统文化能够不断实现创造性转化和创新性发展。就中华文化而言，所谓"文化固化"，特指中华优秀传统文化没有与时俱进，没有实现创造性转化和创新性发展。所谓"文化活化"，特指中华优秀传统文化能够结合时代发展要求，不断实现创造性转化和创新性发展。

为什么要对中华优秀传统文化进行创造性转化和创新性发展？因为中华优秀传统文化与社会主义市场经济、民主政治、先进文化、社会治理等还存在需要协调适应的地方。为此，我们要做好中华优秀传统文化的创造性转化和创新性发展。"创造性转化，就是要按照时代特点和要求，对那些至今仍有借鉴价值的内涵和陈旧的表现形式加以改造，赋予其新的时代内涵和现代表达形式，激活其生命力。"[1]"创新性发展，就是要按照时代的新进步新进展，对中华优秀传统文化的内涵加以补充、拓展、完善，增强其影响力和感召力。"[2]"要使中华民族最基本的文化基因与当代文化相适应、与现代社会相协调，以人们喜闻乐见、具有广泛参与性的方式推广开来"，"要系统梳理传统文化资源，让收藏在禁宫里的文物、陈列在广阔大地上的遗产、书写在古籍里的文字都活起来"。[3]

文化"固化"还是文化"活化"：对待"二十四孝"就是一个典型案例。在注重中华优秀传统文化教育宣传的今天，全国不少地方大力宣传中华文化的孝文化，特别是把二十四孝图搬到书中、放在墙上、进到宣传栏中。为了推进中华文化的创造性转化和创新性发展，我们曾以二十四孝宣传为案例，进行深入调查研究。在某市一个社区，我们指导所在区宣传部门策划了二十四孝图宣传新方案，并对每一孝图（除"埋儿奉母"外）的原文进行改述和点评，尽可能去除

---

[1] 习近平：《论党的宣传思想工作》，中央文献出版社2020年版，第57页。
[2] 习近平：《论党的宣传思想工作》，中央文献出版社2020年版，第57页。
[3] 《习近平谈治国理政》第一卷，外文出版社2014年版，第161页。

其中的封建糟粕，在忠实原故事的基础上进行解说。之所以这样做，是因为通过大量调研，我们认为"埋儿奉母"无论如何都不能宣传，"奉母"虽是孝行，但"埋儿"是一种灭绝人性的行为，不符合现代文明的价值取向，而且儿童看后会产生恐惧，最终会起到相反的教育宣传效果。于是我们决定在二十四孝图"上墙"宣传时，去掉"埋儿奉母"图，并说明原因。根据实地调查，我们发现，各地对二十四孝简单照搬的居多，几乎没有对二十四孝的内容进行现代性转化和创新性发展。在多个城市的公共场所包括广场的宣传栏中、在一些小学的校园围墙上，"埋儿奉母"图的文字说明都是直接把传说故事的内容照搬照抄过来，没有进行任何处理或点评。我们认为，这种做法是无法实现中华文化"以文化人""以文铸魂"的发展价值的，必须引起高度重视和警觉。

我们知道，文化就像一条川流不息的河流，最怕凝固，凝固了就没有活水，就难以前进、难以创新，这样的文化不仅不能成全发展，反而会阻碍发展。也就是说，"文化固化"不可能成全发展。要实现文化的发展价值，必须防止文化的固化，促进文化的活化。从"文化固化"到"文化活化"的过程，就是中华优秀传统文化实现创造性转化和创新性发展的过程。

中华优秀传统文化具有丰富的哲学思想、人文精神、教化思想、道德理念等，在21世纪的今天仍具有不可替代的发展价值，可以为人们认识和改造世界提供有益启迪，可以为治国理政提供有益启示，也可以为道德建设提供有益启发。对中华优秀传统文化中适合于调理人与自然的关系、人与人的关系、人与社会的关系、人与自身的关系的内容，我们要结合时代条件加以继承和弘扬，赋予其新的涵义。特别是深入挖掘和阐发中华优秀传统文化讲仁爱、重民本、守诚信、崇正义、尚和合、求大同的时代价值和实践运用，不断推进中华优秀传统文化的创造性转化和创新性发展。

传统文化是传统的人的生存方式、存在方式，代表了当时人们的认识水平，反映了当时的时代条件，也折射了当时社会制度的局限性，不可避免会存在诸多陈旧过时的东西，甚至已经成为糟粕性的东西。我们在学习、研究、应用中华优秀传统文化时，必须坚持古为今用、推陈出新，不断结合新的实践和时代要求，对其进行正确的取舍，绝不能简单拿到今天来照套照用。必经坚持有鉴别地对待、有扬弃地继承，而不能搞厚古薄今、以古非今。通过实现中华优秀传统文化的创造性转化、创新性发展，使之与现实文化相融相通，使之与当代发展相契相合，共同服务以文化人、以文铸魂的时代任务。

（三）传统文化的活化路径

中华优秀传统文化活化的过程就是充分释放文化的活力和创造力的过程，就是中华优秀传统文化的发展价值不断彰显的过程，就是以中华优秀传统文化为根基的当代中国文化的发展价值不断实现的过程。

首先，要以马克思主义为指导推进中华优秀传统文化的活化。要实现中华优秀传统文化的活化，必须不断推进马克思主义与中华优秀传统文化的结合，也就是在马克思主义指导下，实现中华优秀传统文化的创造性转化和创新性发展。

近代以来，在与外来文化交流、交融、交锋过程中，国人在对待中华优秀传统文化方面，出现了各种各样的观点和思潮，包括文化虚无主义、文化复古主义、文化保守主义，包括"中体西用论""全盘西化论""儒学复兴论"等。这些观点和思潮，都无助于中华优秀传统文化的创造性转化和创新性发展。唯有马克思主义传入中国，有了历史唯物主义世界观和方法论，我们才找到了对待中华优秀传统文化的科学态度和正确方法，中华优秀传统文化才从"固化"走向了"活化"。

以马克思主义为指导推进中华优秀传统文化的活化。在新时代，就是要以习近平新时代中国特色社会主义思想为指导推进中华优秀传统文化的活化；以"两有"即"要有鉴别地对待，有扬弃地继承"推进中华优秀传统文化的活化；以"两相"即"与当代文化相适应、与现代社会相协调"来推进中华优秀传统文化的活化；以"两创"即"创造性转化""创新性发展"来推进中华优秀传统文化的活化；以"古为今用、洋为中用，辩证取舍、推陈出新"来推进中华优秀传统文化的活化；以"以古人之规矩，开自己之生面"来推进中华优秀传统文化的活化。总之，我们要对中华优秀传统文化进行科学分析，摒弃消极因素，继承积极思想，辩证取舍、推陈出新，去粗取精、去伪存真，取其精华、去其糟粕，在马克思主义指导下实现中华优秀传统文化的创造性转化和创新性发展。

其次，我们要以人民为中心，经由生活来实现中华优秀传统文化的活化。人民既是历史的创造者，也是历史的见证者，既是历史的"剧中人"，也是历史的"剧作者"。中华优秀传统文化是文化之流，人民生活才是文化之源。要实现当代中国文化的发展价值，我们既要从"流"中汲取有益养分，更要从"源"中获取最真实、最新鲜、最生动的现实原料。我们要到"工农兵群众中去"实现中华优秀传统文化的活化，"到火热的斗争中去"实现中华优秀传统文化的活化，"到最广大最丰富的源泉中去"实现中华优秀传统文化的活化。总之，中华优秀传统文化的活化，要解决文化"为什么人的问题"，解决了这个根本问题，中华优秀传统文化才能真正实现创造性转化和创新性发展。

再次，我们要以人文精神鲜活起来为重点，来实现中华优秀传统文化的活化。对待中华优秀传统文化，我们不能满足于欣赏其物质层面的外在美，更应该领略其蕴含的内在美；我们不能满足仅仅领略其艺术表现形式，更应该着力让其蕴藏的人文精神鲜活起来。因为每一种文化，都有其精神血脉。对中华优秀传统文化的精神血脉，我们既要代代守护，确保其薪火相传，更需要不断创新，使之实现创造性转化和创新性发展。通过活化中华优秀传统文化的精神血脉，把中华优秀传统文化跨越时空的文化精神弘扬起来，把中华优秀传统文化超越国度的发展价值彰显起来，把中华优秀传统文化富有永恒魅力的人文精神鲜活起来；通过活化中华优秀传统文化的精神血脉，让收藏在博物馆里的文物活起来，让陈列在广阔大地上的遗产活起来，让书写在古籍里的文字都活起来；通过活化中华优秀传统文化的精神血脉，"让中华文明同世界各国人民创造的丰富多彩的文明一道，为人类提供正确的精神指引和强大的精神动力"[①]。为此，我们要不断完善人文交流机制，创新人文交流方式，综合运用大众传播、群体传播、人际传播等多种方式，展示中华优秀传统文化永恒的人文魅力。[②]

此外，我们要通过创新传播方式，来实现中华优秀传统文化的活化。在互联网时代，我们可以通过"互联网＋文化"来创新传播方式，实现中华优秀传统文化的活化。在第四届世界互联网大会期间，国家文物局展示了"互联网＋中华文明"阶段性成果，其中的"互联网＋文物文创产品""互联网＋文物动漫游戏""互联网＋文物教育""互联网＋文物旅游""互联网＋文物素材创新"等传播方式的创

[①] 习近平：《在联合国教科文组织总部发表的演讲》，《人民日报》2014年3月28日。
[②] 习近平：《在主持中共中央政治局第十二次集体学习时发表讲话》，《人民日报》2014年1月1日。

新,极大地推进了中华优秀传统文化的活化。当前,全国各地不少地方,通过"互联网+智慧服务"平台,增强了互动性、体验性,在让文物"活"起来的同时,也让中华优秀传统文化在人民生活中、在人民的生存和发展中"活"起来。全国各地都在探索和实践"互联网+中华文明",如"数字敦煌"资源库已经上线,30个经典洞窟的高清数字资源实现了全球共享,不断深度挖掘文物的发展价值。可以说,"互联网+中华文明"之路,是中华文化的开放之路、合作之路、共享之路、创新之路,是文化与发展相融合的发展之路,是让中华优秀传统文化"活化"之路。

最后,我们要通过加大文化开放交流来实现中华优秀传统文化的活化。中华优秀传统文化的"活化"过程,就是不同文化之间开放交流融合的过程,就是中华优秀传统文化不断获得持久的生命力的过程。历史证明,文化交流开放带来文化活化,闭关自守带来文化内敛、文化衰败。汉唐的强盛与文化开放、文化活化密切相关,而晚清的衰败与文化闭关、文化固化同向同行。在文化开放交流过程中,我们注重中华优秀传统文化的挖掘和阐发,不断让中华民族最基本的文化基因与当代文化相适应、与现代社会相协调,把跨越时空、超越国界、富有永恒魅力、具有当代价值的文化精神弘扬起来。在文化开放交流过程中,我们不断推动中华优秀传统文化创造性转化和创新性发展,激活其生命力,以便让中华文明同各国人民创造的多彩文明一道,为人类发展提供正确的精神指引。在文化开放交流过程中,我们紧紧围绕中国和世界面临的重大发展问题,汲取中华优秀传统文化的思想资源,为人类整体发展提供"中国智慧"、为人类创新发展提供"中国价值"、为人类绿色发展提供"中国力量"、为人类命运共同体构建提供"中国方案"。

三、走文化与发展深度融合的发展道路：实现当代中国文化发展价值的必由之路

文化与发展深度融合，是文化回归本分，是文化回归本源，是文化"回家"。文化与发展原本是深度融合的。文化与发展相断裂是人为的结果。发展是"体"，文化是"魂"，文化一旦人为地割裂于发展之外，就会失去其实现发展价值的物质基础。如前所述，在人类发展实践中，在传统发展观影响下，"文化"被当成经济增长的"工具"和"手段"，被当成"纯支出领域"甚至无关紧要的领域，最终出现了文化与发展相断裂的现象。要破解人类发展难题，我们必须走文化与发展深度融合的发展道路。我们要认识到，文化不仅仅是相对独立的观念系统，更是内生渗透在经济、政治、社会、生态各个领域的理念、价值、观念。文化具有内生性，内生于人的发展之中，内生于人类社会发展之中。当代中国文化同样内生于人的发展和社会发展之中，渗透在经济、政治、社会、生态发展等各个方面。我们要避免走"文化与发展相断裂"的发展老路，坚定不移地走"文化与发展深度融合"的发展新路，这是实现当代中国文化发展价值的必由之路。

（一）实施新时代"文化＋"发展行动

新时代，要实现当代中国文化的发展价值，我们要走文化与发展深度融合的发展道路，着力实施"文化＋"发展行动，让"有文化的发展"从理念变成实践。

首先，通过"文化＋"发展行动，让文化与发展成为新的整体发展。借助信息化，人类已经进入"文化＋"的时代，以至于有学

者指出，谁有了"文化＋"自觉，谁就能抢占"文化＋"先机[①]，而最根本最长远的发展是"文化＋"[②]。"文化＋"发展行动把文化与发展的各种要素、各个方面、各种形式、各种主体、各种领域深度融合，或者说让文化与发展成为新的整体发展，在实现文化传承创新的同时，最终实现人的自由全面发展。或者说，"文化＋"是"有文化的发展"新理念渗透到发展的各个方面、各个领域，文化成为发展的灵魂，文化成为发展的内生动力，文化在发展体内被激活，文化渗透到发展之中。通过"文化＋"，激活发展的文化元素，活化发展的文化基因，让文化像空气弥漫在所有发展空间，让文化像血液渗透到发展的每个细胞，让文化像养分滋润着发展成为参天大树。就整体发展而言，"文化＋"的实质就是要贯彻落实新发展理念，最终实现创新发展、协调发展、开放发展、绿色发展、共享发展。通过"文化＋"发展行动，推动物质文明与精神文明协调发展。特别是大力推动"先进文化＋""和谐文化＋""绿色文化＋""开放文化＋"的发展行动，同时坚决抵制"庸俗文化＋""低俗文化＋""腐朽文化＋""落后文化＋"，让"文化＋"发展行动真正成为为了人民、经由人民，并由人民共享"文化＋"发展成果的发展行动。

其次，通过"文化＋"发展行动，实现文化为"魂"、发展为"体"的"有文化的发展"。文化为"魂"，就是让文化融入人的发展和社会发展的方方面面，让发展的主体更加具有文化自觉，更加具有文化自信，让发展成为"有灵魂的发展"。"文化＋"的"＋"，是文化与发展的融合，是文化在发展中的内生，是文化对发展的引领。通

---

① 郭永辉：《"文化＋"与文化产业崛起》，《红旗文稿》2015年第22期。
② 金元浦：《"互联网＋"催生"文化＋"产业新形态》，《人民论坛》2016年第18期。

过"文化+"发展行动，让民族更有凝聚力、更有向心力，实现民族的团结融合发展；让社会更文明，实现物质力量与精神力量的均衡发展；让乡村更有魅力、更有活力，成为生产发展、生态良好、生活富足的"三生有幸"新乡村；让城市更加人文、更加生态、更加智慧，成为商业与人文精致和谐融合的城市；让旅游更有灵魂、更有情怀、更有价值，实现农文旅艺教养等深度融合。总之在"文化+"发展行动中，文化不再是外在力量，文化成为了发展之魂，文化成为了发展之源，文化涵养着发展，文化让发展更加有人文，更加有情怀，更加有温度，更加有高度，更加有质量。

最后，通过"文化+"发展行动，让"文化+"成为实现高质量发展的新引擎。新时代高质量发展必然是文化与发展深度融合的发展。迎接"文化+"时代，拥抱"文化+"时代，共建"文化+"时代，共享"文化+"时代，应该成为我们新的发展自觉、发展自信，成为我们新的文化自觉、文化自信。通过"文化+城市发展"，让整个城市发展成为"有文化的发展"；通过"文化+乡村发展"，让乡村发展成为"有灵魂的发展"；通过"文化+旅游"让旅游成为"文化之旅""精神之旅"；通过"文化+建筑"，让所有建筑都成为"有灵魂的建筑""会讲故事的建筑"。在"文化+"发展行动方面，开封市进行了有益的探索，在全国率先提出"文化+"行动计划，提出"文化+五大发展理念"，推动文化与发展的高度融合。[①] 此后，"文化+"发展行动在各地涌现，诸如"文化+产业""文化+科技""文化+城市""文化+旅游"等各种各样的"文化+"行动精彩纷呈，不仅激活了文化资源，活化了传统文化，发展中的文化基因、文化标识、文

---

① 訾谦：《"文化+"，如何为高质量发展集聚动能》，《光明日报》2018年4月4日。

化符号等越来越彰显，更促进了文化与发展的深度融合，提高了发展质量。

（二）实施新时代"互联网＋"文化发展行动

新时代是互联网时代，互联网时代为文化与发展深度融合提供了前所未有的条件。互联网是人类最伟大的发明之一，给人类的生存发展带来了巨大变化，对文化与发展深度融合起到了巨大的推动作用。互联网已经成为传播人类优秀文化的重要载体，已经成为传播中华文化的重要载体。我们要利用好互联网给文化与发展相融合带来的重大机遇，深入实施"互联网＋"文化发展行动，特别是通过"互联网＋文化产业"和"互联网＋文化民生"，不断推动当代中国文化与发展的深度融合。

首先，通过"互联网＋"文化发展行动，让"互联网＋"成为文化与发展相融合的催化剂和加速器。借助互联网，让文化回归本真，让文化回归本分。在互联网时代，文化与发展相融合的道路越走越宽，不管是文化事业，还是文化产业，借助"互联网＋"，文化与发展相融合的"文化＋"进入快车道，人类进入了经济与文化深度融合、科技与文化深度融合的新时代。文化是一种生存方式，新媒介的出现促进了人类新的生存方式的出现。麦克卢汉曾指出"媒介即讯息"，讯息的变化预示着生存方式的变化，或者说，文化创新预示着生存方式的变革。就文化与发展的关系而言，"互联网＋"是新时代文化与发展之间由断裂走向融合的必经之路，也是当代中国文化与当代中国发展深度融合的必然选择。"互联网＋"文化发展行动，为21世纪整体性发展提供新的动力源，为21世纪创新发展提供新的增长极。

其次,通过"互联网+"文化发展行动,大力推进"互联网+文化产业"的发展。可以说,"互联网+文化产业"是"互联网+"文化发展行动的核心内容。习近平总书记强调,要着力推动互联网和实体经济深度融合发展。[①]"互联网+文化产业"是"互联网+"文化发展行动的核心内容。文化产业是文化与发展相融合的重要动力源。我们要大力推动文化产业跨界融合以实现文化与发展的融合,推动文化产业创新发展以实现文化与发展的融合,推动文化产业走出去以实现文化与发展的融合。就文化产业而言,"文化+"的实质,就是实现内容、市场、资本和技术等关键要素在文化产业发展中的聚集、互动、融合和创新。[②]而要加快"互联网+文化产业"的发展,就必须加快文化与科技融合创新,以科技创新推动文化创新,通过文化创新推动"互联网+文化产业"的发展;要大力推动"互联网+文化产业+金融";要加快文化产业项目平台建设,整合文化资源和文化创意,推动"互联网+文化创意"的发展;要着力培养具有多元化知识结构的适应"互联网+文化产业"的复合型人才;要通过"互联网+文化产业"创新"文化走出去"的新模式,跨域跨境传播中华文化,讲好中华文化故事,彰显中华文化的发展价值,推动中华文化与人类发展的融合。

最后,通过"互联网+"文化发展行动,大力推进"互联网+文化民生"。改善文化民生是"互联网+"文化发展行动的出发点和落脚点。"互联网+"文化发展行动的最终目标,是为了更好地实现

[①] 习近平:《在网络安全和信息化工作座谈会发表重要讲话》,《人民日报》2016年4月20日。
[②] 王京生:《文化+:新形势下文化产业发展的战略选择》,《中国文化报》2015年8月15日。

文化的共享发展，为了更好地满足人民的美好生活需要。进入新时代，不断满足人民精神文化需要，逐步实现全体人民精神生活共同富裕，已经成为文化民生的重要内容。我们可以通过"互联网＋文化消费"来推进"互联网＋文化民生"。文化消费主要是指用文化产品或文化服务来满足人民日益增长的精神需求的一种消费。扩大文化消费，经由互联网可以让人民群众共享更多更好的文化发展成果；我们可以通过"互联网＋公共文化服务"来推动"互联网＋文化民生"。"互联网＋公共文化服务"是推进文化消费均等化，最大限度满足人民日益增长美好生活需要的必由路径。也因此，"互联网＋公共文化服务"正日益成为落实文化共享发展的重要举措。通过数字图书馆、数字博物馆、数字文化馆、文化遗产数据库建设，可以有效地整合公共文化数字资源，实现公共文化资源的有效配置和最大共享。特别是随着移动互联网的普及化，借助手机等移动终端，可以加快推进"互联网＋公共文化服务"。如国家通过实施"全国文化信息资源共享工程""数字图书馆推广工程""公共电子阅览室建设计划"等三个国家公共数字文化工程，推进"互联网＋公共文化服务"，不断促进基本公共文化服务标准化、均等化，更好地满足广大人民群众快速增长的数字文化需求。在"互联网＋公共文化服务"方面，各地也纷纷采取行动，如上海市嘉定区建设的"文化嘉定云"，构建了"文化分享圈"大服务，浙江省嘉兴市建设的"文化有约"服务平台，山东省东营市建设的"数字文化广场"，等等，都致力于让网络空间成为亿万民众共同的精神家园，成为更好更快满足人民日益增长的美好生活需要的无限空间。

四、全面改善文化民生：动员实现当代中国文化发展价值的人民力量

毛泽东在延安文艺座谈会上的讲话指出："为什么人的问题，是一个根本的问题，原则的问题。"习近平总书记在文艺工作座谈会上的讲话中也指出："人民既是历史的创造者，也是历史的见证者，既是历史的'剧中人'，也是历史的'剧作者'。"[①] 当代中国文化只有为了人民、依靠人民，只有以人民为中心，把满足人民精神文化需要作为文化发展的出发点和落脚点，才能最终实现其发展价值。这里讲的"文化民生"，主要是指人民生存与发展中的精神文化需要的满足，是美好生活的文化维度。文化民生彰显了文化主体性，这种文化主体性的彰显，推动了发展主体性的彰显，成为当代中国文化的发展价值得以实现的人民力量。我们要通过破解"文化贫困"难题、文化社区建设、乡风文明建设、扩大信任半径，全面改善文化民生，以更好地满足人民日益增长的美好生活需要，更好地实现当代中国文化的发展价值。

（一）文化民生是美好生活的重要维度

中国特色社会主义进入新时代，我国社会主要矛盾已经转化为人民日益增长的美好生活需要和不平衡不充分的发展之间的矛盾。新时代，人民对物质文化生活有了更新更多更高的需求，它体现在政治、经济、文化、社会、生态等各个方面，表现为对民主法治的需求，对公平正义的需求，对安全、环境的需求，对精神文化的需求，等等。

---

① 习近平：《论党的宣传思想工作》，中央文献出版社2020年版，第103页。

美好生活是一种幸福生活，而幸福生活包括多个维度：涉及生存状况满意度，如就业、收入、社会保障、生态环境等；生活质量满意度，如教育状态、居住条件、医疗条件、卫生条件、环境质量等；涉及心态和情绪愉悦程度，如精神生活、文化生活、心态、身心关系等；涉及人际关系、个体与社会关系等。亚里士多德曾指出，"幸福是万物中最好的、最高尚（高贵）和最令人愉悦的"，其中，公正最高贵，健康最良好，实现心之所欲最令人愉悦，当这些"最好的活动同时拥有它们"①就是幸福，"幸福就是生活得好和做得好"②。在幸福生活的多维度中，财富仅仅是其中一个维度。正如智者所言："财富显然不是我们追求的东西（善），因为它只是有用，而且是因为其他事物有用。"③确实，财富的增长与幸福感增强并不成正比。美国学者伊斯特林发现，收入增长与幸福感并不成正比，收入增长到一定程度，国民的幸福感就不再随着收入增长而增长了，这就是"伊斯特林悖论"。美国等发达国家都出现了"伊斯特林悖论"现象，也称"财富悖论"现象。也就是说，美好生活不能只有财富一个维度，如果只顾物质利益，不以人的全面发展为中心，不注重文化民生改善，国民幸福指数就不可能提升，"财富悖论"就会出现。在梵文经典《奥义书》中，玛翠伊与她的丈夫亚纳瓦克亚讨论财富能不能带来一切的时候，就有这样有趣的对话：玛翠伊问，如果整个世界的财富都属于她一个人，她能不能通过财富实现长生不老？她的丈夫回答是："不可

---

① 〔古希腊〕亚里士多德：《尼各马可伦理学》，廖申白译注，商务印书馆2017年版，第24页。
② 〔古希腊〕亚里士多德：《尼各马可伦理学》，廖申白译注，商务印书馆2017年版，第24页。
③ 〔古希腊〕亚里士多德：《尼各马可伦理学》，廖申白译注，商务印书馆2017年版，第11页。

能"。玛翠伊最后说:"那么,我要那些不能让我长生不老的财富干什么?"[①]

文化民生是美好生活的重要维度。民生一般指百姓的基本生计。"民生"一词,现在能够考证到的,最早出现在《左传》宣公十二年,所谓"民生在勤,勤则不匮"。孙中山的三民主义中有"民生主义"。孙中山认为,民生就是人民的生活,包括社会的生存、国民的生计、群众的生命。时代在发展,社会在进步,民生的内容也在不断丰富。有学者指出,民生至少包括人民的根基性的"生存"、尊严性的"生活"、理想性的"好的生活"三个层面。第一层面的民生是"生存性民生",包括最低生活保障、基础性的社会保障、义务教育、基础性的公共卫生、基础性的住房保障、社会救济等,满足人民的基本生理需要、基本居住条件需要、安全需要、卫生需要、基本教育需要。第二层面的民生是"尊严性民生",这个层面体现了人的发展自主性、发展独立性、发展自觉性,包括物质财富的需求,包括经济权益的维护、政治基本权利的需求等,也因此,政府报告中提出了"让人民生活得更加幸福、更有尊严"。第三个层面的民生是"自由性民生",也就是每个人都拥有一种自由,这种自由是"一个人做自己认为有价值的事的可行能力"[②],即每个人拥有能过上他们有理由珍视的和值得过的"好生活"的能力。可以说,以上民生的三个层面,都涉及"文化民生"问题,如第一个层面的满足人的基本教育需要;第二个层面的以尊严看待民生,满足人的发展自主性、独立性、自觉性需要、政

[①] 〔印度〕阿马蒂亚·森:《以自由看待发展》,任赜、于真译,中国人民大学出版社2013年版,第9页。
[②] 〔印度〕阿马蒂亚·森:《以自由看待发展》,任赜、于真译,中国人民大学出版社2013年版,第48页。

治基本权利的需求；第三个层面的以自由看待民生，拥有能过上"好生活"的发展能力等。

当民生发展到更高层面时，文化主体性和发展主体性都更加彰显。此时，解决文化民生问题，最重要的是充分理解人的需要，尊重人的需要，尊重和理解人的能力、人的发展的多样性，特别是尊重和重视人在发展实践中自己选择发展的权利和责任。尊重文化主体性和发展主体性，就是要尊重和理解人的需要，尊重和理解人的发展的多样性，尊重和理解人的发展权利和责任。也就是把文化的发展价值实现的权利和责任，交给文化的主体本身，依靠主体实践的自我创造，来实现美好生活。通过主体发展实践，满足人的精神需求，丰富人的精神世界，寄托人的理想理念，促进人的自我完善；通过主体发展实践，维护社会公平正义，优化人的生存环境，拓展人的发展空间，保证社会秩序良好等，最终实现人的自由全面发展。从这个意义上，尊重文化主体性或发展主体性的问题，实质上是共享文化发展成果的问题，是促进全体人民精神生活共同富裕的问题。

实现全体人民精神生活共同富裕，已经成为中国共产党的庄严承诺。"人民对美好生活的向往，就是我们的奋斗目标！"①党的二十大郑重宣告，实现全体人民共同富裕是中国式现代化的本质要求。而共同富裕既包括物质生活共同富裕也包括精神生活共同富裕。民生无小事，民生出问题，可能是大问题。为什么说民生无小事呢？王岐山同志曾建议我们看一下法国历史学家托克维尔的《旧制度与大革命》。翻开这本书的目录，跃进眼帘的有"何以繁荣反而加速了大革命的到

---

① 《习近平谈治国理政》第一卷，外文出版社2014年版，第4页。

来""何以减轻了人民负担反而激怒了人民"①等等充满问题意识的标题。在书中,作者用数字说话、让事实发言,对这些问题一一给出了答案。法国大革命为什么会爆发,执政者与人民之间的矛盾为什么不断激化和公开化?经济繁荣为什么反而加速大革命的到来?经济负担减轻了的人民,为什么不买政府的账?社会动荡为什么愈演愈烈?就这些问题,由于历史和阶级局限性,托克维尔当然不可能给出马克思主义的答案。但不能否认,每个发展个体都有多维的民生诉求,包括政治、经济、文化、社会、生态等各个方面。物质财富的增加,必然会催促人们的权利意识的觉醒,而随着权利意识的不断觉醒,人们对腐败现象、对不公正不公平的容忍度会越来越低,对"有尊重的发展""公平正义的发展"的要求会越来越高。也因此,改革开放之初,邓小平就告诫,随着经济不断发展,"如果不注意精神文明建设,就有很大危险"②。在新时代,习近平总书记强调,改革的根本目的,就是"要让国家变得更加富强、让社会变得更加公平正义、让人民生活得更加美好"③。我们要"不断满足人民群众多样化、多层次、多方面的精神文化需求","促进人民精神生活共同富裕"。④ "中国式现代化是物质文明和精神文明相协调的现代化","物质富足、精神富有是社会主义现代化的根本要求"。⑤

---

① 〔法〕托克维尔:《旧制度与大革命》,冯棠译,桂裕芳、张芝联校,商务印书馆2012年版,目录。
② 中共中央文献研究室编:《邓小平年谱(1975—1997)》(下),中央文献出版社2004年版,第813—814页。
③ 习近平:《二〇一四年新年贺词》,《人民日报》2014年1月1日。
④ 《习近平谈治国理政》第四卷,外文出版社2022年版,第146页。
⑤ 习近平:《高举中国特色社会主义伟大旗帜 为全面建设社会主义现代化国家而团结奋斗》,人民出版社2022年版,第22页。

(二)着力破解"文化贫困"难题

改革开放以来,教育问题("教育是民生之基")、就业问题("就业是民生之本")、医疗卫生问题("医疗卫生是民生之根")、社会保障问题("社会保障是民生之盾")、生态问题("生态也是民生")等都成为民生问题。新时代我国社会主要矛盾是人民日益增长的美好生活需要和不平衡不充分的发展之间的矛盾。社会主要矛盾的变化,使得文化生活、精神生活也成了民生问题("文化即民生")。解决文化民生问题,解决"文化贫困"问题同样成为当务之急。

这里讲的"文化贫困"特指思想文化贫困、精神文化贫困、思想观念贫困。没有现代化的思想道德观念,没有科学的发展价值观,没有创新发展、协调发展、绿色发展、开放发展、共享发展的发展理念,都是"文化贫困"的主要表现。一定程度上讲,"文化贫困"与"贫困文化"是一对孪生字,或者说,一定意义上,"贫困文化"造成了"文化贫困"。要解决"文化贫困"问题,首先要解决"贫困文化"问题。

"贫困文化"理论主要是从文化视角解释贫困现象的一种理论,最初由美国人类学家奥斯卡·刘易斯在1959年出版的《五个家庭:墨西哥贫穷文化案例研究》中提出。刘易斯通过对墨西哥若干贫困家庭的研究,得出这样的结论:穷人独特的居住方式,与其他人在社会生活中的相对隔离,形成了独特的生活方式,形成了独特的文化观念、独特的贫困亚文化。一代代人在这种生活环境中成长并习得这种"贫困文化","贫困文化"出现了世代传递现象,生活在"贫困文化"之中的人们,就是有机会摆脱贫困,也难以利用这些机会去摆脱贫困状态。

"贫困文化"无助于实现人的现代化和社会现代化,正如美国学者英格尔斯指出的,如果一个国家的人民"自身还没有从心理、思想、态度和行为方式都经历一个向现代化的转变，失败和畸形的悲剧结局是不可避免的"[1]。当然，我们反对滥用或误用"贫困文化"，我们反对把一切"传统文化"都当成"贫困文化"，我们反对把少数民族文化都当成"贫困文化"。

"贫困文化"是会传递的，有了"贫困文化"，就有可能出现"贫困代际相传"现象。"贫困文化"根源是价值观的落后，是价值观念问题、心理状态问题。早在1971年，智利学者萨拉扎·班迪在总结落后国家的发展道路时就指出，落后也是一种心理状态、文化状态。这种心理状态和文化状态经过长期沉淀积累固化，就会形成难以改变的文化习俗、生活习惯、意识形态，就会形成"贫困文化"。这种"贫困文化"体现为自卑感、宿命感、无助感，缺乏进取精神、缺乏主动性、积极性、开放性，眼光短浅，像困中兽、笼中鸟，丧失了选择能力、挑战能力、变革能力。

现代化的核心在于人的现代化，没有人的现代化，就没有真正意义上的现代化。没有从传统人向现代人的转型，没有包括人的思想观念、道德观念、心理素质、行为方式、思维方式等方面的现代转型，就不可能说已经解决了"文化贫困"问题。为此，我们要着眼于人的思想观念现代化。通过马克思主义理论教育，通过社会主义核心价值观教育，通过弘扬民族精神和时代精神，帮助人们树立科学的世界观、人生观、价值观、发展观，尤其是在进行社会主义核心价值观培育过程中，要着眼于人的现代性获得，着眼于培育现代人所必备的主体性、独立性，着眼于培养现代人所必备的"自由、能力、责任"三位一体的素质，着眼于培养现代人所必备的"德法兼治"意识，着

---

[1] 〔美〕英格尔斯：《人的现代化》，殷陆君译，四川人民出版社1985年版，第48页。

眼于培养现代人所必备的"竞合"意识、创新意识、开放意识、共生共赢共享意识,等等,以此来不断丰富现代人的"精神家园",构建现代人的"意义世界",不断推进人的思想观念现代化、精神文化现代化、价值观念现代化。

在消除绝对贫困之后,在推进乡村全面振兴的过程中,我们还要继续解决能力贫困、精神贫困、文化贫困等"多维贫困问题"。脱贫既包括物质脱贫,也包括能力脱贫、精神脱贫、文化脱贫。乡村振兴既要重视塑形,更要重视铸魂。我们要以社会主义核心价值观为引领,全面推动乡村文化振兴。通过优秀传统乡土文化的传承创新,农耕文明的传承发展,家庭家教家风的建设;通过培育现代乡村伦理,重构乡村价值观念,重塑乡村民俗文化;通过文化产业赋能,农文旅融合发展;通过持续深化群众性精神文明创建活动,倡导科学健康文明的生活方式等,多措并举来解决广大农村中部分群众还存在的"文化贫困"难题,不断丰富人民精神世界,促进人民精神生活共同富裕。

(三)大力推进文化社区建设

文化社区建设是满足人民美好生活需要的必然选择。通过文化社区建设,让人们生活的社区成为有文化的社区、有尊严的社区、有灵魂的社区、幸福的社区。

首先,通过文化社区建设,满足人民美好生活的需要。随着现代城市的发展,"越来越多的人意识到社区中生活质量是生活中的决定性因素"[1]。就世界发展趋势而言,社区已经成为文化构成的最重要的形式之一。或者说,越来越多的人正在通过文化社区建设来解决发

---

[1] 〔加〕D. 保罗·谢弗:《文化引导未来》,许春山、朱邦俊译,社会科学文献出版社2008年版,第166页。

展中出现的种种问题，特别是文化与发展断裂问题。通过文化社区建设，防止社区生活成为一场噩梦，成为不幸的源泉，成为愁苦的发源地，最终让社区成为幸福的港湾、人生的避风港。

其次，通过文化社区建设，实现文化与发展深度融合。世界各国城市发展的实践证明，文化与发展断裂的社区，是交通拥挤、环境污染甚至贫穷落后的社区，是社会状态衰败、心理状态恶化、人性状态恶化、审美能力下降的社区。而文化与发展相融合的社区，是艺术的象征、秩序的象征，是美好生活的依托，是有人情味的集体，是让人有认同感的集体，是让人有归宿感的集体，是人们幸福的港湾。我们要通过文化社区建设，把社区既建成集体生活的物质载体，更建成集体生活的文化载体，建成集体生活的精神载体，最终实现文化与发展的融合，实现社区物质文明与精神文明的协调发展。

最后，通过文化社区建设，建设体现整体发展的社区。没有整体利益的考量，没有整体需求的考虑，没有全局观念，不可能有文化社区。文化社会是作为"文化整体的社区"，是把社区当作"完全、综合的统一实体来对待"[1]的社区。在文化社区建设中，"文化"之所以成全"文化社区"，是因为"文化具备了最完备的潜能"[2]，这是"文化整体"的潜能，既包括世界观、价值观引领整体发展的潜能，因为"整体意义上的文化在一般情况下，是作为世界观来使用，在特殊情况下是作为价值观来使用"[3]，也包括以全局眼光看待社区的

---

[1] 〔加〕D. 保罗·谢弗：《文化引导未来》，许春山、朱邦俊译，社会科学文献出版社 2008 年版，第 169 页。

[2] 〔加〕D. 保罗·谢弗：《文化引导未来》，许春山、朱邦俊译，社会科学文献出版社 2008 年版，第 169 页。

[3] 〔加〕D. 保罗·谢弗：《文化引导未来》，许春山、朱邦俊译，社会科学文献出版社 2008 年版，第 169 页。

潜能，即文化黏合剂的潜能。正是这些潜能，让社区成为动态有机体，成为更全面、更综合地发展的有机整体，走全面的、综合的社区发展之路，让可能正在失去的团结感、认同感、凝聚力、艺术、秩序等得以回归，这是文化的回归，这是全面均衡发展的社区美好生活的回归。

文化社区建设要注重文化景色打造。社区文化景色在文化社区建设中具有不可替代的价值。这是一种无所不在的文化，一种无限的全景式文化。这些文化景色可以是自然的、历史的，可以是社会的、经济的、政治的，可以是审美的、人文的。这些景色让生活其中的居民释放自己的视觉、听觉，释放自己的嗅觉、触觉。文化景色融入社区生活的方方面面，贯穿整体社区的点点滴滴。而文化景色的打造，是需要智慧的，"实际上，哪怕是一座荒废的工厂、一所陈旧的仓库、一幢废弃的大楼、一间木板的平房或是一处破损的火车站，都可以成为社区整体文化景色的理想家园"[①]。

文化社区建设要注重社区文化管理。文化社区提供文化公共服务，文化社区触动所有生命的灵魂，文化社区是精神家园。没有文化的策划，没有文化的决策，没有居民的参与，没有居民的认同感、归宿感，文化社区不可能最终建设。如何整合文化社区的文化资源，以满足社区日益增长的美好生活需要，这是社区文化管理的最大挑战。

在文化社区建设过程中，我们要高度重视农村文化社区建设。党的十九大提出了乡村振兴战略，明确了我们要建设的乡村，是产业兴旺、生态宜居、乡风文明、治理有效、生活富裕的乡村。在全国

---

① 〔加〕D. 保罗·谢弗：《文化引导未来》，许春山、朱邦俊译，社会科学文献出版社2008年版，第189页。

宣传思想工作会议上,习近平总书记提出要努力培育文明乡风、良好家风、淳朴民风,焕发乡村文明新气象。通过实地调研,我们发现,在农村文化社区建设过程中,我们已经形成了一些好的经验,如在乡风文明建设过程中,形成了家风、民风、乡风、政风、党风"五风和谐"的乡风文明,并在多元文化集成中不断彰显乡村的多元价值。如在世界长寿市贺州的几个社区调研中,我们发现,每个农村社区都有其独特的乡村文化,而长寿文化是贺州市乡村独具特色的文化之一。这种长寿文化被逐步凝练为"四然"文化:"天然""心然""孝然""浩然"文化,分别对应人与自然、人与自身、人与人、人与社会的关系。其中,"天然"就是"生态好",注重生态文化建设,这里人与自然和谐共生;"心然"就是"心态好",注重以中华优秀传统文化涵养健康心态,这里的人们身心和谐;"孝然"就是"孝心好",注重新时代孝文化建设,这里人与人和睦相处;"浩然"就是"正气好",注重廉洁文化涵养清风正气,这里人与社会和谐共处。

通过调研,我们认为,目前全国乡风文明建设总体上还处于"先让一部分乡村文明起来"的发展阶段,还处于"外生力量主导"(特别是在经济比较不发达的地区)的发展阶段,还处于"文化进村""文化不在村"的发展阶段。这样的农村文化社区发展阶段,还不是文化与发展深度融合的阶段,还不是文化民生真正获得内生发展的阶段。

"文化在村"是新时代人民对美好生活的重要诉求。我们曾到一个名为"三江村"的农村与农民同吃同住同劳动一个星期。在促膝交谈中,一位农民老党员发出了这样的感叹:"我们不能阴沉沉过一辈子生活呀!"这让我们陷入沉思,也让我们感到意外。原来这位老党员是一个"老文艺",聊到文化的作用,谈到文化的力量,他有更多的亲身感受和体验。他向我们倾诉:"文化艺术有鼓舞人心的作用。""你们的到来,我们村没有八音队在村口欢迎,我们感到非常遗憾。""昨天的文艺晚会上,没有村民表演的节目,我们感到很失望。""我们希望重新组建一个八音队","我们不能阴沉沉过一辈子生活","我们希望让三江村活跃起来"。这是一个老党员发自肺腑的话语,这是一个"老文艺"发自内心的对乡村美好生活的向往。确实,改革开放以来,我们富裕起来了,物质开始富足了,农村也不例外。在党的坚强领导下,通过共同努力,三江村于2016年实现了"脱贫摘帽"的目标,扶贫攻坚取得了阶段性的胜利。这里山清水秀,一栋栋新建楼房拔地而起,村民勤劳勇敢、淳朴好客,他们种桑养蚕,现代化的桑蚕基地初具规模,这是一幅幅让人喜悦的美丽画面。但是,如果你细心观察,用心体验,你会感受到三江村似乎还缺少了点什么。是的,与全国很多地方一样,似乎缺少了"文化",缺少了"灵魂"。确实,"有文化的发展""有灵魂的发展"才是真正的发展。而对"有文化的发展""有灵魂的发展"的渴望和追求,是每个人都有的本能,是人人都有的冲动。因为我们是人,我们既是物质性存在,更是精神性存在。但是在发展过程中,我们却不自觉地仅仅把自己当成是物质性存在,以至于出现了"失根的发展""失魂的发展"。在调研过程中,我们爬到三江村的山顶往下眺望,三江村新村旁边,还有一幢幢被遗弃的古屋。这些古屋,有坚固的围墙,自成一体,独具壮族风格,诉说着该村昔日的辉煌和荣耀,承载着壮族优秀传统文化。这些承载着历史、承载着文化的古老建筑,一点点地被时代遗弃,已经没有人居住了,平时偶尔有几个老人过来,一起坐在村口古老的青石凳上聊天,回忆往事。通过调研,我们对三江乡村文化社区建设有了以下几点设想:一是实现"文化在村"。挖掘、集成三江村多元文化，以多元文化焕发三江发展生机。尽快帮助村民组建新时代的八音队，让壮族八音文化时时浸润着村民的心田，让乡土文化成为营造农民精神家园的重要资源，真正发挥文化艺术鼓舞人心、凝聚人心的重要作用。二是打造乡村文化景观。成立乡村古建筑抢救小组。让承载着壮乡优秀文化的古老建筑成为村民休闲娱乐的公共场所，成为对外开放的旅游景点，让青山绿水、古老建筑、现代建筑共生共处，打造村民美好精神家园的文化社区。三是发挥乡村小学在乡村中的文化堡垒作用。做好顶层设计，做出制度安排，让乡村小学不仅成为教书育人的场所，还成为改造乡村文化生活的中心，让乡村教师成为改造乡村文化的灵魂，让乡村小学生成为营造乡村精神家园的小小精灵和小小火种。四是注重家庭家教家风建设。让尊老爱幼、友爱互助、见贤思齐、崇德向善、诚信友善等优秀传统文化基因继续在每个村民的血液中流淌。五是发挥村党支部在文化建设中的引领作用，发挥党员的模范带头作用。发挥村民的主体作用，调动每个村民的积极性、主动性和创造性，共同营造乡村精神家园。如此，我们相信，当我们再次回到三江村的时候，村口有村民八音队在热烈欢迎，文艺晚会上有村民精彩的表演，乡村小学成为乡村文化的辐射源。我们相信，通过文化社区建设，三江村一定会实现文化与发展的深度融合，进而变得更加美丽、更加有魅力，整个乡村真正活跃起来了！

（四）共享核心价值观以扩大信任半径

扩大信任半径，增强社会资本是文化民生的重要内容。或者说，破解文化与发展相断裂的发展难题，还有一个重要路径就是：共享核心价值观以扩大信任半径，助推文化与发展的融合，以更好实现当代中国文化的发展价值。

社会资本是一个社会学概念，相对于经济资本、人力资本而言。在传统发展观影响下，发展等同于经济增长，忽视人文关怀，造成人与人关系的疏离和紧张，人与人之间缺乏信任，生活成本不断增加，美好生活难以达成。要让孟子所说的"老吾老，以及人之老；幼吾幼，以及人之幼"变成现实，我们可以探索通过增强社会资本缓解人与人之间的紧张关系，化解社会矛盾，把社会冲突降到最低限度，以成全美好生活。什么是社会资本？罗伯特·帕特南指出："社会资本是指社会组织的特征，诸如信任、规范以及网络，它们能够通过促进合作行为来提高社会的效率。"[1] 弗朗西斯·福山指出，社会资本是由社会或社会的一部分"基于普遍信任所产生的一种力量"[2]。可以说，社会资本是由信任而产生的一种文化力量。信任是一种文化现象，信任程度越高，文化与发展相融合程度也越高。信任半径越大，信任覆盖的范围越大，文化与发展相融合的领域和范围也越大。而信任半径的扩大、信任程度的提升，又会伴随着有尊严的发展、有灵魂的发展，伴随着共享发展，伴随着美好生活的不断实现。

没有信任不可能有美好生活。没有信任，就会出现"霍布斯丛林"，就会出现"所有人对所有人的战争"。社会资本增量，有赖信任的重建。齐美尔是信任研究的开启者。他指出，没有相互间享有的普遍的信任，"社会本身将瓦解"。也就是说，信任是社会生活的基础，信任是美好生活的社会基础。真正的社会资本理论，是从布迪厄等人的研究开始的，之后经过科尔曼、普特南等人而获得了跨学科发展和巨大影响。学者普遍认为，通过社会资本，个体之间、群体之

---

[1] 〔美〕罗伯特·帕特南：《使民主运转起来》，王列、赖海榕译，江西人民出版社2001年版，第195页。
[2] 〔美〕弗朗西斯·福山：《信任：社会美德与创造经济繁荣》，彭志华译，海南出版社2001年版，第30页。

间、社会之间、国家之间相互信任、合作共赢,这是高效能的、高度整合的社会。社会资本是一种能力,或者说,是一种文化能力,正如福山所指出,社会资本根植于文化,它是信任的熔炉。社会资本的核心要素是信任,要实现社会资本增量,信任是关键。要满足美好生活,需要扩大信任半径。信任是经济发展必需的公共品德,信任与经济高质量发展密不可分。也因此,20世纪70年代,信任被主流经济学家接受,信任被当成经济交换的润滑剂,认为信任成就经济繁荣,认为经济发展落后与信任缺乏有关。在这个基础上,催生了一个新概念:社会资本。福山指出,国家福利、国家竞争力,取决于社会本身的信任程度。[1] 一定意义上,要实现高质量发展,实现共享发展,社会资本是关键。

而信任产生于共享规范和价值观。没有共享规范和价值观,人们不可能超越个人私利,相互之间不可能真正信任并团结在一起谋求高质量的发展。只有共享规范和价值观,人们才能将个人利益融进群体利益,才能产生真正的信任,进而创造出巨大的经济价值,创造出巨大的发展价值。通过共享核心价值观所获得的信任,所获得的社会资本,可以大大降低发展成本。正如福山所指出,一个民族保持共享"善恶观"的能力对于建立信任、创造社会资本以及由这些属性带来的所有其他积极经济成果至关重要。[2] 社会资本是从文化中产生的一种能力,是从信任中产生的一种能力。[3] 关于信任与发展的关系,特

---

[1] 〔美〕弗朗西斯·福山:《信任:社会美德与创造经济繁荣》,彭志华译,海南出版社2001年版,第8页。

[2] 〔美〕弗朗西斯·福山:《信任:社会美德与创造经济繁荣》,彭志华译,海南出版社2001年版,第273页。

[3] 〔美〕弗朗西斯·福山:《信任:社会美德与创造经济繁荣》,彭志华译,海南出版社2001年版,第30页。

别是信任与商业的关系,马克思有过精彩的论述。由于文化与发展断裂,资本主义社会的商业成了"合法的欺诈"[①],资本主义社会的商业制造了互不信任,而且为这种互不信任辩护,就发展而言,就是为用不道德的发展方式达到不道德的发展目的进行合法性辩护,认为发展中可以利用对方的无知和轻信,来实现自己的最大发展利益。马克思指出,在资本主义社会中,由于竞争关系造成的价格永恒波动,使商业完全丧失了"道德的最后一点痕迹"[②]。因此,错误的不正确的价值观并不真正增量社会资本。当代中国要增量社会资本,必须共享正确的核心价值观,也就是共享社会主义核心价值观。

当前,由于互联网的发展,陌生人之间的信任半径不断扩大。今后,我们要加快健全基于职业群体和陌生人的社会信任模式,通过公平正义的制度安排扩大陌生人之间的信任半径,完善现代社会信用体系,全面推进政务诚信、商务诚信、社会诚信和司法公信建设,完善守信激励和失信惩戒机制,完善社会信用评价机制,不断提高政府公信力,加大诚信文化建设。[③]总之,让信任成为美德,是我们必须解决的社会资本增量难题。信任是一种文化能力,是一种社会美德。亚里士多德曾经说过,人是天性合群的动物。中华民族历来是一个"能群""善群""乐群""会群"的民族,增量社会资本,才能让人与人的关系合作更友好、交流更顺畅、交往更愉悦、相处更和睦、生活更美好。

---

① 《马克思恩格斯文集》第1卷,人民出版社2009年版,第61页。
② 《马克思恩格斯文集》第1卷,人民出版社2009年版,第75页。
③ 《国务院关于印发社会信用体系建设规划纲要(2014—2020年)的通知》(国发〔2014〕21号),中华人民共和国中央人民政府门户网站,2014年6月14日。

五、讲好中华文化故事：壮大实现当代中国文化发展价值的国际力量

"文化对全球化至关重要"[①]，21世纪的人类社会是一个复杂的联结的世界，每一个个体的文化行为都会在全球范围内产生重要影响，事关他者的命运，事关地球的命运。讲好中华文化故事，就是通过中华文化影响全球化的发展进程，让全球化更健康更有序推进。习近平总书记特别重视对外讲好中国故事，他强调，"我们现在有底气、也有必要讲好中国故事"，我们要"把中国故事讲得愈来愈精彩，让中国声音愈来愈洪亮"。[②] 我们要"向世界讲好中国故事、中国共产党故事"[③]。通过讲好中华文化故事，"把跨越时空、超越国度、富有永恒魅力、具有当代价值的文化精神弘扬起来，把继承传统优秀文化又弘扬时代精神、立足本国又面向世界的当代中国文化创新成果传播出去"[④]。同时，"当代中国是历史中国的延续和发展，当代中国思想文化也是中国传统思想文化的传承和升华，要认识今天的中国、今天的中国人，就要深入了解中国的文化血脉，准确把握滋养中国人的文化土壤"[⑤]。基于此，讲好中华文化故事，我们重点要讲好"和文化"故事，讲好新发展理念故事，讲好当代中国价值观故事。通过讲好中华文化故事，凸显中华文化的"中国魅力""中国智慧""中国方案"，进而壮大当代中国

---

① 〔英〕约翰·汤姆林森：《全球化和文化》，郭英剑译，南京大学出版社2002年版，第35页。
② 习近平：《论党的宣传思想工作》，中央文献出版社2020年版，第119、123页。
③ 《中共中央关于党的百年奋斗重大成就和历史经验的决议》，人民出版社2021年版，第46页。
④ 《习近平谈治国理政》第一卷，外文出版社2014年版，第161页。
⑤ 习近平：《在纪念孔子诞辰2565周年国际学术研讨会暨国际儒学联合会第五届会员大会开幕会上的讲话》，《人民日报》2014年9月25日。

文化实现其发展价值的国际力量。

（一）讲好中国"和文化"的故事

当代中国文化要实现其发展价值，特别是实现促进人类文明进步，推动构建人类命运共同体的发展价值，必须讲好中国"和文化"故事。现在国际上负面舆论依然不少，比如"中国威胁论""中国强硬论""中国傲慢论""中国掠夺论""中国不负责论""中国搭便车论""中国失败论""中国崩溃论""中国全输论"等奇谈怪论不绝于耳。[①]这些论调，有些完全是居心叵测，想造谣生事、制造混乱的，但也有一些是对中国不了解，对中国文化不了解而产生的。对那些因为不了解而产生误解的，我们需要对外讲好中国故事，讲好中国文化故事，包括中国"和文化"故事。

第一，讲好中国"和羹之美"的"和文化"故事。2017年1月18日，习近平主席在联合国日内瓦总部演讲中就讲了这个故事。[②]"和羹之美"出自《三国志·魏书》："夫和羹之美，在于合异，上下之益，在能相济，顺从乃安。"[③]意思是说，羹汤之所以美味可口，就在于把各种不同的调料融合在一起。此比喻尊重事物的多样性，在差别中求统一，在多样中求一致。"和羹之美，在于合异"是中华优秀传

---

① 习近平：《论党的宣传思想工作》，中央文献出版社2020年版，第119—120页。
② 《习近平谈治国理政》第二卷，外文出版社2017年版，第543—544页。
③ 2014年3月27日，在联合国教科文组织总部演讲中，习近平就指出，生活在2500年前的中国史学家左丘明在《左传》中记录了齐国上大夫晏子关于"和"的一段话："和如羹焉，水、火、醯、醢、盐、梅，以烹鱼肉。""声亦如味，一气，二体，三类，四物，五声，六律，七音，八风，九歌，以相成也。""若以水济水，谁能食之？若琴瑟之专壹，谁能听之？"用来说明，和谐包容的文化基因，在2500多年前就已经深刻在中华民族的血脉之中（参见《习近平谈治国理政》第一卷，外文出版社2014年版，第261—262页）。

统文化"求同存异""和而不同""美美与共"的大智慧,是"和谐发展""包容性发展"的大智慧。讲好"和羹之美"的"和文化"故事,我们要重点讲好:"和羹之美,在于合异"是中华文化的价值追求,我们主张建设一个开放包容的世界;人类文明多样性是世界的基本特征,我们主张文明多样性是人类发展进步的源泉;世界的多彩、文明的繁盛、人类的进步,离不开求同存异、开放包容,我们主张文明交流、互学互鉴;文明没有高下、优劣之分,只有特色、地域之别,我们主张"万物并育而不相害,道并行而不相悖";文明差异不是世界冲突的根源,我们主张文明差异是人类文明进步的动力;历史呼唤着人类文明同放异彩,我们主张不同文明应该和谐共生、相得益彰,共同为人类发展提供精神力量。通过讲好"和羹之美"的"和文化"故事,让人类创造的各种文明交相辉映,共同编织出斑斓绚丽的图画,共同消除现实生活中的文化堡垒,共同抵制妨碍人类心灵互动的观念纰缪,共同打破阻碍人类交往的精神隔阂,让各种文明和谐共存,让人人享有文化滋养。

第二,讲好中国没有"穷兵黩武"文化基因的"和文化"故事。2017年1月18日,习近平主席在联合国日内瓦总部的演讲中还讲了这个故事。习近平主席说:"中国维护世界和平的决心不会改变。中华文明历来崇尚'以和邦国'、'和而不同'、'以和为贵'。中国《孙子兵法》是一部著名兵书,但其第一句话就讲:'兵者,国之大事,死生之地,存亡之道,不可不察也',其要义是慎战、不战。几千年来,和平融入了中华民族的血脉中,刻进了中国人民的基因里。"[①] 在这里,习近平主席既引用了《论语》中的经典名句"和而不同""以

---

① 《习近平谈治国理政》第二卷,外文出版社2017年版,第545页。

和为贵",也引用了《孙子兵法》的"兵者,国之大事"等警句,都是想让世界人民知道,几千年来,"和平"已经融入中华民族的血脉中,已经是中国人民的文化基因。中华民族没有称王称霸的文化基因,没有穷兵黩武的文化基因,有的是"以和为贵""以和邦国"的文化基因,中国人早就懂得了"和平珍贵"的道理。通过讲好这个故事,让世界人民知道,中华民族历来是爱好和平的民族,在5000多年的文明发展中,中国人民崇尚和谐、尊重和谐、坚守和谐,追求和平、珍惜和平、爱护和平,守护和睦、追求和睦、需要和睦。让世界人民知道,"以和为贵""与人为善"的价值理念在中国人人知晓,深深植根于中国人的精神之中,"己所不欲、勿施于人"等价值理念在中国代代相传,深深体现在中国人的行为中。

第三,讲好中国"强不执弱,富不侮贫"的"和文化"故事。可以说,中国"强不执弱,富不侮贫"的"和文化"故事与中国没有"穷兵黩武"文化基因的"和文化"故事,是一个故事的两个方面。2015年11月7日,习近平主席在新加坡大学的演讲中就讲了这个故事。① "强不执弱,富不侮贫"出自《墨子·兼爱》,原文是"天下之人皆相爱,强不执弱,众不劫寡,富不侮贫,贵不敖贱,诈不欺愚。凡天下祸篡怨恨,可使毋起者,以相爱生也,是以仁者誉之。""强不执弱,富不侮贫",也就是说,强大者不欺凌弱小者,富贵之人不欺辱贫穷之人。对这个故事,我们要重点讲好:"国强必霸"不是历史定律,中国自古以来就倡导"强不执弱,富不侮贫";中国人民深知"国虽大,好战必亡"的道理;中华民族伟大复兴是大势所趋,但中国繁荣昌盛不构成对世界各国发展的威胁。通过讲好这个故事,让世

---

① 习近平:《深化合作伙伴关系,共建亚洲美好家园》,人民出版社2019年版,第6页。

界人民知道,中国不认同"国强必霸论",中国既没有"穷兵黩武"的文化基因,也没有"称王称霸"的文化基因。相反,中国有"天人合一""民胞物与""天下大同""万邦和谐""万国咸宁"的文化基因。

第四,讲好中国"合则强,孤则弱"的"和文化"故事。2015年5月7日,习近平主席对俄罗斯人民就讲了这个故事。[①]"合则强,孤则弱"出自《管子·霸言》,意思是说,国家之间,合作共赢就会变得强大,闭关孤立就会变得弱小。对这个故事,我们要重点讲好:"合则强,孤则弱"是中华文化的价值主张,合作共赢应该成为各国处理国际事务的基本政策取向;21世纪的人类社会比以往任何时候都更有条件朝和平与发展目标迈进,我们主张应该努力构建以合作共赢为核心的新型国际关系;我们应该把本国利益同各国共同利益结合起来,努力扩大各方共同利益汇合点;我们要树立双赢、多赢、共赢新理念,坚持同舟共济、权责共担,携手应对气候变化、能源资源安全、网络安全、重大自然灾害等日益增多的全球性问题,共同呵护人类赖以生存的地球家园。

第五,讲好中国"协和万邦""亲仁善邻"的"和文化"故事。习近平主席在多个重要国际场合都讲了这个故事,如2018年6月9日在上海合作组织青岛峰会欢迎宴会上就讲了这个故事[②],2019年5月15日在亚洲文明对话大会开幕式的主旨演讲中也讲了这个故事[③]。"协和万邦"出自《尚书·尧典》,原文是:"克明俊德,以亲九族。九

[①] 中共中央党史和文献研究院编:《习近平关于总体国家安全观论述摘编》,中央文献出版社2018年版,第238页。
[②] 习近平:《在上海合作组织青岛峰会欢迎宴会上的祝酒辞》,《人民日报》2018年6月10日。
[③] 《习近平谈治国理政》第三卷,外文出版社2020年版,第120页。

族既睦，平章百姓。百姓昭明，协和万邦。""百姓昭明，协和万邦"，意思是说，人民和睦和乐相处，国家和平友好往来，亲如一家；"亲仁善邻"出自《左传·隐公六年》，原文是："五父谏曰：'亲仁善邻，国之宝也，君其许郑。'"意思是说，与仁者亲近，与邻邦友善，就是国家的"珍宝"。对这个故事，我们要重点讲好："亲仁善邻""协和万邦"是中华文明一贯的处世之道，亲仁善邻、协和万邦，惠民利民、安民富民是中华文明鲜明的价值导向；中华文明就是在同其他文明不断交流互鉴中形成的开放体系，中华文明始终在兼收并蓄中历久弥新，我们主张"大道之行，天下为公"，追求"协和万邦，和衷共济，四海一家"。通过讲好这个故事，让世界人民知道，中华民族几千年来，一直向往和追求"亲仁善邻""协和万邦"，建设开放、包容、合作、共建、共享的人类命运共同体是深藏中华民族基因之中的发展价值追求。

第六，讲好中国"物之不齐"的"和文化"故事。2014年3月27日，习近平主席在联合国教科文组织总部演讲中就讲了这个故事。①"物之不齐，物之情也"出自《孟子·滕文公上》，意思是说，物质世界是多样的、多彩的、千差万别的，万事万物是不可能完全一样的，这是物质世界的客观情况，这是一种自然规律。对这个故事，我们要重点讲好：中国人在2000多年前就认识到了"物之不齐，物之情也"的道理，为此，我们主张人与人和谐共处、人与社会和谐共赢、人与自然和谐共生；文明因交流而多彩，文明因互鉴而丰富，我们认为文明的多样性是推动人类文明进步和世界和平发展的重要动力；我们主张推动不同文明相互尊重、和谐共处，让文明交流互鉴成

---

① 《习近平谈治国理政》第一卷，外文出版社2014年版，第259页。

为增进各国人民友谊的桥梁、推动人类社会进步的动力、维护世界和平的纽带；我们主张从不同文明中寻求智慧、汲取营养，为人们提供精神支撑和心灵慰藉，携手解决人类共同面临的各种挑战。

（二）讲好"新发展理念"的故事

讲好中国文化故事，其中一个核心重要内容是讲好中国的价值观故事，特别是当代中国的发展价值观故事。为了让中国文化更好地为破解21世纪人类发展难题贡献"中国智慧""中国价值""中国方案"，在"发展为了谁""发展为了什么""谁获得了发展""什么样的发展才是'好发展'""如何实现这样的'好发展'"等问题上，我们要着重讲好新发展理念所蕴含的发展价值观故事。

首先，讲好新发展理念的整体发展价值观故事。我们要让世界各国人民知道，新发展理念既是关系中国发展全局又是应对21世纪人类发展难题的一场深刻的发展价值观革命。创新、协调、绿色、开放、共享的发展是一个有机整体的发展，提出新发展理念就是要推动整体发展价值观的革命，通过创新发展重点解决发展动力问题，通过协调发展重点解决发展不平衡问题，通过绿色发展重点解决人与自然和谐问题，通过开放发展重点解决发展内外联动问题，通过共享发展重点解决发展中的公平正义问题。创新、协调、绿色、开放、共享的新发展理念是对人类发展观的继承、丰富、发展和超越，更加符合21世纪人类发展趋势和要求，既是破解21世纪中国发展难题的需要，也是破解21世纪人类发展难题的需要，是对人类发展规律的新认识，代表了21世纪人类发展的新价值追求。

其次，讲好新发展理念中包容性发展价值观故事。2016年9月4日，习近平主席在二十国集团领导人杭州峰会上的开幕式上的讲话中就讲了这个故事。①通过讲好这个故事,让世界各国人民知道,我们提出新发展理念以共同构建创新、活力、联动、包容的世界经济,是破解人类发展难题的需要。当前,人类发展遇到前所未有的挑战,表现在:过去数十年推动世界经济增长的主要引擎,包括科技进步、人口增长、经济全球化等都先后进入换挡期,特别是上一轮科技进步带来的增长动能已经逐渐衰减,新一轮科技和产业革命尚未形成势头,尤其是经济全球化出现波折,甚至出现了"逆全球化"现象,保护主义抬头,世界基尼系数不断扩大,超过了公认的零点六"危险线",达到了零点七左右。新发展理念的提出,可以为21世纪人类发展难题破解提供中国智慧、中国价值。新发展理念强调创新发展方式,推动联动式发展,促进包容性发展。中国坚决避免以邻为壑,做开放型世界经济的倡导者和推动者。中国要让世界经济走上强劲、可持续、平衡、包容增长之路,共同推动解决全球发展不平等和不平衡问题,使各国人民共享世界经济增长成果,最终实现世界各国人民特别是发展中国家人民共同发展的普遍愿望。

最后,讲好新发展理念"以人民为中心的发展"的故事。2020年11月17日,习近平主席在金砖国家领导人第十二次会晤上的讲话中就讲了这个故事。②通过讲好这个故事,让世界各国人民知道,提出新发展理念,坚持以人民为中心的发展,是应对当前世界经济正经历20世纪30年代大萧条以来最严重衰退的挑战的需要。当前,单边主义、保护主义、霸凌行径愈演愈烈,治理赤字、信任赤字、发展赤字、和平赤字有增无减。新发展理念的中国实践,给世界各国人民应

---

① 习近平:《论坚持推动构建人类命运共同体》,中央文献出版社2018年版,第377页。
② 《习近平重要讲话单行本(2020年合订本)》,人民出版社2021年版,第227页。

对人类发展问题提供了中国智慧、中国价值。也就是，面对人类发展的诸多挑战，中国坚持以人民为中心的发展，坚持人民至上、生命至上。坚持开放发展、创新发展，带头促进世界经济复苏。通过讲好这个故事，让世界各国人民知道，以人民为中心，为人民谋幸福，是新发展理念的"根"和"魂"。我们主张发展是解决一切问题的总钥匙。我们主张坚持民生优先，推进全球可持续发展。我们主张坚持绿色发展，促进人与自然和谐共生，并用实际行动正在为并继续为建设美丽世界作出中国独特又巨大的贡献。

总之，讲好"新发展理念"故事，就是让新发展理念不断获得越来越多的国际认同，认同新发展理念对破解 21 世纪人类发展难题具有不可替代的重要价值，认同新发展理念"正在发起人类发展史上的一场新的征程，有助于推动人类发展进入一个新的阶段"[1]。

（三）讲好"当代中国价值观"的故事

讲好中国文化故事，让中国文化走出去。而中国文化走出去的直接目的就是为了让其他国家的人们理解和接纳中国的价值观念。[2] 习近平总书记高度重视当代中国价值观的对外传播工作，他强调："提高国家文化软实力，要努力传播当代中国价值观念。当代中国价值观念，就是中国特色社会主义价值观念，代表了中国先进生产力的前进方向。""要加强提炼和阐释，拓展对外传播平台和载体，把当代中国价值观贯穿于国际交流和传播方方面面。"[3] 通过讲好当代中国价

---

[1] 赵嘉政：《中国理念引领人类共同发展——访波黑前外长兹拉特科·拉古姆季亚》，《光明日报》2018 年 2 月 11 日。
[2] 汪信砚：《中国文化走出去的两种意涵》，《学习时报》2016 年 10 月 10 日。
[3] 习近平：《论党的宣传思想工作》，中央文献出版社 2020 年版，第 49 页。

值观故事,增强世界各国人民对当代中国文化的发展价值认同。当代中国文化的发展价值认同,就是理解、承认当代中国文化的发展价值,就是尊重、赞同当代中国文化的发展价值。

首先,讲好"当代中国价值观"的故事与讲好"新发展理念"的故事,是相辅相成的。没有价值观的发展是没有灵魂的发展,价值观不被认同的发展理念,是走不远的发展理念,是走不进人们内心深处的发展理念,是不可能最终实现发展价值的发展理念。"没有真正价值观的形象是没有灵魂的形象,利益至上的形象也只是在国家特定发展阶段形成的扭曲的形象。"[1] 在当代中国,新发展理念与当代中国价值观息息相关,新发展理念体现了当代中国为人类创新、协调、绿色、开放、共享发展做出更大贡献的价值追求,而当代中国价值观则是新发展理念更广泛更深厚的价值基础和价值支撑。

其次,讲好"当代中国价值观"的故事,既要讲好核心价值观的故事,也要讲好全人类共同价值的故事。一方面,我们要讲好社会主义核心价值观的故事。也就是要讲好当代中国倡导和践行富强、民主、文明、和谐等核心价值观的故事,倡导和践行自由、平等、公正、法治等核心价值观的故事,倡导爱国、敬业、诚信、友善等核心价值观的故事;另一方面,我们要讲好全人类共同价值的故事。也就是要讲好当代中国追求和平、发展的全人类共同价值的故事,讲好当代中国追求公平、正义的全人类共同价值的故事,讲好当代中国追求民主、自由的全人类共同价值的故事。讲好当代中国"普世关怀、共享胸怀、人类情怀"的价值追求,"从人类共同价值观的高度,讲述中国对人类命运共同体的奉献故事"[2]。

---

[1] 刘康:《大国形象:文化与价值观的思考》,上海人民出版社2014年版,第18页。
[2] 刘康:《变化中的中国全球形象》,《国际传播》2016年第1期。

此外，讲好"当代中国价值观"的故事，要与讲好中华文化的发展价值理念故事相结合。在人类发展难题破解过程中，中华文化充满智慧和力量，具有独特的魅力和价值。特别是中华文化重民本、讲仁爱的发展价值理念，崇正义、守诚信的发展价值理念，尚和合、求大同的发展价值理念，有助于解决人与人、人与社会、人与自身、国家与国家、民族与民族、社会与社会之间的紧张关系，有利于让这些紧张关系走向和谐。把这些具有民族特色的价值理念与世界潮流结合起来，推广开来，传播出去，彰显其跨越时空、超越国度的永恒魅力和价值。正如英国哲学家罗素早就说过的，现代世界极为需要中国所拥有的一些伦理品质，如果中国至高无上的伦理品质中的一些东西能够被全世界采纳，"地球上肯定比现在有更多的欢乐祥和"。

最后，讲好"当代中国价值观"故事，要凸显当代中国文化所承载的精神价值。只有精神价值走出去，才能让世界各国感触当代中国的文化脉搏，才能让世界各国感知当代中国的发展活力，才能让世界各国理解当代中国的先进制度，进而不断增强当代中国文化的发展价值认同。我们可以通过艺术这一世界语言来传播当代中国文化的发展价值，如通过京剧、民乐、书法、国画等这些独具中国特色的文化瑰宝，让世界人民在审美过程中感受魅力、获得启迪，加深对中华文化的发展价值的认识、理解、尊重乃至认同。

总之，讲好"当代中国价值观"故事，是真正意义上的深层次的文化走出去。文化的核心是价值观，文化交往交流的实质是价值交流、价值观念的交往。讲好当代中国文化故事，最终是为了让其他国家的人民理解和认同中华文化的发展价值，进而壮大实现中华文化发展价值的国际力量，壮大实现当代中国文化发展价值的国际力量。

(四) 讲好"当代中国文化创新"的故事

讲好"当代中国文化"故事,还要讲好当代中国文化创新故事。创新是一个国家、一个民族发展进步的不竭动力。讲好当代中国文化创新故事,就是讲好当代中国推动中华优秀传统文化创造性转化和创新性发展的故事,就是讲好当代中国推动中国特色哲学社会科学创新发展的故事,就是讲好当代中国文化产业创新发展的故事。

首先,讲好当代中国推动中华优秀传统文化创造性转化和创新性发展的故事。讲清楚当代中国为什么要推动文化创新。文化是最需要创新的领域,当代中国文化的发展,"基础在继承""关键在创新"[1]。继承和创新是中华优秀传统文化充满生机活力的两个重要轮子。推动文化创新,是为了让中华民族最基本的文化基因同当代中国文化相适应,是为了让中华民族最基本的文化基因同现代社会相协调,是为了把跨越时空、超越国度的具有发展价值的文化精神传播出去、弘扬起来,是为了让中华文化同各国人民创造的多彩文化一道,为人类提供正确精神指引。[2] 文化只有与时俱进,把握时代发展脉搏,反映时代精神、体现人民愿望、贴近现实生活、引领未来发展,才能真正有"走出去"的底气和力量。为此,我们大力推动中华优秀传统文化的创造性转化和创新性发展,激活其彰显发展价值的生命力,让中华文化为破解人类发展难题提供价值引领、精神力量。

其次,讲好当代中国推动中国特色哲学社会科学创新发展的故事。2016年5月17日,习近平总书记在哲学社会科学工作座谈会上

---

[1] 中共中央宣传部、中共中央文献研究室编:《论文化建设——重要论述摘编》,学习出版社、中央文献出版社2012年版,第105页。
[2] 习近平:《在省部级主要领导干部学习贯彻十八届三中全会精神全面深化改革专题研讨班开班式上的讲话》(2014年2月17日),《人民日报》2014年2月21日。

的讲话中就非常深刻生动地讲了这个故事。① 讲好当代中国为什么要推动哲学社会科学创新发展的故事。人类社会每一次重大跃进，人类文明每一次重大发展，都离不开哲学社会科学的知识变革和思想先导。21 世纪人类文明的新创造，同样需要一场新的知识变革和思想先导。在这个过程中，中国哲学社会科学不能缺场也不会缺场。因为当代中国正经历着中国历史上最为广泛而深刻的社会变革，也正在进行着人类历史上最为宏大而独特的实践创新。正是这种前无古人的伟大实践，必将给理论创造、学术繁荣提供强大动力和广阔空间。可以说，这是一个需要理论而且一定能够产生理论的时代，这是一个需要思想而且一定能够产生思想的时代。我们坚持人民是真正的历史主人，是真正的历史创造者的观点，牢固树立为人民做学问的理想，充分尊重人民主体地位，真正聚焦人民实践创造，不断产出经得起实践、人民、历史检验的研究成果；我们突出问题导向，把问题作为创新的起点，当成创新的动力源，认真聆听时代的声音，积极回应时代的呼唤，认真研究解决重大而紧迫的问题，以更好地把握住历史脉络，更好找到发展规律，更好推动理论创新；我们按照立足中国、借鉴国外，挖掘历史、把握当代，关怀人类、面向未来的思路，着力构建中国特色哲学社会科学，努力在指导思想、学科体系、学术体系、话语体系等方面充分体现中国特色、中国风格、中国气派；我们融通各种资源包括国外哲学社会科学的资源，把世界所有国家哲学社会科学取得的积极成果当成中国特色哲学社会科学的有益滋养，坚持古为今用、洋为中用，不断推进知识创新、理论创新、方法创新。我们坚持不忘本来、吸收外来、面向未来，既向内看、深入研究关系国

---

① 习近平：《在哲学社会科学工作座谈会上的讲话》，《人民日报》2016 年 5 月 19 日。

计民生的重大课题，又向外看、积极探索关系人类前途命运的重大问题；既向前看、准确判断中国特色社会主义发展趋势，又向后看、善于继承和弘扬中华优秀传统文化精华；我们围绕人类发展面临的重大问题，着力提出能够体现中国立场、中国智慧、中国价值的理念、主张、方案，进而讲好"学术中的中国"的故事，讲好"理论中的中国"的故事，讲好"哲学社会科学中的中国"的故事，讲好"为人类文明作贡献的中国"的故事。

最后，讲好当代中国文化产业创新发展的故事。一是讲好通过文化创新让中国文化产业走出去的故事。进入21世纪，文化越来越成为各国综合国力竞争的重要领域，文化产业也越来越成为衡量综合国力的重要指标。尤其是电影、数字出版、网络游戏等文化产品，正搭乘"互联网＋"与大数据的高新技术的快车，正源源不断地创造演绎熔铸文化与经典的生动符号，在全球化舞台上传播、建构着现代中国形象。二是重点讲好"一带一路"文化与发展深度融合的故事。2015年我国实施了《推动共建丝绸之路经济带和21世纪海上丝绸之路的愿景与行动》，明确提出加强与沿线各国文化交流、积极开展文化产业合作、塑造友好文化生态等，这一承载五千年中华文明的"一带一路"行动计划，无疑是中华文化走向世界的绝好机遇与展示平台。"一带一路"既是一条经济发展之路，更是文化发展之路，更是文化与发展深度融合之路。通过"一带一路"文化产业的创新发展，把"一带一路"建设成为文化与发展深度融合的示范带、示范路，让"一带一路"成为彰显当代中国文化整体发展价值之路，成为体现当代中国文化创新发展价值之路，成为展现当代中国文化共享发展价值之路。

结　语

党的十九届六中全会通过的《中共中央关于党的百年奋斗重大成就和历史经验的决议》指出："文化自信是更基础、更广泛、更深厚的自信，是一个国家、一个民族发展中最基本、最深沉、最持久的力量，没有高度文化自信、没有文化繁荣兴盛就没有中华民族伟大复兴。"[①]

文化与发展深度融合，本质上是让文化"回家"，让兴国运的文化"回家"，让强国魂的文化"回家"，让实现中华民族伟大复兴的文化"回家"。发展是"体"，文化是"魂"，让文化"回家"，就是让文化成为发展之魂，让文化成全"有文化的发展""有灵魂的发展"。"国家之魂，文以化之，文以铸之"，换言之，发展之魂，文以化之，文以铸之。

让文化"回家"，是让本真的文化"回家"，是让能够成全"好发展"的文化"回家"。

成全"好发展"的文化，不应当是这样的文化：导致人与自然对立的文化，导致文化与发展断裂的文化，导致物质生活与精神生活分离的文化，导致信仰危机的文化，导致工具理性与价值理性分裂的

[①]《中共中央关于党的百年奋斗重大成就和历史经验的决议》，人民出版社2021年版，第44页。

文化，导致个人主义泛滥的文化。成全"好发展"的文化，不应当是这样的文化——主张霸权主义的文化，主张帝国主义的文化，主张殖民主义的文化，主张复古倒退的文化，主张全盘西化的文化，主张历史虚无主义的文化。成全"好发展"的文化，应当是符合人类发展规律的文化，体现21世纪人类发展趋势的文化，促进21世纪人类发展的文化，有利于人的自由全面发展的文化，体现新发展理念的文化，有利于人类整体发展的文化，有利于破解人类发展难题的文化。

一旦文化回归常识、回归初心、回归本分，文化与发展就实现了深度融合，文化自信就是文化的发展价值自信，当代中国文化自信就是当代中国文化的发展价值自信。

新时代是超越文化自卑走向文化自信的时代，是迎接经济力量与文化力量均衡发展的时代，是促进物质文明与精神文明协调发展的时代；这是一个需要当代中国文化的发展价值自信，又能够突现当代中国文化的发展价值自信的时代。

当代中国文化的发展价值自信就是对当代中国文化能够为破解21世纪中国发展难题，能够为破解21世纪人类发展难题做出独特贡献的自信，能够成全"有文化的发展""有灵魂的发展""有尊严的发展"的自信。就人类发展实践而言，当代中国文化的发展价值自信就是对当代中国文化能够为人类整体发展提供"中国智慧"，可以为人类创新发展提供"中国价值"，为人类绿色发展提供"中国力量"，为构建人类命运共同体提供"中国方案"的发展价值自信。

实现当代中国文化的发展价值之路，是一条文化与发展深度融合之路，是不断增强当代中国文化的发展价值自信之路，是中华优秀传统文化从固化到活化之路，是文化力量和物质力量均衡发展之路，是全面改善文化民生以满足人民美好生活需要之路，是中华文化走出去以不断提升中华文化软实力之路，是推动构建人类命运共同体之路。

实现当代中国文化发展价值的过程，是一个充满挑战、充满荆棘的过程，需要我们有开拓创新的勇气，需要我们开动脑筋，需要我们继续努力，不断排除来自文化主体的主体性障碍，排除来自文化与发展相断裂的物质性障碍，排除来自文化主体的根基性障碍，排除来自文化主体的内生性障碍，排除来自文化他者的外部性障碍。总之，需要我们进一步加强马克思主义与发展问题的沟通和对话，进一步加强马克思主义与文化问题的沟通和对话。

参考文献

著作类
《马克思恩格斯文集》,人民出版社2009年版。
《列宁全集》第39卷,人民出版社2017年版。
《毛泽东选集》第2—4卷,人民出版社1991年版。
《毛泽东文集》第6—8卷,人民出版社1999年版。
《邓小平文选》(修订版)第2卷,人民出版社1994年版。
《邓小平文选》第3卷,人民出版社1993年版。
中共中央文献研究室编:《邓小平年谱(1975—1997)》,中央文献出版社2004年版。
《江泽民文选》第1—3卷,人民出版社2006年版。
《江泽民论有中国特色社会主义(专题摘编)》,中央文献出版社2002年版。
《胡锦涛文选》第1—3卷,人民出版社2016年版。
《习近平谈治国理政》第一卷,外文出版社2019年版。
《习近平谈治国理政》第二卷,外文出版社2017年版。
《习近平谈治国理政》第三卷,外文出版社2020年版。
《习近平谈治国理政》第四卷,外文出版社2022年版。
《习近平重要讲话单行本(2020年合订本)》,人民出版社2021年版。
习近平:《论坚持推动构建人类命运共同体》,中央文献出版社2018年版。
习近平:《论党的宣传思想工作》,中央文献出版社2020年版。
习近平:《在纪念马克思诞辰200周年大会上的讲话》,人民出版社2018年版。
习近平:《在哲学社会科学工作座谈会上的讲话》,人民出版社2016年版。
习近平:《深化合作伙伴关系,共建亚洲美好家园》,人民出版社2019年版。
习近平:《在中国文联十大、中国作协九大开幕式上的讲话》,人民出版社2016年版。
中共中央文献研究室编:《习近平关于社会主义文化建设论述摘编》,中央文献出版社2017年版。
中共中央党史和文献研究院编:《习近平关于总体国家安全观论述摘编》,中央文献出版社2018年版。
中共中央文献研究室编:《十五大以来重要文献选编》(上),人民出版社2000年版。
中共中央文献研究室编:《十六大以来重要文献选编》(中),中央文献出版社2006年版。
中共中央文献研究室编:《十六大以来重要文献选编》(下),中央文献出版社2008年版。
中共中央党史和文献研究院编:《十八大以来重要文献选编》(上),中央文献出版社2014年版。
中共中央党史和文献研究院编:《十八大以来重要文献选编》(中),中央文献出版社2016年版。
中共中央党史和文献研究院编:《十八大以来重要文献选编》(下),中央文献出版社2018年版。
中共中央文献研究室编:《社会主义精神文明建设文献选编》,中央文献出版社1996年版。
中共中央宣传部、中共中央文献研究室编:《论文化建设——重要论述摘编》,学习出版社2012年版。
《中共中央关于党的百年奋斗重大成就和历史经验的决议》,人民出版社2021年版。
《中国共产党第十七届中央委员会第六次全体会议公报》,人民出版社2011年版。
陈来:《中华文明的核心价值:国学流变与传统价值观》,生活·读书·新知三联书店2015年版。
陈先达:《马克思主义和中国传统文化》,人民出版社2015年版。
陈忠:《发展伦理研究》,北京师范大学出版社2013年版。
费孝通:《费孝通文集》第14卷,群言出版社1999年版。
高占祥:《文化力》,北京大学出版社2007年版。
黄楠森、龚书铎、陈先达:《有中国特色社会主义文化研究》,山东人民出版社1999年版。
李德顺:《价值论》第2版,中国人民大学出版社2007年版。
李约瑟文献中心编:《李约瑟研究》(第1辑),上海科学普及出版社2000年版。
林春逸:《发展伦理初探》,社会科学文献出版社2007年版。
刘福森:《西方文明的危机与发展伦理学——发展的合理性研究》,江西教育出版社2005年版。
刘康:《大国形象:文化与价值观的思考》,上海人民出版社2014年版。
楼宇烈:《中国文化的根本精神》,中华书局2016年版。
牟钟鉴:《中国文化的当下精神》,中华书局2016年版。
欧阳谦:《文化与政治》,中国人民大学出版社2012年版。
潘吉星编:《李约瑟文集》,辽宁科学技术出版社1986年版。

单世联：《文化不是任性：价值观、多样性与中国经验》，新星出版社 2015 年版。
沈壮海：《论文化自信》，湖北人民出版社 2019 年版。
司马云杰：《价值实现论：关于人的文化主体性及其价值实现的研究》，安徽教育出版社 2011 年版。
司马云杰：《文化悖论：关于文化价值悖谬及其超越的理论研究》，安徽教育出版社 2011 年版。
司马云杰：《文化价值论：关于文化建构价值意识的学说》，安徽教育出版社 2011 年版。
司马云杰：《文化社会学》，华夏出版社 2011 年版。
王玲玲、冯皓：《发展伦理初探》，人民出版社 2010 年版。
王玉樑：《21 世纪价值哲学：从自发到自觉》，人民出版社 2006 年版。
夏保华：《论技术创新的哲学研究》，中国社会科学出版社 2004 年版。
肖贵清、赵学琳、闫晓英：《中国特色社会主义文化论》，中共党史出版社 2006 年版。
杨寄荣：《发展的伦理进路：基于马克思主义立场》，上海三联书店 2012 年版。
于铭松：《中国特色社会主义文化功能问题研究》，中共中央党校出版社 2014 年版。
张岱年、方克立：《中国文化概论》，北京师范大学出版社 1994 年版。
张广智、张广勇：《史学：文化中的文化》，上海社会科学院出版社 2013 年版。
张立文：《和合学：21 世纪文化战略的构想》，中国人民大学出版社 2016 年版。
张立文：《中国传统文化与人类命运共同体》，中国人民大学出版社 2018 年版。
张立文：《中国和合文化导论》，中共中央党校出版社 2001 年版。
张小平主编：《和谐文化的理论与实践》，人民出版社 2007 年版。
张造群：《优秀传统文化的当代价值——中国特色社会主义视角的省察》，中国社会科学出版社 2015 年版。
郑永年：《中国崛起：重估亚洲价值观》，东方出版社 2016 年版。
邹广文：《社会发展的文化诉求》，河北大学出版社 2004 年版。
邹徐文：《论中国特色社会主义文化建设》，江苏人民出版社 2010 年版。
〔德〕奥斯瓦尔德·斯宾格勒：《西方的没落》，齐世荣等译，商务印书馆 1963 年版。
〔德〕恩斯特·卡西尔：《人论》，甘阳译，上海译文出版社 1985 年版。
〔德〕卡尔·雅斯贝斯：《历史的起源与目标》，魏楚雄、俞新天译，华夏出版社 1989 年版。
〔德〕蓝德曼：《哲学人类学》，彭富春译，工人出版社 1988 年版。
〔德〕李凯尔特：《文化科学和自然科学》，涂纪亮译，商务印书馆 1996 年版。
〔德〕热罗姆·班德主编：《价值的未来》，周云帆译，社会科学文献出版社 2006 年版。
〔法〕阿兰·图海纳：《我们能否共同生存？》，狄玉明、李平沤译，商务印书馆 2003

年版。

〔法〕弗朗索瓦·佩鲁:《新发展观》,张宁、丰子义译,华夏出版社 1987 年版。

〔法〕托克维尔:《旧制度与大革命》,冯棠译,桂裕芳、张芝联校,商务印书馆 2012 年版。

〔法〕雅克·德里达:《马克思的幽灵》,何一译,中国人民大学出版社 1999 年版。

〔古希腊〕亚里士多德:《尼各马可伦理学》,廖申白译注,商务印书馆 2017 年版。

〔加〕D. 保罗·谢弗:《经济革命还是文化复兴》,高广卿、陈炜译,社会科学文献出版社 2006 年版。

〔加〕D. 保罗·谢弗:《文化引导未来》,许春山、朱邦俊译,社会科学文献出版社 2008 年版。

〔美〕安乐哲:《和而不同:中西哲学的会通》,温海明译,北京大学出版社 2009 年版。

〔美〕德尼·古莱:《残酷的选择:发展理念与伦理价值》,高铦、高戈译,社会科学文献出版社 2008 年版。

〔美〕德尼·古莱:《发展伦理学》,高铦、温平、李继红译,社会科学文献出版社 2003 年版。

〔美〕弗朗西斯·福山:《信任:社会美德与创造经济繁荣》,彭志华译,海南出版社 2001 年版。

〔美〕克利福德·格尔茨:《文化的解释》,韩莉译,译林出版社 2014 年版。

〔美〕里亚·格林菲尔德:《资本主义精神:民族主义与经济增长》,张京生、刘新义译,上海人民出版社 2004 年版。

〔美〕罗伯特·金·默顿:《十七世纪英格兰的科学、技术与社会》,范岱年等译,商务印书馆 2000 年版。

〔美〕罗伯特·帕特南:《使民主运转起来》,王列、赖海榕译,江西人民出版社 2001 年版。

〔美〕塞缪尔·亨廷顿、劳伦斯·哈里森主编:《文化的重要作用:价值观如何影响人类进步》,程克雄译,新华出版社 2010 年版。

〔美〕史华慈:《古代中国的思想世界》,程钢译,江苏人民出版社 2004 年版。

〔美〕斯塔夫里阿诺斯:《全球通史:从史前史到 21 世纪》,董书慧等译,北京大学出版社 2005 年版。

〔美〕托马斯·弗里德曼:《世界是平的》,何帆、肖莹莹、郝正非译,湖南科学技术出版社 2008 年版。

〔美〕英格尔斯:《人的现代化》,殷陆君译,四川人民出版社 1985 年版。

〔美〕约瑟夫·熊彼特:《经济发展理论》,何畏等译,商务印书馆 1991 年版。

〔美〕约瑟夫·熊彼特：《资本主义、社会主义与民主》，吴良健译，商务印书馆1999年版。

〔挪威〕乔根·兰德斯：《2052：未来四十年的中国与世界》，秦雪征、谭静、叶硕译，译林出版社2013年版。

〔印度〕阿玛蒂亚·森、〔阿根廷〕贝纳多·科利克斯伯格：《以人为本：全球化世界的发展伦理学》，马春文、李俊江等译，长春出版社2012年版。

〔印度〕阿马蒂亚·森：《以自由看待发展》，任赜、于真译，中国人民大学出版社2013年版。

〔英〕爱德华·泰勒：《原始文化》，连树声译，上海文艺出版社1992年版。

〔英〕李约瑟：《四海之内》，劳陇译，生活·读书·新知三联书店1987年版。

〔英〕李约瑟：《文明的滴定：东西方的科学与社会》，张卜天译，商务印书馆2016年版。

〔英〕李约瑟：《中国科学技术史》第二卷，何兆武等译，科学出版社、上海古籍出版社1990年版。

〔英〕马歇尔：《经济学原理》，廉运杰译，华夏出版社2005年版。

〔英〕特瑞·伊格尔顿：《文化的观念》，方杰译，南京大学出版社2006年版。

〔英〕约翰·B.汤普森：《意识形态与现代文化》，高铦等译，译林出版社2012年版。

〔英〕约翰·汤姆林森：《全球化与文化》，郭英剑译，南京大学出版社2002年版。

柏林科学技术研究院：《文化VS技术创新：德美日创新经济的文化比较与策略建议》，知识产权出版社2006年版。

联合国教科文组织、世界文化与发展委员会：《文化多样性与人类全面发展——世界文化与发展委员会报告》，广东人民出版社2006年版。

世界环境与发展委员会：《我们共同的未来》，吉林人民出版社1977年版。

吴敬琏、俞可平、〔美〕罗伯特·福格尔等：《中国未来30年》，中央编译出版社2012年版。

论文类

习近平：《加快建设社会主义法治国家》，《求是》2015年第1期。

习近平：《推动我国生态文明建设迈上新台阶》，《求是》2019年第3期。

董雅华：《论儒家文化的价值重估与传承》，《天津师范大学学报》（社会科学版）2016年第2期。

杜振吉：《文化自卑、文化自负与文化自信》，《道德与文明》2011年第4期。

郭建宁：《文化自信与当代中国》，《北京大学学报》（哲学社会科学版）2018年第2期。

郭永辉：《"文化＋"与文化产业崛起》，《红旗文稿》2015年第22期。

韩震：《中国文化建设的历史方位——兼论文化自信》，《理论参考》2011 年第 11 期。

胡守勇：《共享发展理念的世界历史意义》，《马克思主义研究》2018 年第 4 期。

黄建军：《试论文化自信的价值维度》，《马克思主义理论学科研究》2018 年第 2 期。

黄跃红：《红色文化的政治价值》，《人民论坛》2017 年第 16 期。

金元浦：《"互联网＋"催生"文化＋"产业新形态》，《人民论坛》2016 年第 18 期。

靳凤林：《文化自信：民族复兴的精神支柱》，《道德与文明》2011 年第 5 期。

李东朗：《革命文化是党和人民宝贵的精神财富》，《人民论坛》2017 年第 17 期。

李兆友：《技术创新哲学研究的反思》，《系统辩证学报》2003 年第 4 期。

梁嘉：《刘三姐：歌谣文化的重构与发展》，《广西民族研究》2015 年第 5 期。

刘福森、孙忠梅：《发展伦理学：当代社会发展的迫切需要》，《哲学动态》1995 年第 11 期。

刘康：《变化中的中国全球形象》，《国际传播》2016 年第 1 期。

刘士林：《中华文化自信的主体考量与阐释》，《江海学刊》2009 年第 1 期。

刘洋：《人类命运共同体：世界现代性问题的中国智慧与方案》，《马克思主义研究》2017 年第 11 期。

刘震：《重思天人合一思想及其生态价值》，《哲学研究》2018 年第 6 期。

马俊峰、马乔恩：《新时代文化自信的内涵、源泉及实现路径》，《学术交流》2018 年第 4 期。

秦洁：《革命文化：中华民族最为独特的精神标识》，《红旗文稿》2016 年第 17 期。

邱柏生：《论文化自觉、文化自信需要对待的若干问题》，《思想理论教育》2012 年第 1 期。

沈成飞、连文妹：《论红色文化的内涵、特征及其当代价值》，《教学与研究》2018 年第 1 期。

沈壮海：《文化自信的维度》，《求是》2017 年第 5 期。

沈壮海：《文化自信之核是价值观自信》，《求是》2014 年第 18 期。

田鹏颖：《历史唯物主义与"人类命运共同体"》，《马克思主义研究》2018 年第 1 期。

涂可国：《中华传统文化的当代价值》，《理论学习》2015 年第 4、5 期。

王建明、王爱桂：《红色经典的绿色视野——〈共产党宣言〉中的社会正义与生态正义》，《苏州大学学报》2008 年第 5 期。

王南湜、侯振武：《文化自觉、文化自信、文化自强何以可能》，《毛泽东邓小平理论研究》2011 年第 8 期。

王泽应：《伦理精神自信是文化自信的核心和根本》，《道德与文明》2011 年第 5 期。

卫建林：《对中国特色社会主义文化力量问题的思考》，《红旗文稿》2011 年第 7 期。

项久雨：《新发展理念与文化自信》，《中国社会科学》2018 年第 6 期。
肖贵清、张安：《关于坚定中国特色社会主义文化自信的几个问题》，《当代世界与社会主义》2018 年第 1 期。
杨桂森、许小委：《马克思主义视阈下红色文化的价值追求与民族精神的现代转向》，《广西社会科学》2017 年第 7 期。
张雷声：《文化自觉、文化自信与社会主义核心价值体系》，《思想理论教育导刊》2012 年第 1 期。
张文、王艳飞：《红色文化的当代价值及其实现路径》，《人民论坛》2016 年第 23 期。
张西平：《从世界文化的角度重新审视中国传统文化的价值》，《文化软实力研究》2018 年第 3 期。
赵林：《欧洲崛起的精神文化历程》，《学习与探索》2006 年第 3 期。
赵义良：《文化自信的中国表达》，《哲学研究》2018 年第 6 期。
赵云耕：《中国传统文化的精神价值》，《人民论坛》2017 年第 13 期。
钟秀利、杨艳春、罗春洪：《试析红色文化的政治价值——执政文化的视角》，《求实》2007 年第 11 期。
周银珍：《社会主义核心价值观：文化自信的灵魂》，《红旗文稿》2018 年第 5 期。
邹广文：《文化自觉与文化自信 全球化时代文化软实力建构路径》，《人民论坛》2014 年第 24 期。
林春逸、刘萍萍：《深刻把握建成文化强国的多重逻辑》，《高校马克思主义理论研究》2021 年第 2 期。
林春逸：《有灵魂的发展：当代中国发展的关键抉择》，《当代广西》2015 年第 11 期。

报纸类

胡锦涛：《高举中国特色社会主义伟大旗帜为夺取全面建设小康社会新胜利而奋斗》，《人民日报》2007 年 10 月 25 日。
胡锦涛：《中共中央关于深化文化体制改革、推动社会主义文化大发展大繁荣若干重大问题的决定》，《人民日报》2011 年 10 月 26 日。
胡锦涛：《在庆祝中国共产党成立 90 周年大会上的讲话》，《人民日报》2011 年 7 月 2 日。
胡锦涛：《坚定不移沿着中国特色社会主义道路前进为全面建成小康社会而奋斗》，《人民日报》2012 年 11 月 18 日。
习近平：《研究当前经济形势和经济工作——在十八届中央政治局常委会会议上的讲话》，《人民日报》2013 年 4 月 26 日。

习近平：《坚持节约资源和保护环境基本国策　努力走向社会主义生态文明新时代——在十八届中央政治局第六次集体学习时的讲话》，《人民日报》2013年5月25日。

习近平：《携手共建生态良好的地球美好家园——致生态文明贵阳国际论坛2013年年会的贺信》，《人民日报》2013年7月21日。

习近平：《在全国宣传思想工作会议上的讲话》，《人民日报》2013年8月21日。

习近平：《建设社会主义文化强国　着力提高国家文化软实力——在十八届中央政治局第十二次集体学习时的讲话》，《人民日报》2014年1月1日。

习近平：《在省部级主要领导干部学习贯彻十八届三中全会精神全面深化改革专题研讨班开班式上的讲话》（2014年2月17日），《人民日报》2014年2月21日。

习近平：《把培育和弘扬社会主义核心价值观作为凝魂聚气强基固本的基础工程》，《人民日报》2014年2月26日。

习近平：《在联合国教科文组织总部发表的演讲》，《人民日报》2014年3月28日。

习近平：《在中法建交五十周年纪念大会上的讲话》，《人民日报》2014年3月29日。

习近平：《在布鲁日欧洲学院的演讲》，《人民日报》2014年4月2日。

习近平：《在中国科学院第十七次院士大会、中国工程院第十二次院士大会上的讲话》，《人民日报》2014年6月10日。

习近平：《在纪念孔子诞辰2565周年国际学术研讨会暨国际儒学联合会第五届会员大会开幕上的讲话》，《人民日报》2014年9月25日。

习近平：《在文艺工作座谈会上的讲话》，《人民日报》2014年10月15日。

习近平：《习近平出席第七十届联合国大会一般性辩论并发表重要讲话》，《人民日报》2015年9月29日。

习近平：《推动全球治理体制更加公正更加合理　为我国发展和世界和平创造有利条件——在主持中共中央政治局第二十七次集体学习时讲话》，《人民日报》2015年10月14日。

习近平：《在网络安全和信息化工作座谈会发表重要讲话》，《人民日报》2016年4月20日。

习近平：《在哲学社会科学工作座谈会上的讲话》，《人民日报》2016年5月19日。

习近平：《在庆祝中国共产党成立95周年大会上的讲话》，《人民日报》2016年7月2日。

习近平：《在纪念红军长征胜利80周年大会上的讲话》，《人民日报》2016年10月22日。

习近平：《在中国文联十大、中国作协九大开幕式上的讲话》，《人民日报》2016年12月1日。

习近平：《国家主席习近平发表二〇一七年新年贺词》，《人民日报》2017年1月1日。

习近平：《习近平出席"一带一路"国际合作高峰论坛开幕式并发表主旨演讲》，《人民日报》2017 年 5 月 15 日。

习近平：《决胜全面建成小康社会　夺取新时代中国特色社会主义伟大胜利》，《人民日报》2017 年 10 月 28 日。

习近平：《坚决打好污染防治攻坚战　推动生态文明建设迈上新台阶 —— 在全国生态环境保护大会上的讲话》，《人民日报》2018 年 5 月 20 日。

习近平：《在上海合作组织青岛峰会欢迎宴会上的祝酒辞》，《人民日报》2018 年 6 月 10 日。

习近平：《构建更加紧密的中非命运共同体》，《人民日报》2018 年 8 月 6 日。

习近平：《共同构建人与自然生命共同体》，《人民日报》2021 年 4 月 23 日。

李克强：《在十二届全国人大三次会议上作政府工作报告》，《人民日报》2015 年 3 月 6 日。

《国务院关于印发社会信用体系建设规划纲要（2014—2020 年）的通知》（国发〔2014〕21 号），中华人民共和国中央人民政府门户网站，2014 年 6 月 14 日。

陈来：《中华文化的当代价值与意义》，《人民日报》2017 年 3 月 17 日。

范良藻：《英国工业革命与中国自主创新》，《科学时报》2005 年 12 月 13 日。

钱逊：《"天下兴亡，匹夫有责"的真精神》，《学习时报》2016 年 10 月 13 日。

汪信砚：《中国文化走出去的两种意涵》，《学习时报》2016 年 10 月 10 日。

王京生：《文化＋：新形势下文化产业发展的战略选择》，《中国文化报》2015 年 8 月 15 日。

于洪波：《中华优秀传统文化的价值认同与创新转化》，《光明日报》2017 年 7 月 7 日。

张立文：《中华文化的基本精神价值》，《光明日报》2004 年 10 月 13 日。

张西平：《向世界说明中华文化的现代价值》，《北京日报》2017 年 11 月 6 日。

赵嘉政：《中国理念引领人类共同发展 —— 访波黑前外长兹拉特科·拉古姆季亚》，《光明日报》2018 年 2 月 11 日。

訾谦：《"文化＋"，如何为高质量发展集聚动能》，《光明日报》2018 年 4 月 4 日。

后　记

本书是国家社科基金项目《当代中国文化的发展价值及其实现路径研究》的研究成果。近一二十年来，我一直没有停止过对发展伦理和文化发展的思考。在研究过程中，我尝试用发展伦理透视当代中国文化的发展价值。在这部专著撰写的过程中，我指导研究生开展了文化与发展关系等相关领域的研究，特别是围绕包容性发展、整体性发展、创新发展、自由发展、共享发展等领域开展博士学位论文撰写工作，不少新思想和新观点在这些博士学位论文中呈现。项目顺利结项后，根据专家评审意见我对书稿进行了反复修改，并吸收了最新研究成果，最终让本书得以呈现给读者。

感谢对本书做出贡献的每一个人。刘萍萍、杨智勇、马希、何红玲、黄少波、左妮红、莫丽琴、左向蕾、马俊涛在完成项目的阶段性成果过程中做出了重要贡献。感谢我指导的硕士、博士研究生以及访问学者在收集整理文献资料方面所提供的帮助。

感谢中山大学钟明华教授和华南师范大学刘卓红教授在整个研究过程中给予的精心指导！感谢广西师范大学孟宪平教授给拙作撰写了序言。

本书的出版得到了商务印书馆的大力支持，王希老师、郭晓娟老师为本书出版付出了辛勤劳动，特别是郭晓娟老师对书稿进行了非常认真的审读，对提升本书质量起到了不可替代的作用。研究出版社副总经理、副总编辑丁波为本书出版给予了无私帮助，在此一并表示诚挚的谢意！

由于本人研究水平和能力有限，本书难免有错漏或不当之处，恳请读者批评指正。

林春逸
2022 年 12 月 27 日